〔教育、心理學博士〕吉娜・舍明那拉／著　陳家猷／譯

改訂版

靈魂轉生的奧秘

by Gina Cerminara

Many Mansions

The Edgar Cayce Story on Reincarnation

New Age啟蒙之父
艾德格・凱西
的神奇事蹟

譯序

陳家猷 一九九七、十一

許多年前，在美國中部偏東的肯塔基州霍浦京斯維爾市，有一位出生於平凡農家的青年凱西。在他二十一歲那年，他得了一種失聲的怪病，從此結束了他的保險推銷員生涯，也斷了他想成為基督教牧師的美夢。然而，塞翁失馬，焉知非福。在他到處求醫的過程中，他發現自己在催眠後可以靈魂出竅，並具有如天眼通般的超視能力，而能診斷出自己失聲的病因，從而將之治癒。而且他也以同樣的方法為所有患有疑難雜症的病人治病，甚至是指導所有求助者的人生疑難，並告訴人們痛苦疑難的起因是其人前生造作的罪業等等。這下不得了，這不但使周遭的人大為驚異，更嚇壞了凱西本人。

凱西只受過初中教育，從來沒有接觸過醫學的他是一個極為虔誠的基督徒，每年都會將《聖經》從頭到尾讀一遍，時時以耶穌的訓誨為念。他在催眠下睡去後，可以異常的超視能力，為人治癒一切奇病怪症，指導人生所有疑難，還教人以「靈魂輪迴轉生」這大宇宙的神理天法來修身、齊家、敬業，以活出眞正的生命之道。他起先懷疑，這是否是魔鬼藉他來作祟？什麼靈魂轉生、前世今生？《聖經》裡從來沒有這樣教導人們，這些說法難道不會被人視為驚世駭俗的妖孽嗎？

然而，經過一段時間後，凱西逐漸了解並調整了自己的心態。而且事實勝於一切疑惑、詰難，所以他終於慢慢接受了這個他從未希望、想像過的工作、事業以及命運。後來，他透過催眠超視更知曉自己在古埃及時代，曾是個高級祭司，具有龐大的神秘力量，但是他並沒有用來服務社會、造福人群，卻用於謀取私人的名利權勢，滿足私慾，造了許多罪孽。爲了補償前世罪孽，所以這一世他要用特殊的方式來爲眾生服務。而且爲了這一世的使命，他於古埃及那世後曾投生爲古波斯的醫生，並在戰爭中受到重傷，他因而開始練習靈魂出竅，之後終獲成功，以爲這一世靈魂要不斷出竅來做準備。

從此，凱西放下一切，全心爲這奇怪而有意義的任務奉獻自己。所有得到奇怪病症聞風而來的病人，都在凱西的超視診斷下被治癒。他不但治病，更指導婚姻、親子、職業、才能、飲食、保健、美醜、個性、人格、性無能、精神病、殘障、宗教、眞理、預言……等問題，只要有人問，他就一定會答，而且都能使人服氣信從。凱西因而出了名，在一九三〇～一九五〇年代的美國，他幾乎是家喻戶曉的人物。因爲每天都有從美國及世界各地湧來大批的求救信件（在他晚年平均每天會收到一千五百件），所以凱西不得不拚命地全力以赴。靈魂出竅是件非常耗精力的事，但凱西在其慈悲心及世人迫切的求救下，只能不停地工作，以致他終在一九四五年六十七歲之齡時辭世。他爲了奉獻此生、服務眾生、造福人群的使命而身心耗竭！眞可謂是求仁得仁了。

凱西雖令人無限感恩懷思地走了，但他卻留下三萬多個詳細的個案記錄，在五十多年後的今天，他的後人仍在清理、挖寶。介紹他事蹟的書非常多，其中最好的一本應數譯者所譯這本，由心理學家吉娜・舍明那拉博士，花了多年功夫，埋首於成堆原始資料中做出科學分析、研究後，將凱西其人其事及其重大意義做有系統、深入淺出的敘述鋪陳。其探討的重點則在以靈魂之輪迴轉生爲原則，引出生命持續、業力運作、業障報償、因果報應等大宇宙的普遍性神理天法。全書穿插許多驚世駭俗卻精彩動人的眞人眞事，而從中歸納、凝聚出的眞知灼見，更是字字珠璣、句句金言，令人在震驚、戒懼之餘，不得不好好深思反省。

靈魂之輪迴轉生，自從一千多年前，隨著佛教傳入中國以來，早已深入中國民間，然而還是有不少人認爲這是迷信。而相信它的人，包括佛教人士在內，可能都對輪迴轉生這件事並沒有很系統、周延的認識、了解，其中尤不乏以訛傳訛的誤傳。我請大家來看這本由心理學家以嚴謹的科學態度，從成千上萬的實際例證中寫出來的凱西故事，以重新正確認識、了解靈魂轉生這一事實，更盼望讀者在閱讀後，敬請檢討一下自己的性格、個性、才能、業緣。你活著是爲了什麼？生命意義與人生目的又是什麼？

這本原著是多年前譯者自美國帶回的，每隔一段時間就會翻看一遍，愈看愈愛，乃於廿年前動手中譯，期待能將之分享給國內讀者，可惜當時因爲智慧財產權的問題而束之高閣。近年國內正熱衷探討前世今生、生命輪迴等議題，因而越覺本書可貴，乃再探翻譯版權問題，竟迎刃而解，終能出版，以饗國內讀者。

本書譯文，凡是括弧內的文字，除個別說明是原作者之註解外，全是譯者為助讀者了解而查得到的資料或意見，另外，每章結尾之譯註也是譯者長年研習神理天法、人生哲理所得的有關書中的重要論點，恐我國人不熟悉，所以特別額外提出來印證凱西所說，以供讀者參考。這些譯者所述的部分文字，其文責自然由譯者負全責。另外，為助閱讀便利，思緒清晰，覆查方便，譯者將原書各章內容，分明段落，加以標題，並且把自認的金言佳句，以粗體字表現。這些，若有不當，也是譯者的責任，亦望讀者不吝指教。

推薦

侯德健　一九九八年一月十五日

我看過不少有關「靈魂」、「輪迴」、「宗教」、「前世今生」……等著作，其中有不少好書，卻唯獨陳加油（本書譯註者陳家猷之外號）老師譯註的這本《靈魂轉生的奧祕》花了我最多時間，因爲我看得很慢。

我不是個習慣看慢書的人，儘管有些中國古書，如《老子》、《莊子》、《易經》……等先秦著作，由於年代久遠，言語古樸，內容精簡，讓我不得不邊看邊想外，一般的書，如果不是因爲太厚，平均只需要一、兩天的時間就能讀完。當然，若是還不錯的書，我大都捨不得狼吞虎嚥，唯有陳老師的這本書，花了我將近兩個星期才看完一遍，而且每天都至少要看上幾小時。

我之所以看得慢，不是因爲陳老師囑咐我要寫序，而是因爲這本書的內容實在是太豐富、太精、太純、太濃了。就像是一桌的滿漢全席，每一道菜都是精品，讓我不得不仔細品嚐，等嚐出了滋味後，又捨不得浪費，而會一口氣把它吃完。之後則會一面消化、一面回味，不敢立刻翻到下一章、下一篇。燒壺水、泡壺好茶、點一斗好菸草，讓剛才看到的精采片斷，盡情地在腦海裡沉潛，隨著思潮起伏，與自己的童年往事一起漫遊。單是這樣，還覺不夠。

第二天，又繼續心不甘、情不願地接著往下看，怕時間拖太長，陳老師來不及出書。

要爲這本書寫序，是再簡單不過的事，任何一篇、一章，都能引申發揮出洋洋灑灑的一大篇論文，但也正因爲如此，所以想把書中的內容濃縮成一篇索引、導讀，就幾乎是不可能的事。因爲，它原本就已太濃，只差一陣風就全部結晶了。因此，我只好把我的吃相介紹一番，至於滿漢全席上每道菜的內容，就只好麻煩各位讀者自己慢慢享用了。千萬別狼吞虎嚥，看得太快，否則你會後悔的。

恭喜你，得到了一本好書。

目錄

第一章 一個古老的問題
——人生是為了什麼？

「人，出生，受苦，然後死亡。」一位智者，安納托爾・法朗士（Anatole France，西元一八四四～一九二四年，法國作家，曾獲一九二一年諾貝爾文學獎）在一個故事中曾以這九個字，濃縮了全部的人生。

★★覺者佛陀

另有一個更古老、意義更深遠、關於人類受苦受難的故事，那就是年輕的釋迦王子——後來被稱爲佛陀或覺者的傳奇。釋迦的父親是一國的統治者，他小心庇護他的孩子，不讓他知道世上邪惡的事。因此，王子從小到大，都是在閉鎖但愉快的環境中成長，而且還娶了一位美麗的公主爲妻，卻從未出過宮廷一步。年輕的釋迦王子，雖與妻子過著幸福快樂的生活，卻也好奇外面的世界。一直到他們生了第一個孩子後，他才設法躲過宮廷衛士，踏出宮廷，一窺豐富多樣的城鎮。

在這次改變他命運的出遊中，他看到三件令他銘刻於心的事：一位老人、一位病患、一名死者。震驚之餘，本就多愁善感的年輕王子於是問他的隨從，這些可怕的痛苦、煩惱是怎麼回事？當隨從告訴他，衰老、生病、死亡是很平常的事，每一個人的命運都是如此時，王子的內心激動不已，他感到自己再不能回去過輕鬆愜意的生活了，他要棄絕一切世俗所有，去追尋能令人從痛苦中解脫出來的智慧。經過多年的努力，他終於悟道，悟於內在的自我，然後，他便出來教導眾生這解脫之道。

並不是每個人都能像佛陀一樣，棄絕愛情、權力、財富、安逸及家庭的溫暖，去追尋一個抽象而不可捉摸的「人生意義」。然而，每個人最終卻勢必都會關切到相同的問題：

人為什麼受苦？
人又如何能從痛苦中獲得解脫？

有烏托邦理想的小說家們早已想像到，在未來的時代中，人們或許能完全消除震驚佛陀的二項痛苦根源——年老與疾病，但卻不能把人類的終極敵人——死亡，也給消除掉，即使現代科技再進步也沒有辦法。就算有一個健全的世界機構，有充足的財源，能帶給世上每個人安全保障、健康、安寧、美貌、青春，但我們的幸福與平安仍將面臨許多的不安、危險與威脅。外來的威脅包括有火災、洪水、瘟疫、地震、疾病、戰爭、災難及死亡。而於人的內在、心靈中，也有許多的不完美與弱點，如自私、愚笨、羨慕、邪惡與貪婪等，這些都是人們的痛苦根源。

★★人生七問

沉醉於動人音樂或美麗日出之餘，我們或許會覺得，在天地的心靈深處一定有喜樂，一定存有一個深切的意義。然而，當面對人生的苦澀、殘酷，以及使人心碎、挫敗的現實時，如果我們還有一點感知力、一點憐憫心、一點好奇與疑惑，我們就不能不問下面這些問題：

在肉體存活之外、之上，人生的目的到底是什麼？

我到底是誰？

我為什麼在這裡？

我要到哪裡去？

我為什麼在世上受苦？

我與其他人的真實關係為何？他人與我的真實關係又為何？

我們與那巨大而相互運作、影響的眾多力量的共同關係是什麼？與那既超越我們又在我

們周遭的、至高無上的力量之共同關係又是什麼？

★★苦難與信仰

這些是人類最基本、最古老的問題，若沒能找出答案，則所有減除痛苦的一時權宜之計，無論是生理或心理的辦法，最後都將顯得沒有意義。除非把痛苦的種種解釋清楚，否則，再多的言辭也無濟於事，人生的意義終究晦而不明。

即使是最原始的人類，也曾問過這些問題，他們仰望昊天，感到人在地上的奮鬥與憂傷不是那麼的卑微無益，天人之間有著既大且久的關聯，人生必有其重大意義存在。或許在林野感知精靈鬼怪的存在之餘，人會說，所有的生物包括人在內都有靈魂，而人的靈魂在地上只會存活、受罪一段時間，並在死後前往一個更快樂、太平的地方。或許在內心感知對與錯之餘，人覺得在天地之間，一定有個更超然的是非觀，而且也有專門針對對錯所給予的善報與惡報。

像這樣的人生信念與註解總有成百上千，精粗不一，其中合理處也所在多有。由於相信自己的人生信念是對的，所以人能勇於面對苦難，度其一生。有些人因爲信仰莫罕穆德，而持執某些信念；有些人因信仰佛陀、或摩西、或耶穌、或克里希那（**Krishna**，印度教的主神之一），而持執另一個信念；也有千千萬萬的人認爲，除了活下去，人生何須什麼解釋；還有些人，甚至從不好奇疑問，寧可享受片刻的安閒、逸趣。

我們這些在基督教傳統中長大的人（指作者等西方人），也有對人生及苦難的解釋：人都有靈魂，且靈魂是不滅的；苦難是上帝（譯註一）給我們的試煉，依我們對此生之挑戰的應對表現，死後，或酬我們升天堂，或罰我們入地獄。我們這些相信此種解說的人，之所以相信，並非因爲有任何證明，而是因爲父母或教士長者，以權威的姿態這樣教導我們，而他們，同樣的，也是被他們的父母或教士長者，以權威的姿態所教導出來的。追本溯源上去，最後就可以追到一本最權威的書——《聖經》，以及一個最權威的人——耶穌。

★信仰權威與科學

絕大多數的人都會同意，《聖經》是一本很了不起的書。耶穌，無論他是普通人還是神的兒子，都是個很不尋常的人。但是，自從文藝復興時期（約在西元一三五〇年始於歐洲的義大利，而約於一五〇〇年達到顛峰）以來，西方人就開始懷疑起那些不能以科學驗證（管它是書或是人），而只是以權威的力量代代相傳的信仰。西元二世紀的天文物理學者托勒密（Ptolemy）說太陽繞地球而轉，教會接受此一說法並宣告、教導此說。但十六世紀的哥白尼（Copernicus）以其發明的器具證實，其實是地球繞著太陽迴轉。亞里斯多德（Aristotle，西元前三八四～三二二年，爲希臘的科學家、哲學家，其心理學與科學多爲教會所認同、接受）

曾記述到：不同重量的二種物品，從高處丟落時，較重的物體會先著地。但伽利略（Galileo，西元一五六四～一六四二，義大利物理學家、天文學家）在義大利的比薩斜塔頂上所作的實驗卻顯示：將體積相近、重量不同的二個物品往下丟，則二者會同時落地。《聖經》中有多處都指出地球是扁平的，但哥倫布（Columbus）、麥哲倫（Magellan）及其他十五世紀的探險家們，都紛紛從西航行抵達東方，因而推翻了這種說法。

從這些以及其他成百上千的實例中，人們逐漸看到，古代的權威是有可能會出錯的，因而產生出科學的態度，也有了心智上的懷疑。一個接一個的新發現，紊亂了人們原先相信、設想的秩序。幽靈鬼怪呢？沒人見過。靈魂呢？沒人能查知，它是如笛卡爾（Decartes，西元一五六九～一六五〇，法國哲學家、數學家）所堅稱的靈魂潛隱於原生質（Protoplasm），也就是孵於松果體（Pineal gland）上的嗎？永生呢？誰曾經於死後回來告訴過我們何謂永生？天堂？從我們的望遠鏡中並無法看到天堂存在的證據。神或上帝呢（譯註二）？這是一個大假設——反映出我們的心智需要一個父親形象的替代者。宇宙是個大機器，人則是個小機器，是由原子排列及進化過程中意外產生出來的。苦難，則是人奮鬥求生存時所不可避免的命運。除此之外，沒有意義、沒有目的。死亡，是化學元素的分解，什麼也不會留下。

★★科學建基於五官感知力

出於偉人、偉大導師及偉大經典的權威，已經取代了我們五官的權威。顯微鏡、望遠鏡、光及雷達等科學工具擴大了我們的感官；科學以推理、數學與不斷的試驗將我們五官所觀察的資料予以系統化。但基本上，科學與理性的所見所證，實即我們五官的見證。科學其實仍奠基於人的視覺、聽覺、嗅覺、味覺及觸覺之上。

在過去的數十年裡，我們固然日趨成熟成長，卻也變得愈來愈懷疑我們所知的，懷疑我們自以爲懂的。我們以頭腦與自以爲傲的感官合力所創造的器具，卻反過來對我們造成諷刺，因爲這些器具實在不夠完善，使我們無法認識世界的眞實狀況。舉例言之，收音機電波及其波動，還有原子能，都毫無疑問地顯示：我們被眾多的波動及能量的律動所包圍，而最小的物質粒子所涵藏的力量之大，更不是我們所能想像的。

謙卑點說，我們透過眼耳所看聽的世界，以及透過我們身體細胞的極微小孔來看到的世界，實在沒有太大的差別。我們對光的感知力，只能讓我們感知眾多光波振動中極少的一部分。我們對聲音的感知力，也只能讓我們感知眾多聲波的極小部分。只要一吹狗哨，狗就來了，但我們卻聽不見，因爲其聲波頻率已經超出我們耳朵感知力的限度。還有很多其他動物、鳥類、昆蟲的聽覺、視覺或嗅覺的能力不同於我們人類，因此在牠們的天地中，有一大塊範圍是我們所不能、也無法察知的。

一個懂得思考的人，便會對人類的這種奇怪光景開始產生疑惑——於眞相的察知上，動物、鳥類、昆蟲及人類聰慧的發明都勝過了人類，人類因而開始沉思，自己是否能看見這些不可見的東西。譬如，假設我們能設法訓練、增進我們感官對光與聲音的感知力，則當此感知力稍稍增強時，我們是不是可以意識到、感知到許多以前所不能意識到、感知到的東西？又如果，我們一些人，生來就有較強的感知力，那他們是不是自然可以看到、聽到我們所不能看到、聽到的？他們是不是有一個像是內在的收音裝置而能聽到所有聲音？或是有一個像是內在的電視螢幕而能看到所有東西？

★★史威登堡的超感官覺知力

二十世紀的科技揭露了物體與能量本身內部龐大、難以置信而不可見的世界，這使我們不得不想到一些可能性。在追溯人類長遠的歷史時我們發現，像這種增強的感知力在史書上早有很多記載。十八世紀的偉大數學家與科學家史威登堡（**Swedenborg**）就具有一種超乎尋常的感知力。他似電視般的感知力早爲人知，並被當時許多傑出人士，包括哲學家康德（**Immanuel Kant**，西元一七二四～一八〇四，德國哲學家）所證實。

在某天晚上的六點鐘，史威登堡與朋友在哥特堡（**Gothenburg**，瑞典主要海港及第二大城）晚餐時，突然有些激動地說，在他的家鄉斯德哥爾摩（Stockholm，瑞典首都及第一大城）市正起了大火，而斯城位於此地三百英里外。稍後他又說，火已燒掉他一個鄰居的家，就快要燒到他家了。當晚八點時，他鬆了一口氣說，火燒到離他家只三家門戶時就被撲滅了。二天後，該火災的報導證實了史威登堡的話，而起火的時間點就在他初感知的那時。

史威登堡的例子，僅只是許多類似記載有案中的其中之一。有些人如馬克吐溫（Mark Twain），一八三五～一九一○，美國幽默小說家）、亞伯拉罕・林肯、聖桑（Saint-Saens，西元一八三五～一九二一，法國作曲家），在他們的傳記或自述中，均載述有突然見到遠方正在發生的事情，或日後發生的事情等，連其中細節也都清清楚楚。在史威登堡的案例中，他的超視能力後來益發增強。然而大部分其他個案的強化感知力，似乎都只在危機時出現。

西方人對這種事情常以懷疑的眼光視之。無論它們多有實據，無論它們如何被尊敬而聰慧之士所證實，無論它們發生過幾次，我們總會皺眉、聳肩地排拒，只消一句「巧合」或「有意思」就把它們打發掉了。

★★人的超感官潛能

現在，我們實在不能再輕忽、排拒它們了。有智慧的人，必敏於未明事件可能隱含的重要新發現，也審知重大科學潮流與我們時代的必然走向，人的奇妙潛能這一題目，可說是極爲重要，且令人興味盎然的。

在許多深具遠見，且認爲超感官現象値得在實驗室作有系統的調查，並已將之付諸實行的科學家中，有一位杜克大學（University of Duke）的萊茵博士（Dr. J. B. Rhine）。他從一九三〇年起，便已與他的同事，就人的超視（Clairvoyance，有譯爲千里眼、天眼通）與心靈感應（Telepathy，有譯爲傳心術、他心通）的能力在作廣泛的研究。在以嚴謹的科學方法作嚴密控制的連續試驗下，萊茵博士發現：在實驗室中，很多人都顯示出超感官的感知能力。拿統計學的技巧來評估這些試驗後發現，其所獲得的結果不可能都歸因於湊巧（關於萊茵博士的方法與結果，請參閱他的書《*The Reach Of The Mind*》，一九四七年出版）。其他的科學調查者，如法國的華哥里爾（Warcollier）、蘇俄的科梯克（Kotik）、德國的提屈勒（Tichner），也在經過實驗後，獲得了與萊茵相同的結論。西方人對人的心智中存有超視與心靈感應能力的懷疑，正被日益增多的科學證據所逐漸消融。

也許，這可以從三方面來論證人類感官的感知力何以能擴增。從推理言，此種擴增的可能性自然是合理可信的；從歷史發展來說，已經有許多眞實可信的趣聞軼事記載過這些事件；從科學的角度而言，愈來愈多的實驗報告證實，人能超越正常的五官範圍而去感知事物。

然而，迄今實驗室只能把超視力建立爲感知力的一種可能模式而已。雖然它的潛力龐大，但其實用性尚未被觸及。如果人不靠眼睛、耳朵而能有視聽；如果人在某些狀況條件下，不用肉眼就能看到東西，那麼人就擁有一個全新且重要的工具，並藉此以獲得有關自己及周遭、宇宙的知識。

在過去千百年來，人類已有很多偉大的成就。人的力量與智巧征服了太空，役物質爲己用。然而，不管人類多有力量、多聰明，我們仍是脆弱的。不管人征服了什麼，他總會發現自己的無能與困惑；不管人創造多少藝術、文明、文化，他仍搞不清楚他身邊所親近之人從生到死的苦難之意義與目的。

近年，人類致力於鑽研原子的內部。或許，我們能以新發現的超感官感知能力，以及新認識到的意識與潛意識間的奇妙關聯，來穿透、洞察自己的內裡。或許，經歷千百年的暗中摸索後，人類對生存之謎：

人生自何處？

人生的苦難是為了什麼？

最後，終能找出合於科學的滿意答案。

* * *

譯註一：

在本書中一再出現的上帝或神（GOD），有著重要的地位。在基督信仰（包括其所有門派）的國族中，尤其是白種人，在日常中提到ＧＯＤ，已成其文化特色。回教則稱阿拉（ALLAH）為神。中國人常提到的則是非人格化的天，其實質意義與ＧＯＤ相近。中國古籍《尚書》中早有具人格化的上帝一詞。ＧＯＤ在天主教中譯為上主，在中國亦有神這個詞彙，有「不可知謂之神」、「至誠如神」。為了簡便，本書ＧＯＤ均中譯為神。但這神不可與中國民間所崇拜、信仰的「神明」混淆。

大抵而言，ＧＯＤ乃是指大宇宙中那大秩序、或大意識、大意志、造物主、創造宇宙萬物的主宰、大宇宙冥冥中的偉大力量、一切生命的總根源、萬物的總根頭，還有中國人說的「天生我材」及「敬天畏神」中的天、神。祂可以人格化，也可以非人格化而代表大宇宙中的最大能量、力量、生命能。本書主角凱西則常以創造大能來稱呼神。

再者，上述意義的神，不應與佛家所說的佛混淆。佛（BUDDHA）原是覺者的意思。覺者是自覺、覺他、覺行圓滿，達到這種覺悟圓滿境地的人就稱佛，尚未達到的人則是菩薩、是羅漢、是眾生。所以，佛是覺者，但不是創造萬物的神。人是神造的最高級生命體，是神子，均具有佛心，有成佛的潛能，成了佛乃能與神合一，即我國道統所說的與宇宙天地為一，也就是我心即宇宙，宇宙即我心。

又，神或上主、天主、阿拉、上帝，並不盡然屬於各宗教。不管有沒有宗教，不管人信什麼教，大宇宙中有大秩序、大意識、大生命能根源、冥冥大力量，或說有神、有上帝、有天等，都是一個客觀存在的事實。

譯註二：

相不相信神或上帝的存在，一直是人們爭論不休的問題，這在科學家中尤為如此。容譯者在此摘述一九九七年三月三十一日發行的《新聞週刊》（NEWSWEEK）中一篇〈神聽不聽人的禱告？〉專文中一則有趣的故事，以饗讀者諸君。

近代美國聲名甚著的天文學家及作家卡爾‧塞根（Carl Sagan），是個有名的無神論者。在他逝世前十年，他廣泛地找宗教領袖們進行對話，爭論神存不存在的相關問題，好似他存心想叫傳道人都失業般。對於神是否存在，他總是說：「拿證據來！」對受過教育的人，在處處能看到科學實證的情形下，居然還執著於死了近二千年根本無可證實的人們所傳下的信仰，塞根對此大惑不解。有次他問美國全國教會聯合會的祕書長瓊安‧坎伯爾牧師說：「妳這樣聰明的人，怎麼會相信神？」這位女牧師覺得，這位天文學家既然能全然相信從沒人見過的黑洞，又怎麼會問這樣的問題？於是便回答他說：「像你這樣聰明的人，怎麼會不相信神？」他總是堅持凡事要有具體證據。於是坎伯爾牧師又問他：「你相信愛嗎？」他說：「哦，當然了。」因為他非常愛他太太。於是她又問：「你能證明愛的存在嗎？」起先他說：「嗯，當然了。」但最後，他卻同意「愛像信仰，其本質是無法被證明的，但這並不意味它不存在。」他還特別反對祈願式的禱告，他說：「難道神還要人提醒有某人生病了嗎？」

一九九五年的冬天，塞根被診斷出患有與白血症相關的脊髓障礙疾病，他的朋友摩頓牧師及許多友人立刻開始為他禱告。不久他作了三次的骨髓移植。到次年一九九六年的夏天，他看似逐漸在康復中。秋天，他與坎伯爾牧師一起晚餐時她說：「我想你會沒事的。」他笑說：「我正禱告著我會沒事。」然而，由於輻射治療的副作用，引發了肺炎，於是朋友們更為他努力禱告，但是他卻從未改變他抗拒神的態度。終於，他在一九九六年，以六十二歲的盛年，留下妻子、五個子女，以及許多他深愛卻未完成的工作，撒手人寰。他太太後來說，他不像許多人願在逝世前皈依，一直到臨終，他都不改其志，抗拒相信神，並仍在等待神存在的證明。

第二章 艾德格・凱西的超視能醫術

去察究種種超視（Clairvoyance）能力，實在是一件令我興奮的事。尤其居然有人，不僅有這種天賦，還能將之用於實際，以及有意義的學術研究上。此人就是艾德格・凱西（Edgar Cayce）。

凱西（Cayce 其英語正確發音是 Kay-see）在晚年時，被稱爲「維吉尼亞海濱（Virginia Beach）製造奇蹟的人」。這一頭銜容易讓人誤解。雖然成千上萬的人因著他的協助而神奇地病癒，但他本人其實並未創造實際的奇蹟。既未將手放在病人身上，也沒有展現出魔術，更沒有人因爲親一下他的衣服就能甩掉拐杖。艾德格・凱西的奇蹟，其實是他能以超視診斷遠在千里之外的病人，而且正確度極高。更有甚者，他的超視是在催眠下所引致的——這特別能引起那些心理治療師的興趣，因爲他們愈來愈常用催眠術來作爲治療法，或用以調查失去意識之人的身分背景。

★★智齒壓迫神經導致神智不清

凱西催眠超視扣人心弦的案例中，有一位住在美國南方阿拉巴馬州（Alabama）塞爾馬

（Selma）城的年輕女孩，她不知什麼原因瘋了，因而被送到精神病院去。她的兄弟非常關切她，所以前來請求凱西幫忙。只見凱西躺睡在床上，作了幾次深呼吸後就睡去了。之後，有人給了他簡短的催眠暗示，要他看這女孩的身體。停頓片刻後，凱西開始說話了，一如所有被催眠者在受到指令後所做的。然而，與多數受催眠者不同的是，他好似具有如X光的透視力，開始描述這瘋了的女孩的生理狀況。他說她的一顆智齒因撞擊而侵壓腦中的一根神經，只要拔除這顆智齒，就可以解除壓力，使女孩恢復正常。檢查的結果，果然在女孩口中發現被撞擊的部位，經適當的牙科手術後，她的神智完全恢復了正常。

★★早產兒抽筋

另一例子，是一位肯塔基（Kentucky）的年輕婦人，她生了一個早產的孩子。這孩子從生下來就一直生病，到四個月大時，還不時抽筋，三位主治醫師以及這孩子的父親，每天都懷疑這孩子是否能活下來。這位媽媽在絕望下，前來請求凱西診斷。在催眠下，凱西開了一劑顛茄毒草藥（Bellabonna），又另開了一付解藥，以供必要時使用。不顧嚇壞了的醫生的激烈反對，這位媽媽堅持自己餵孩子吃下毒藥，而抽筋幾乎立刻就停止了；接著再讓孩子吃下解藥並讓孩子俯臥著，孩子很快就放鬆下來安靜入睡，因而撿回了一命。

這些案例，以及許多類同者，都不屬於心理學上所謂的「信心治療」。像前述能夠立刻痊癒的例子並不多見，但通常凱西所給予的處方都很具體，有時治療方法還包括有藥劑、手術、限定飲食、維他命、水療法、骨療法、電療、按摩或自我暗示等。再者，這些案例也絕非輕佻人士的虛構捏造，或肆意誇張的產物。事實上，凱西所有三萬多個檔案都有詳盡的記錄，並且妥爲保存在維吉尼亞海濱。任何人都可以檢視這些記錄，這些記錄包括有來自世界各地的苦難者的詢問函、求助信、感謝函等；來自醫生的信函、記錄及宣誓書（Affidavits）；凱西在催眠狀況下所說的每句話而由速寫員記下的謄本。所有這些都是強有力的證明文件，都可以證實所述各事各案的正當性。

★凱西的身世

艾德格・凱西於一八七七年生於肯塔基（Kentucky）州靠近霍浦斯京維爾（Hopskinville）的農家，他的雙親未曾受過教育，他自己則進入鄉村學校讀到九年級（即約初中三年級）。雖然在年輕時他想成爲一名（基督教）宣教士，可是他卻從未能有進修的機會。凱西年輕時對農家生活毫無興趣，所以他就搬到城裡。他先在一間書店中工作，後來則成爲保險推銷員。

★★失聲

當凱西二十一歲時，他的命運有了奇怪的轉變。他因染患喉頭炎而致失聲，所有的醫藥都罔效，沒有一個醫生能幫得上忙，所以他無法再做推銷工作。凱西住在父母家中，面對無法醫治的毛病，他消極懶散，垂頭喪氣近一年之久。

★★催眠

最後，他決定從事照相工作，因爲這工作不太需要說話。當他在做一位照相師的學徒時，有一天城裡來了一個叫哈特（Hart）的巡遊藝人兼催眠師，晚上要在霍浦斯京維爾歌劇院（Hopskinville Opera House）表演。哈特得知凱西的狀況後，乃提議用催眠來爲他治療看看。凱西很高興地答應一試，結果，在催眠的暗示下，凱西能以正常的聲音交談，但一醒來，他又不能說話了。於是催眠師又在催眠的狀態中暗示他，在醒來後，他能正常地說話。這種叫做催眠後暗示的方式通常有效，曾幫助很多人克服抽煙過度及其他習慣，但對凱西卻沒效。

哈特因爲在其他城市有表演，因此沒法繼續試驗。但當地一個叫賴恩（Layne）的人則很有興趣追蹤此一案例。他當時正在研究治療法與骨療法，且有些催眠能力。賴恩問凱西，是否可以其技術試試他那仍反常的喉嚨，凱西自是樂意接受任何可能幫助他回復聲音的嘗試。

賴恩的想法是，暗示催眠中的凱西，讓他自己來描述病況。奇怪的是，凱西針對這種暗示居然作出了積極的回應。他用很正常的聲音開始描述自己聲帶的狀況。他說：「是呀，我們（這裡，以及後來，他總是用我們的口氣）可以看到這人的軀體了。……在正常狀況下，這人無法說話，因爲他聲帶下部的肌肉癱瘓了，這是因其緊張，神經被拉緊而造成的。之所以如此，是因心理狀況造成的生理結果。這，可以在無意識（即催眠中）狀態下，指示患病部位增加血液循環來解決。」

★消除失聲

賴恩於是立刻暗示凱西的患病部位增強血液循環，以減輕他的病況。慢慢的，先是凱西的胸部上方，然後是喉部，開始轉淡紅，接著變深紅。約過二十分鐘後，睡著的凱西，清了清他的喉嚨說：「現在全好了，病況消失了，暗示血液循環回復正常，然後讓身體醒來。」賴恩照做後，凱西醒了，一年來他第一次能正常開口說話了。隨後的幾個月裡，他偶會舊病復發，但每在賴恩作同樣血液循環的暗示後，病況就消除了。

★弦外之音

事件到此，對凱西而言是結束了，但是，賴恩卻機敏地感到其中尙有弦外之音。他對催眠的歷史頗爲熟悉，曉得梅斯美爾（Franz Anton Mesmer，西元一七三四～一八一五，奧地利醫生，爲催眠術前驅，其名字成爲催眠的同義字）的繼承人，法國的迪・蒲西格（De Puysegur，譯者查不到其資料），其早期經驗中有幾個類同的例子。他想到，如果凱西在催眠狀態下能檢視、診斷自己的身體，那他應該也能檢視、診斷別人。於是他們二人就以賴恩來做試驗。賴恩患有胃病已有一段時間了。這次的實驗很成功，在催眠下，凱西描述賴恩身體的內在狀況，並建議幾種療法。賴恩聽後非常高興，因其描述完全就如他自己知道的症狀一樣，好幾個醫生也曾如此診斷，但凱西建議的治療，包括藥物、飲食及運動，則是過去從沒人推薦過的。他試了這些建議的治療三週後，病況便有了顯著的改進。

凱西對這件事很困惑猶疑，但是賴恩卻很興奮，他急切地想知道他們是否能幫助其他受病痛所苦的人。凱西從十歲起，每年都會把基督教的《聖經》從頭到尾讀一遍，他渴望像過去基督的門徒般，能作一個服務眾人並以信仰治病的人。後來他希望作個傳教士，但環境沒允許他實現這雄心。現在，很奇妙地，一個能爲人治病的機會擺在他面前，然而，他卻害怕而不敢接受。如果他在睡著時說了什麼，結果是有害、甚至是致命的，那該怎麼辦？但賴恩卻很有把握地認爲這沒有危險，他自己對各種療法知之甚詳，是能否決排拒任何不安全的建議與推薦的。凱西因而從《聖經》中去尋求指引。最後，他同意用如此非正統的方式去幫助需要幫助的人，但他堅持這只能當作一個實驗，也絕不收取任何金錢。

催眠報告

賴恩開始把凱西在催眠中所說的以速記記下，並稱這些速記謄本爲「催眠報告」（Readings）。這個名詞雖不精準，但似乎也找不出更適合的詞彙了。

凱西在他照相館休息的時間，爲他的同鄉作診斷服務，令人驚訝的是，在診斷中，他所用的解剖學及生理學的專用詞語都非常正確，而在清醒時，他則對醫學一竅不通，也從沒讀過一本醫書。對凱西本人而言，最最驚奇的還是人們只要照他所教的去做，就能確實得到幫助。起先，賴恩的案例曾讓他懷疑，他懷疑或許這只是賴恩的想像，並讓他自己相信、覺得好了。凱西回復自己的聲音，當然不是靠想像，但或許是一次幸運的意外，也或許只有他具有這復原的天賦。在催眠報告的初期數年中，這些疑惑一直糾纏著他，直到許多被稱爲不可治療的病都被治好之後，這些疑惑才逐漸從他心中散去。

醫治痙攣症

凱西非凡的異能奇事，逐漸傳了開來。有一天，凱西接到一通長途電話，是霍浦斯京維爾公立學校卸任校長打來的，他五歲大的女兒已經病了三年。二歲時，她曾患過一次流行性感冒，此後她的神智就沒正常過。父母帶她看了很多專家，但一點用也沒有。近來，她發生痙攣，且日益頻繁，最後看的一位專家說，她得了一種罕見且會致死的腦部疾病。父母傷心之餘，把她帶回家等死。這時，他們從朋友處聽到了艾德格．凱西有異能治病的事。

凱西聽了這事後很感傷，同意特別出城去為她作一個催眠報告，但因為經濟狀況不好，所以他必須接受女孩的父親送他的火車票，這是他第一次因助人而接受有價物品。

懷著憂心，他出發了。在他看到失常的孩子後，他仍然為深沉的疑慮所籠罩。一個未受過教育、一點都不懂醫術的農夫之子，卻要去幫助一個連國內最好的專業醫生都束手無策的孩子。在驚恐慌張下，他在這家人客廳的長沙發上躺下，讓自己睡去。但是，一進到催眠狀態後，他所有的疑惑都一掃而空。賴恩也在場，他負責給予暗示，並如常地記下凱西的話。如同以前所有的催眠報告，這位睡著的照相師，以鎮定、流利且肯定的口吻，描述這孩子的狀況。他說，這孩子在染上流行性感冒前，曾從搖籃上摔下來，流行性感冒病菌就此侵入那摔到的部位，因此導致了痙攣。只要進行適當的骨療、調整校正，就可以消除壓力，回復正常。

她的母親證實，這孩子確曾從搖籃上摔下來過，但因為沒有明顯摔傷，所以從沒想到這與孩子的失常會有關聯。

賴恩照著催眠報告，告訴他們校正方法，三個禮拜後，孩子就不再痙攣，而且神智也完全清醒了。她能叫出病前最心愛的洋娃娃的名字，數年來她也第一次開口叫爸爸、媽媽。三個月後，父母回報說，女孩在各方面都回復正常了，而且正快速地追補上前三年中所失去的。

諸如此類的實例，一再增強凱西的信心，他相信自己用奇特、難以思議的能力去幫助人是沒有錯的。他的名聲遠揚，直到某間報社發現了他，並予以報導。他開始從許多陷入絕望的人那裡收到了求救的電話及電報。到這時，他才了解，只要知道當事人的姓名、地點包括州名、城鎮名及街道號碼，他就可以在遠距離外作催眠診斷。對這種遠距的催眠報告，他通常都會以當事人當時所處環境之有關的閒話作爲開場白，如：「這裡早上風眞大啊！」「瑞士的溫特赫好美！那裡的溪流眞美！」「對，我們看到這母親正在禱告。」「這睡衣可眞是好看！」「這人現在坐電梯下去了。」這些描述每次都很正確，也證明了他的確有超視能力。

★★催眠方式

其後的過程，無論他是爲遠處抑或近處的人作報告，總是差不多。他只須脫掉鞋子，鬆開領口與領帶，躺在床上或長沙發上，然後完全鬆弛下來即可。他發現頭朝南腳朝北比較好。除了長沙發及一個枕頭外，其他什麼都不要，而且不論是晚上或白天都可以作報告；光線的暗或亮，對過程也沒有影響。躺下來幾分鐘後他就會睡去。然後，賴恩或凱西的太太、或他的兒子休琳（Hugh Lynn），或其他他信得過的人，就會給他適當的暗示。通常暗示會是這樣的：

「現在有一位×××（名字），住在×××（地址），就在你面前。你要細心徹底地察看一下這人，然後告訴我他現在的狀況以及導致此狀況的原因，也請給出如何可以幫助他的建議，以減除他的病痛。當我提問題時，就請你回答。」

幾分鐘後，凱西就會開始說話。這時，賴恩或稍後的葛來蒂絲・戴維斯小姐（Miss Gladys Davis），就會把他的話速記下來。之後，這些速記會被打字出來；一份交給當事人，或他的父母、監護人或醫生；另一份黃色的複本就由凱西永久保存。

★淘金者紛紛上門

由於報紙的報導與眾人的相傳，凱西很快就受到淘金者的注意。一個棉花商人願連續二週，每天付一百元，以換取凱西每日就棉花市場所作的催眠報告。那時，凱西很需要錢，但他拒絕了。有人想知道寶藏的所在，有人想知道如何在賽馬中贏錢。有幾次，他被人說服，作了此類的報告，純爲實驗目的。有幾次，他成功地預測了賽馬的結果，也有幾次失敗。但每次醒來後，他都感到精疲力盡，並對自己很不滿意。有一次，他被引誘參與了德克薩斯州（Texas）的投機生意，利用他的超視能力來找出油井的位置，其結果也不令人滿意。最後他終於相信，他的異能只能用來幫助病人，而不能用來幫助他人或自己去賺錢謀利。

凱西對出名與宣傳都無動於衷。一九二二年《丹佛郵報》（Denver Post）的總編輯聽說了凱西的事跡，就請他到丹佛市來。在親眼目睹了他的工作表現後，這位總編輯作了一個建議。他會每天付凱西一千元，以交換凱西按下列方式作戲劇化而盛大的表演——他須取一個東方人的姓名，頭戴似回教徒的頭巾，然後藏在一個透明的幃幕後面作催眠報告。凱西直截了當地回絕了。

勃朗士維克廣播公司（Brunswick Rodio & Television Corp.）的總經理大衛・康恩（David Kahn），是凱西終生的朋友，他出了很多力，讓凱西的工作廣泛在他的生意圈及友人間流傳，但是當他提議用更盛大的方法爲凱西打響知名度時，凱西嚴峻地拒絕了。除了一次在阿拉巴馬州伯明翰市（Birmingham）的一家報紙上宣布演講外，在凱西一生的事業生涯中，他從未允許有人爲他的催眠報告或公開演講作任何廣告。在與不熟知他的人的交談中，除非人家問起，否則他從不談起自己不尋常的異能。大部分同鄉都對他所知不多，只知道他在當地教會的主日學班上教課；他也不參加什麼社交性兄弟會或社區的組織。他只秉持著一個堅定的信念：他只是一個醫治、服務受苦受難的人的工具；永遠不要專注於自己。那些受他幫忙的人，都是透過他人介紹而非新聞的報導來知道他的。

早年，當凱西以照相爲業時，他一絲不苟地拒絕了爲催眠報告而收錢。後來，由於需要他服務的人愈來愈多，他無法繼續照相工作，才感到收費以維持家計是必須的。對那些付不起錢的人，他一概免費，其爲數還不少。基本上，他始終不把這事當作生意。在維吉尼亞海濱（在催眠報告的建議下，於一九二七年搬入）所保存的複寫拷貝，是此一事實的最佳見證。且不論不合文法、標點符號不清，及拼錯字等缺失，這些報告依然充滿了服務助人及教導同胞的熱誠精神。

這許多年來，凱西常感疑惑，他到底在做什麼？有時，在作催眠報告時，睡著的凱西竟沉默不語。顯然他自己的健康與心神狀況影響了他的能力。雖然大體而言，他是個性情溫和的人，但也不是不發脾氣的。經濟狀況常讓他憂慮，這些都會妨害他發揮異能。

最困擾他的是，有些人憤怒地告訴他，催眠報告並未正確地描述他們的狀況，而在試了處方後，也未得到任何幫助。這時凱西會寫長信給他們，深致歉意，並解釋說他無意裝作絕無謬誤。很多時候，因爲他沒有充分了解狀況而影響了報告；有時，他也會像收音機一樣出現接收不良的情形。最後他會說：「我們唯一的目的是助人，如果你沒得到幫助，我會退錢給你。」信中並附還全額的支票。

有時，在數月後，這些人又來告訴凱西，後來的醫療診斷，證實了他原先所說。也有時候，凱西發現，那些抱怨治療無效的人，其實是忽略了處方的飲食指示、藥療或身心調整。

★成就漸顯

凱西知道催眠報告不是毫無瑕疵的。但隨著他愈來愈了解如何使用自己的異能，報告的明晰與正確性也愈加增進。那些神奇有效的治癒成就，都足以平衡偶爾失敗與不正確的案例而綽綽有餘。

- 一個加拿大的天主教士的癲癇症被醫好了。
- 俄亥俄州（Ohio）狄通市（Dayton）的一個中學畢業生的嚴重關節炎被治好了。
- 紐約的一個牙醫，在二週之內被治好了讓他痛苦二年的偏頭痛。
- 肯塔基一位年輕女音樂家患了罕見的硬皮病（Scleroderma），在被一著名的田納西（Tennessee）診所認爲治癒無望而放棄後，在一年內被治癒。
- 費城（Philadelphia）的一個男孩，生下來就得了被認爲無法治好的嬰兒青光眼（Infant Glaucoma），在一位醫生遵照凱西指示的治療下，視力回復正常。

諸如此類案例的不斷累積，終使一向謙虛、懷疑、嚴謹的凱西確信，除了偶有的曲解與困難外，他的異能實是上帝賜與的天賦，而非魔鬼的工具。

好些時候，凱西也會遭逢一些如他自己一樣疑心病重的調查者。其中之一是哈佛大學的心理學家，雨果·孟斯特堡（Hugo Munsierberg）。孟斯特堡懷著偏見而來，他以爲在這兒會有幽暗秘室與跑江湖的靈媒、巫師所具有的一般配備。可是他卻驚訝地發現，凱西什麼也不需要，在日光下，他只要躺在長沙發上並得到暗示後，就會在催眠狀態下開始談話。

孟斯特堡觀察凱西作報告的狀況，並訪問那些曾被凱西超視所治好的人，同時查驗以前的檔案。走的時候，他像所有其他人一樣，雖懷有拆穿巧飾騙局的意圖，結果終確信凱西不是個江湖郎中。他對凱西的信心，來自無數案例的見證，也來自凱西那毫無虛飾的誠實。

另一方面，先後也有不少人，對凱西抱有善意，並對其事具有遠見。他們認爲凱西所做的事，對於人道與科學實有其重要性，因而在凱西奇異而滄桑的一生中，常給予道義與財務上的支援。有幾個人構思一所醫院，好在其中進行催眠報告，並由員工們去執行那有點不尋常的處方。有一位身受催眠報告之益，叫做摩頓·布魯門索（Morton Blumenthal）的有錢人，讓這個夢想成了眞。在一九二九年時，他在維吉尼亞州的（Virginia）維吉尼亞海濱（Virginia Beach）這地方，設立了凱西醫院（Cayce Hospital）。醫院開業二年後，因贊助人在股市的大崩盤中遭受重大損失，而導致醫院關閉。

★全國知名

一九四二年，凱西的傳記刊行，這本傳記是由湯馬士·蘇格魯（Thomas Sugrue）所撰寫，名之爲《生命之河》（*There Is A River*）；一九四三年九月的《皇冠》（*Coronet*）雜誌並登載了一篇文章叫〈維吉尼亞海濱創造奇蹟的人〉（*Mirale Man Of Virginia Beach*）。這使得凱西的異能奇事在全美傳了開來。結果，信件從世界各國排山倒海而來。

某些緊急案情之悽慘，可眞叫人悲痛碎心。在不忍推拒任何人的情況下，凱西的預約表一直排到一年半後。他原先一天只作二到三個報告，後來增加到八個，上下午各作四個。在睡著狀況下工作，看來很容易，但實際上，極爲耗精竭力。在這種不斷爲人服務的壓力下，終使他精疲力盡，而於一九四五年的一月三日，以六十七歲之齡，與世長辭。

艾德格・凱西的一生歷史，雖已終止，但他的重要意義並未跟他的肉體一起被埋葬起來。如果人因爲做了好事，就可以永久活下去，那無疑地，凱西是能得到永生的。但比這更重要的是，凱西顯示出了愈來愈多的證據，證明人是有超視能力的。凱西的超視，通過了嚴格而實際的測試，他不僅能見到他人所不能見的，而且他所見的也在事後均獲得了證實。更甚的是，這些不僅僅可以被證實，且都是切實可行的。

第三章　生命之謎的答案

做了二十年博愛慈善的事，解決了成千上萬的個案，艾德格・凱西的超視異能，足證可靠，深值信任。我們必須先知道此一事實，才能繼續談及他奇異事業的下一步發展。

最初，凱西的感知能力，都被導向人之軀體內部的隱閉之處。直到許多年後，才有人想起，這些能力應該也可以導向外在的宇宙本身，導向人與宇宙間的關係，導向人的命運問題等。它是這樣發生的：

在俄亥俄州的狄通市，有一位富裕的印刷商，名叫亞瑟・雷默士（Arthur Lammers）。他從其生意伙伴處聞知了凱西的事而大感興趣，於是專程南下到阿拉巴馬州，塞爾馬市的凱西住處，去觀察他工作。雷默士本人並沒有什麼健康上的問題，但他在觀察了好幾天的催眠報告後，深信凱西的超視是眞實可信的。識多見廣且心智靈敏的他，開始想到，如果一個心靈能夠感知到正常視力所不能見的實態眞相，照說也應該可以看到在肝臟或消化系統的運作外，更普遍而重要的問題，以指引人們一些方向。譬如，哪一種哲理系統，更接近眞理？如果人類的生存有其目的，那是什麼？是否有永生這回事？人死後會怎樣？他好奇凱西的超視能否給予這些問題答案。

凱西自己並不知道。他從來沒想過抽象的人類終極問題。他全無疑惑地接受了在教會所受到的宗教教導。對比於其他哲學、科學、或其他宗教的教導，他所接受的宗教教導，是怎麼樣的眞理？有多眞？這些，他從沒深思過。只因爲他心懷悲憫，急切地想幫助在苦難中的人，所以才繼續不斷地進入如此不正統的催眠狀態。雷默士是第一個看到除了治病外還可將超視用於其他方面的人。這激起凱西的想像力。對任何人的問題，催眠報告從來都是有問必答，所以，自然也沒理由不回答雷默士的問題。

由於業務關係，雷默士無法待在塞爾馬，於是他邀請凱西到狄通市作客一兩週。凱西覺得，或許神要他另開服務的新途，於是就同意去了。

「他過去曾是個和尚」！

雷默士在不久前開始對占星術感到好奇，他想，如果占星術是眞的，那就可以把人與宇宙的關係作有系統的分析。用超視來調查此事，似可作爲良好的起點。因此，在一九二三年十月的一個下午，當凱西在狄通市的菲利浦斯大飯店（**Philips Hotel**）裡躺下時，他所接受到的暗示，不是要他看雷默士的肉體，而是雷默士的天宮圖（**Horoscope**）。

凱西常抱怨別人給他的暗示，現在在睡夢中還再勉強地給了他一個簡扼的天宮圖。在報告的末尾，他結結巴巴地說了一句奇怪的話：「他過去曾是個和尚。」雷默士閱讀廣泛，對於人類命運的各種論說相當熟悉，當他聽到這句話時，如觸電般震驚。難道凱西以超越正常視覺所見的，證實了古老的輪迴轉生理論是眞的？

這份催眠報告無異是對雷默士的好奇心火上加油。當凱西醒來時，雷默士正與他的速記員及祕書林登・斯樂約（Linden Stroyer）興奮地談論剛才那句話所涉及的意義。雷默士直呼：「如果能證明輪迴轉生是眞的，那麼關於哲學、宗教及心理學中的許多觀點都要修正了。」如果凱西在這主題上能給予更多的報告，他們是否可能明確地找出轉生法則是如何運作的？轉生如何與占星學相關？又要如何連結這二者來解開人生、性格與命運之謎呢？

★★占星術

雷默士熱切地請求在此一主題上作更多的催眠報告。凱西雖困惑且不願意，但仍是同意了。在雷默士熱切地追問下，報告以如下較明確詳細的方式說明他前生（past life）的經歷，以及他想查明的抽象人生問題。照報告說，占星術中所描述的有些事有部分是事實。太陽系提供進化中的靈魂（evolving souls）一種循環，使人的心靈經歷體驗在地球與其他意識次元之間來回輪替交流。現行的占星術，只能說是與事實有些相近。它並不完全正確的原因有兩個：其一，它未把轉生考慮在內；其二，它對所謂的占星感應力是如何透過人體的腺體系統（Gland System）與人在其他意識次元的過去心靈經歷來影響人類種種，並沒有充分地了解。

雷默士過去對占星術與轉生輪迴二種概念均非陌生，可是，像這樣的交互關係，他卻從沒想到過。

★★靈命催眠報告

這整件事，對凱西來說，似乎太過怪誕了，但是，好奇心驅使他不得不同意，而就雷默士所問的繼續給予報告。他們想到，如果不要使用天宮圖，而是給凱西更適當的催眠暗示，則是否有可能得到關於前世的更佳資料？於是，他們就請問睡眠狀況下的凱西，像是這樣的問話方式應該怎麼做才好？凱西於是指示他們要這樣說：

「在你面前有一位×××（人名），於××××（生辰年月日），生於××××（出生地）。請你敘述這一魂體（entity）與宇宙（universe）及種種宇宙力量（universal forces）間的關係，說明此生其隱而未顯與已顯明的性格特質；也請告知其在地上界的前生，包括時間、地點與名字；還有每一生該魂體進步或退化的情形。」

此後，催眠報告對前世轉生的描述就更明確且直言不諱。靈命催眠報告（Life Readings）這個新名詞因而誕生，以有別於有關身體（健康）的催眠報告。後者，我們就把它叫做健康催眠報告（Physical Readings）。除了一個細節外，這兩種報告的進行過程是一樣的。每當凱西給予一連串連續的靈命報告時，他就會感到強烈的暈眩。於是他也爲自己作了一個身體健康報告，以明白暈眩的原因。他因而知道，在作靈命報告時，他應該要將身體方向改成北南（即頭朝北，腳朝南）。這一改變，除了與兩極性有關外，對此，他並無進一步的解釋。

★凱西的往世

凱西自己的靈命報告透露，在許多世紀前，他是埃及居於高位的祭司，具有強大的神祕力量，但他的任性與耽於聲色，成了毀滅他的禍根。以後，他又轉生波斯，做了醫生。他曾經在沙漠中受傷，被棄置在沙地等死。在孤單，沒有水、食物與掩蔽下，他與肉體的痛苦搏鬥了三天三夜，以無比的勇氣毅力，將自己的心魂意識從肉體中解脫出來，最後他終於成功了。所以這生他能將心靈脫離肉體的限制，實有部分原因要歸功於此。他這生的長處及短處，與他前幾世的經歷均大有關聯。這一生可以說是對他靈魂的一次試煉，他有機會為眾人作無私的服務，以為他過去世的驕傲、陷溺於物慾、情慾來贖罪。

雷默士感到這份催眠報告的新方向非常重要，值得作進一步的研究。因而他堅持凱西把家人從塞爾馬都叫到狄通市來，一切費用都由他負責。凱西的太太，兩個兒子以及幾乎成為凱西一家人的祕書——格萊迪・戴維斯都同意前來。當他們抵達且知道了新近發生的事後，他們的反應與凱西幾乎相同，先驚訝、懷疑，然後逐漸轉為好奇，以致大有興趣。每一個案例中，凱西會對當事人的品格，有一番坦誠的評估，也道出當事人的特質，而這些都可以從其前世經歷中，追溯其根由。他的一個兒子被告知「在過去四世中，你都是一個作研究的科學家，但是你卻變成只顧自己的物慾主義者。」而另外一個兒子則被告知：「你的脾氣很壞。在埃及與英國那二世，你因此遭遇不幸，所以，這一世你最好學習去控制它。」

★★靈魂輪迴轉生

凱西不論對熟識者抑或陌生人，如雷默士、林登・斯樂約，及雷默士的朋友們所做的靈命報告，都能對他們的性格有非常正確且坦誠的描述。這使得雷默士愈來愈熱心此事，但對凱西而言，因爲其間所牽涉到的含義，而使他益發不安。他再一次進入痛苦的自我懷疑與審察。過去他好不容易才說服自己的超視診斷與處方，是値得信賴、爲神服務的工作，而不是魔鬼作祟。但是現在又出現了這種異端、褻瀆神聖的觀念想法，那他還能有什麼把握？又能確定什麼呢？

凱西內心的混亂，是不難理解的。他是在一個嚴格、正統基督教的環境中長大的，從來都沒有聽聞過世界上其他重要宗教的道理。因此，那時他無法知道他的信仰與其他信仰之間也有許多相似之處，他從沒有機會去認識、欣賞基督教以外之道德的、宗教的亮光。尤其，他對印度教與佛教最重要的教義之一——轉生（**reincarnation** 或輪迴轉生），一無所知。

★人變動物轉世是誤傳

事實上，凱西之所以排斥此事，是因爲自己把輪迴轉生誤爲靈魂變化轉世（transmigration of souls，倡導人死後會變成動物再降生）。他好像記得在哪裡讀過說印度人不殺牛，這是因爲牛可能是他的祖父轉生，又好像在哪裡聽人說過，他們不殺害甲蟲（beetles），因爲牠們之中可能有祖先的靈魂。（譯註一）

很多催眠報告就矯正了凱西的這種困惑。報告說，輪迴轉生不是人回來變成動物的意思，也不是無知人們的迷信。從宗教或哲理的觀點來看，它完全是一種深值尊敬的道理。在印度教徒與佛教徒眾多的國家中，無數受過教育的人都很相信它，且依其道德原則而過活。當然，有不少印度與東方的門派中，也有人變成動物的轉世說法，但這是對眞正的轉生法則的誤解。即使是基督教也有扭曲與錯誤的地方。

★人藉靈魂的轉生輪迴而進化

雷默士對報告所說的解釋到，輪迴轉生就是進化，人的靈魂藉不斷轉生於地上界而進化——有時是男人，有時是女人；這世是窮人，另一世是王子；這回是白種人，下回是黃種人——直到靈魂能達到完美，並能與基督合而爲一。靈魂，像是一個演員，每晚穿上不同的戲服，扮演不同的角色。在西半球，許多知識份子也接受了此一觀念，並將之寫在他們的著作中，像是叔本華（Schopenhauer，德國哲學家）就完全相信它。同樣的，愛默生（Emerson，美國哲學家、作家）、華特．惠特曼（Walt Whitman，美國詩人）、哥德（Goethe，德國作家）、焦爾達諾．布魯納（Giordano Bruno，義大利哲學家）、普羅提諾（Plotinus，羅馬哲學家）、畢達哥拉斯（Pythagoras，希臘哲學家）、柏拉圖（Plato，希臘哲學家）等都相信轉生。然而，基督教呢？如果接受轉生輪迴，是否就因此否定了基督和他的教導？

★與基督信仰衝突？

雷默士一點也不這麼認爲。耶穌基督的主要教誨是什麼？法利賽人中有一個人是律法師，他曾問過耶穌這樣的問題，而耶穌回答說：「你要盡心、盡性、盡意愛主你的神，……。愛人如己。這兩條誡命是律法和先知一切道理的總綱。」（《新約聖經．馬太福音》第二十二章，三十五～四十節）這一單純卻含義深遠的教誨，與生命藉由轉生輪迴而進化有什麼衝突？愛的誡命，怎會與任一世界中的主要宗教的教誨有衝突呢？佛陀曾說過：「你不要別人傷害你的話，你就不要傷害別人。」印度經典也說：「總結人的本分就是：己所不欲之痛苦，勿施之於人。」印度教與佛教從未感到愛人的法則與轉生的進化之間有什麼矛盾之處。他們只是強調後者，而非前者；但其實，這兩者間是毫無衝突的。

凱西仍然半信半疑。在十歲時，他擁有了第一本《聖經》，這書一直使他著迷。他懷著雄心，終其一生，每年都要讀它一遍，有系統地從〈創世紀〉讀到〈啓示錄〉。讀了這本書這麼多遍，他從來沒有碰到過轉生這個字彙。爲什麼《聖經》或耶穌從來就沒提過轉生呢？

雷默士回答說：「啊，也許耶穌說過。我們首先要記得，他對門徒的教誨，有很多都沒教給大眾。即使他教過很多人轉生，你也要知道，因爲經過好幾種語言的翻譯、解說，所以關於他的教導的原始記錄，在歲月流轉中早已經過很多次的改動。結果，耶穌的很多教導早已失眞、失傳了。」有一段經文看來似乎仍保留有轉生的相關說法，那就是《新約・馬太福音》十七章的第十節到十三節：

「門徒問耶穌說，文士爲什麼說以利亞必須先來。耶穌回答說，以利亞固然先來，並要復興萬事。只是我告訴你們，以利亞已經來了，人卻不認識他，竟任意待他，人子也將要這樣受他們的害。門徒這纔明白耶穌所說的，是指著施洗的約翰。」（譯註二）

雖然他在這裡沒有用轉生這字眼，但耶穌就是在告訴他的門徒，施洗的約翰便是以利亞（Elias，舊約時代猶太民族的先知）此世的轉生。

還有一個事例也很重要，那就是門徒就瞎眼的人問耶穌：「夫子，這人生來就瞎眼，是誰犯了罪？是這人還是他的父母？」其他的經文也有暗示，或甚至很清楚地指向轉生。像在《新約．啓示錄》的十三章第十節中就說：「擄掠人的必被擄掠，用刀殺人的必被刀殺。《聖經》的忍耐和信心就是在此。」這段話暗示報應法則是藉著轉生而運作的。

★早期天主教接受轉生

漸漸的，對那些看來似未明示轉生的耶穌教導，基督教正統信仰後來也具體明朗起來。然而，我們怎能確定基督教正統信仰在其解說、選擇、排拒上是正確的呢？此外，雷默士繼續分析說，如研究早期天主教神父的歷史，你會發現很多神父，早就在其寫作中明白接受轉生，且公開對此進行教導。譬如，俄利根（**Origen**，西元一八五～二五四，出生於埃及亞歷山大之基督教教師及神學家）、耶柔米（**Saint Jerome**，西元三四〇～四二〇，拉丁學者，所譯《聖經》爲羅馬天主教認爲唯一可信之拉丁語譯本）、游斯丁．馬特（**Justin Martyr**）、亞歷山太的革利免（**Clemens Alexandrinus**）、普羅提諾，及很多其他人。他們既然在時間上甚爲接近耶穌的時代，是否可能是耶穌在私下教導其門徒後，代代相傳到他們這些人呢？

雷默士另外又指出，天主教樞機紅衣主教梅西耶（**De-Sire-Joseph Mercier**，西元一八五一～一九二六，比利時人，也是教育家）個人雖未承認相信轉生，但他闡明轉生法則與天主教的主要教義沒有衝突。還有聖保羅的主教迪恩．英及（**Dean Inge**）也說，他找不出轉生與現代聖公會教義有什麼衝突之處。因此，天主教徒與基督教徒，在提到轉生是合於宗教與科學時，大可不必就以爲自己偏離了正道，或褻瀆了神聖。

當然，基督教神學有某些觀念可能看來與轉生觀念有衝突。譬如，大部分最正統的基督徒會認爲，死後復活及最後審判日是與轉生相矛盾的。關於此，是否應該要將「死裡復活」與「最後審判日」作象徵意義來解釋，而不是照字面意義去解釋呢？而耶穌與《新約》作者們，是否將屬靈含意故事化的《聖經》寓言、隱喻如「地獄火」（hell fire）等因照字意直譯而形成了僵化的教條？

這些問題的答案都令凱西的思潮起伏。他過去曾一直害怕自己的奇特能力被誤用於與自己信印的宗教相左之事上，而這些答案，減輕了他的擔心。但是，很快的，他心中又起了疑慮，這次是科學方面的。譬如，要如何解釋世界人口的大量增加？如果所有的靈魂都曾來過地上界，那要如何解釋人口的增加？多餘的人是從那裡來的呢？

凱西一家人，還有格萊迪・戴維斯、雷默士及林登・斯樂約成立一個論壇，專門來研究討論這些問題。當大家的爭論陷入困境時，他們就請教於催眠報告。當報告看來太荒謬而不能相信時，他們就到圖書館找參考書。他們沒有遇上多大的困難就找出了人口問題的答案。有人辯說，我們怎能肯定人口有絕對的增加？很多報告均提及在古埃及與亞特蘭提斯消失的文明。在高棉、墨西哥、埃及與東方的古代遺跡，都證明過去曾有偉大的文明存在，而今卻已成一片廢墟。足見在過去歷史中，人口的數目曾有大幅增減，因而這並不會改變宇宙中靈魂的總數。當地上界的狀況不適於人時，大量靈魂必居於看不見的世界中。

亞特蘭提斯文明

這種解釋，在固執而懷疑的凱西看來也還算合理。但亞特蘭提斯陸沉的文明一事，卻又成爲另一個疑團。我們怎麼知道有這樣一個地方？它是否只是個神話？催眠報告對此則有很長且詳細的解答。

在西方，柏拉圖是第一個提及這個存在於大西洋海底的亞特蘭提斯文明的人。雖然今日一般公眾並未認眞注意它，但地質學家爲科學研究已經關注它很久了。他們的意見頗爲分歧，有些人完全否定此事；而有些人則一再肯定亞特蘭提斯是確實存在的。無論如何，倒是有好些學者收集到不少確實的歷史、文化及地質證據，並撰成了專書。凱西發現有一本伊格那提爾斯・唐納來（Ignatius Donnelly）所著的《亞特蘭提斯——陸沉的世界》（*Atlantis, The Antidiluvian World*）。他驚訝地發現，他的催眠報告已對此證據作了正確的敘述。

這些討論、調查以及閱讀歷史、科學、比較宗教、古代奧祕之學、亞特蘭提斯與催眠心理學（所有這些主題在催眠報告中均有觸及），很快讓凱西有了一種開闊的歷史與文化新觀點。漸漸的，他對於在催眠狀態所說的事情就不再如此害怕了，而是能夠接受其中可能蘊藏著眞理。抱著急切但謹慎的心情，他開始對報告從內到外，仔細地檢查其正確性。

查證前世今生人物

他發現報告總是前後一致的，即使前後隔了一段很長的時間，彼此也沒有矛盾。譬如，一個人在有了他第一個靈命報告的數月或數年後，再作了第二次的靈命報告，其前後內容之吻合可說是天衣無縫。大部分報告均包含一些過去，如古埃及與亞特蘭提斯世代的歷史背景資料。當把一堆報告互作比較時，許多細節都能互相吻合。

不僅如此，許多報告在許多方面與歷史記載也深相吻合。譬如，早期一份報告提到一位男性的前生是一個浸凳的人（**stool-dipper**），凱西不懂什麼是浸凳的人，後來查百科全書後才曉得，這是指美國早期習俗會把女巫綁在一個凳上，然後把她浸入冷水池中。

另一個例子是關於讓．巴蒂斯特．波克蘭（**Jean Baptiste Poquelin**）或莫里哀（**Moliere**，係法國名作家）的，在他很小的時候，他的母親就去世了。凱西並不知道莫里哀這名字，更不知道這是筆名，波克蘭才是他的眞名。然而，睡眠中的凱西卻透露莫里哀的眞名及其母親早逝的事。還有一個例子是位一年輕人，其前生住在法國，與羅勃特．富爾頓（**Robert Fulton**，美國工程師及發明家，係輪船的發明人）爲友，且曾幫助富爾頓的某些發明。凱西知道富爾頓是誰，但懷疑他曾否在美國以外的地方住過。在查了一本傳記辭典後發現，果然，富爾頓曾在法國住過幾年，在那裡，他遇到了一些對他事業很有影響的人。

報告通常會把人前生的完整名字給寫出來，但在幾個案例中，也有告知可從哪裡找到其前生的記載，如從某書中，或某登記簿中，或墓碑上。這種狀況的最佳範例，是一位前生叫做巴奈特・西埃（Barnett Seay）的男人，他曾是美國南北戰爭中南方的士兵。報告進一步指出，他曾住在維吉尼亞州（Virginia）亨利科郡（Henrico County），如果前去那裡，仍可找到與他相關的記錄。此人於是立刻去了亨利科郡。雖然他要找的資料已經不在了，但法院的書記官卻告訴他，很多老舊的登記簿最近都被送到維吉尼亞州立歷史圖書館的老舊記錄保管部去了。最後，在這圖書館的檔案室裡，他終於找到巴奈特・西埃的記錄——在西元一八六二年時，他是李將軍軍隊裡負責掌旗的，時年二十一歲。

除了這些過去世資料的歷史獲得了證實外，也有無數今生的資料獲得證實。凱西很快地發現，報告不僅對他自己、家人，而且對於陌生人的心理分析都很正確。對其家庭的報告如此正確，或許可說是因爲凱西處在清醒狀態，當然很清楚他家庭的種種，你可爭辯說他並非在催眠狀態中得到資料消息。但他很快發現，就如健康報告一樣，他是否熟悉當事人，根本無關緊要。當事人可以是在世界任何一個角落的陌生人。然而，只要知道當事人的全名、出生日期與出生地，他就能正確地描述他們的現況、不爲人知的性格、他們的潛能、弱點，而且還能追溯到其轉生的前幾世。

對於在遠方陌生人的性格描述如果只有一次正確，或許可說它是湊巧。但當述及其人的無數優缺點及現況的多樣化時，這樣的湊巧未免也太不可思議了！

★★預言孩童的性情性向

另外，靈命報告在描述孩童的性情及職業性向上也非常正確。有一靈命報告是爲在諾福克（Norfolk）一個女嬰所作的，報告中說她是個倔強、任性、固執且難以駕御的人。當她逐漸長大，這些個性也愈見明顯。試想，這總不是父母故意調教出來的吧！

另一更驚人的個案是一個男嬰，他在出生後三週作了靈命報告。報告說他會成爲一位傑出的醫生。報告中說，他在幼時就會出現這樣的特點，他對醫藥的興趣也會顯現出來。八歲時，他開始解剖動物的屍體，看牠們身體的構造。童年時，他就開始閱讀醫學百科全書；十二歲時，他就宣稱將來有意到約翰．霍浦京斯大學學醫。孩子的父親是個紐約的生意人，母親是個演員，雙親起先對這想法不太贊成而加以勸阻。但這孩子力排一切困難，目前已在美國東部一家大學讀醫學預科了。在這案例裡，當事人的父母均未有爲吻合靈命報告而採取的行動，這再一次顯示，報告是以超視感知，根據當事者過去世的發展，眞誠善意地指出他生來的潛能。

許許多多如斯的個案，在在都顯示報告預測的價值。此處用預測，非意指爲人算命占卜，而是表示有心理測驗的預測價值。例如，著名的羅夏克墨漬測驗（Rorschach Ink-Blot Test，解釋墨水點繪的圖形以判斷性格之測驗）是航空飛行學生在訓練課程中一開始就要做的。測試結果顯示，大約每二百名學員中總有六人因情緒不穩而被認爲不適於飛行員生活。所有的學員都可繼續課程，但在一年末，被認爲不適合的六個學員，因爲心理因素，所以都退學了。羅夏克測驗，即是基於很多如此的實例，而被認爲有很高的預測價值。

★★靈命報告確實而有效

凱西的靈命報告同樣有高度預測的價值，而且從嬰兒到成人，都可以觀察到。紐約市一位電話接線生，好幾次因送電報到維吉尼亞海濱去而心生好奇。當她查明了凱西其人後，她的好奇心更加滿溢，於是她決定去做一個靈命報告。報告告訴她，作電話接線生是在浪費她的生命，她應該去學商業美術，因爲她過去好幾世都曾是個傑出的美術師，而這世也可能如此。她過去從來沒想過進入商業或美術。她想她總要試一次別的什麼，於是就進了商業美術學校就讀。她很驚奇地發現，她眞的有這方面的才能，於是她很快地就成爲一個很成功的商業美術師。同時，在這轉變的過程中，她的整個人生也跟著改變了。

凱西發現，報告確實是眞實可信，也確實能有助於人的，這是件好事。也有很多報告無法獲得確切的證實。然而，那些能證實的事蹟，使他對那些不能證實的事多了份信心。很多人被導入適合的職業；有些人因此而諒解了婚姻的難處；還有人因此曉得靠自己的能力來調整心理與社交上的不順。

在一開始時，凱西曾懷疑，是否因雷默士相信轉生，所以設法灌輸如此的暗示，致他得到如是的資訊。但這些事實消除了他的懷疑。首先，雷默士在他作第一個催眠報告的暗示中，並沒有用轉生這個字眼，他只是要求一個天宮圖而已，是凱西失去意識中或超意識的心靈，主動提及了前生的事。

再者，幾乎所有後來身處在遠方的陌生人的資料，都超過了雷默士或凱西所知。如果，凱西失去意識的心神，是因雷默士的暗示而煞費苦心地想像，則獲得的資料，不可能與未知但可求證的事實吻合。

綜合考慮所有這些因素的結果，使得凱西愈來愈相信靈命報告的資料，也相信這對人類命運的解釋是很正確、正當的。尤其，整個事件所顯現出的幫助、服務的精神，以及把基督的理想與轉生律則融合得恰到好處，這些在在都顯示，有一股完全的基督精神充塞遍佈其間。幾乎每個報告都有提到一兩句《聖經》的內文或耶穌的告誡。引述最多的大概是耶穌說的：「**你怎麼栽，你就怎麼收**」及「**己之所欲，亦施之於人。**」它們有時是直接引述，有時則是意譯或延申敘述如：「**不要受欺騙，不要誤解；神不會被愚弄的。人栽的是什麼，收的也是什麼。人經常在對付自己。行善於那些惡意利用你的人，這樣你就克服了你所已行之於人的**

惡。」

諸如此類語句，多半是對過去世的罪惡所帶來的今生折磨的有感而發。因爲語出誠懇，而且又是那麼的貼切、有意義，使人不能不深爲信服。對於一個認爲上帝之存在與經驗以外之事物均爲不可知的人來說，這種轉生及純基督理念的觀點，當然不是很科學。然而，對凱西而言，這卻是那搖擺不定的天秤中的決定性重量。

★同一群人轉生於同一時地

在初時的興奮熱潮稍微減退後，這群人就開始質問報告資料本身之特性。他們好奇的事之一是，爲何報告中所提及的某些歷史時代會一再出現？很多人都有一個相似的歷史背景，事實上，其前生命運的輪廓看來均屬一種模式。其中一種共同的歷史時代順序是：亞特蘭提斯、古埃及、羅馬、十字軍東征與早期（美國）殖民等時期。另一種是：亞特蘭提斯、古埃及、羅馬、法國路易十四、十五、十六與美國南北戰爭等時期。當然也有些變化，包括：中國、印度、高棉、祕魯、挪威、非洲、中美洲、西西里島、西班牙、日本及其他地方，但基本上，大部分的報告都有相同的歷史路線。

照凱西的看法，之所以會如此，是因爲某一時期的靈魂集團通常都一齊轉生於另一時期。而插於其中的期間，則是由其他一群靈魂所轉生的，就好像是在輪流一樣。這過程很有秩序、規律，就好像工廠的工人換班。所以，大部分今日在世的靈魂，在過去的歷史世代也是在一起的。再者，此生因家庭、友誼或共同興趣而相互繫緣的人，往往在過去世中就已相互繫緣。大部分在凱西處作有報告的人之間，也是彼此多有某種相互關係。

★★資料的來源

另外一個問題是：這些資料到底是從哪裡來的？答案是凱西的心靈。凱西在催眠狀態中，會有二個這種資料的來源。

第一個來源是，每一個在作報告的當事人的潛意識（unconscious mind）。報告解釋說，潛在意識保留了每一個魂，自此生出世以來，以及所有前生在世時所得的經驗。這些生前的記憶存在於現代一般心理治療所說之更深一層的意識中。在催眠下，凱西的心可以立刻接觸到他人的潛意識。

這種解釋並非難以接受，至少它有某部分與心理分析所發現的潛意識的內涵吻合。然而，另一個資料來源的解釋，則看起來相當奇怪且不可思議。這與報告中所稱的「阿卡夏記錄（Akasha Records）」有關。凱西對此的解釋如後。

★★阿卡夏記錄

「阿卡夏」（Akasha）是梵文，涉及宇宙最基本的乙太（Ether）物質，其成分是 Electro-Spiritual。在此阿卡夏上，有自有宇宙以來的每一聲、光、動作或思念之記錄，這些永不會掉失。此一記錄的存在，足以解說超視者之所以能看到過去的能力，且不管這過去有多遙遠，也不管其多超乎於常人知識之外。阿卡夏像感應板，能自動感應一切印跡或印象而予以登錄，也可視爲大宇宙龐大且眞實的照相機。其實我們每個人都有能力讀懂這種振波記錄，全看我們的敏感度，以及能否將之調到恰當的意識階層——就像把收音機轉到恰好的波長頻率上一樣。凱西在正常清醒的狀態下，沒法將其表意識調至此，但在催眠狀態下就能。

從凱西睡眠中說出的所有怪異話語中，阿卡夏可說是最怪異的了。由於難以置信而一再被人質疑，但報告總是用同樣的詞語解釋或只有稍加詳細說明。報告常指出，阿卡夏記錄也可叫做「大自然的全能記憶」（The Universal Memory of Nature），或「生命冊」（The Book of Life，語出《新約聖經》之〈啓示錄〉——請參閱本章末譯者對此之註記三）。既然好幾個其他印度的觀念如：物質之本質原是虛幻而非實體的；物質與能可以互相轉換；想念可經由心電感應來轉送等，都已在近年被西方的科學所證實，那麼爲什麼不能虛心地接受阿卡夏這個同屬印度觀念的新想法呢？

在這一點上，凱西久久不作定論。潛意識或能解釋個人過去世的歷史，但怎能解說在凱西報告中，對亞特蘭提斯、埃及或耶穌時代歷史之現成、豐富又詳細的資料呢？是否這些資料是來自活在那世代的人（即使他們並非報告的當事人）的潛意識？或是凱西得自宇宙那不可知次元世界所保存的歷史文庫？

到後來，凱西終於接受了阿卡夏，但那不是因爲有絕對的證明，而是因爲許多報告都這樣說，而且那些可充分求證的報告也證實了其自身的誠實可信。或許，那些研究超感官知覺（**Extrasensory Perception**，簡稱**ESP**，如千里眼、傳心術）的人會證明凱西在這一點上步入迷途。或許，有什麼其他說法可解明他能透視過去的事實。或許，現代的一些科學家能證明阿卡夏確實存在，而且它還是一項不會比無線電波、鐳放射性元素、原子能或人類神經系統的記憶印象等更奇怪的東西。

★生命輪迴

凱西所給的靈命報告及其能夠被證明的驚人正確性，不論其最終的來源爲何，確屬事實。在西元一九二三年，凱西於困惑躊躇中開始進行靈命報告，直到一九四五年他去世，在這二十二年中，凱西作了約二千五百個靈命報告。它們如身體健康報告一樣，均有註解，且被小心保存著。很多的報告都有信件或其它文件可作其正確性的見證。調查研究人員甚至還可以訪談到許多尚存活著的當事人。

如果我們與凱西一樣，能相信這些奇怪文件的正確性，並接納其對人類命運的解釋，我們就如同擁有了大量不尋常的資料。首先，我們有一大堆各式的證據支持一個重大的法則——輪迴轉生。如果我們認爲證據不是絕對可信，那麼爲了科學研究，至少也值得我們去關心注意這想法。很多偉大的發現都是從探究不可靠的資料而來。當愛因斯坦（Einstein）被問及他如何發現相對論時，他答說：「向原理挑戰」。其次，我們有成堆的心理、醫學及哲學性的資料，在善加分類及分析後，便可從而描繪出一幅人類本質及命運的新景象。

★這件事為什麼會發生在我身上？

那二十二年裡，在凱西透過催眠超視的深遠洞察下，痛苦與迷惑的人們如列隊行進般，一一受檢身體與心理的不幸，他們就像《舊約聖經》詩篇的作者大衛王，在極度莫名的痛苦中哭喊著：「這件事爲什麼會發生在我身上？」

並非所有的案例都是悲劇或令人絕望，很多人的過去世，就如現世生活般，普通而平凡。不管他們的問題輕微或嚴重，他們的現狀總是千百年來迄今一連串鎖鏈中的一環。在一個個的案例中，人們的疾病或挫折總顯現其超越現在時空的關聯。這種了解，將對人的一生產生莫大的影響。洞察到現狀的長期關聯，能使人達致動態的平衡與高層次的自我整合。

如果這些報告的眞實性能被人接受，那麼我們就萬萬不能忽視其中最令人震驚的含意。其重要性並不在於它們推介出一個新的理論，因爲這理論本身是很古老的，它早就存在於每一不同的宗族裡。凱西報告的重要性在於以下二點：其一、這是首次在西方世界（距今約六十到一百年前的事），對很多個人的前生往世，作一明確說明，且是前後連貫一致、條理井然、在心理上也是可信的記述、報告；其二、這也是世界上已知的歷史中，首次有如此保存且可供一般大眾使用的記錄。

更有甚者，凱西的報告整合了東方的哲理與基督的道，賦予了兩者新的生命。這兩種觀點、兩種性向（長久以來東方被認爲傾向內向，西方傾向外向）終於在此得到整合。

★錯誤的想念行為導致不幸痛苦

凱西的報告，尤其能使科學與宗教達致整合。道德上、精神上的世界之受制於因果律，就如物質世界受制於因果律一樣的精確。它們說得很清楚，**人類的痛苦，不僅僅起因於不幸災難，更由於人們錯誤的想念行為而導致；人生來的不平等及其能力的不平等，不是起因於造物主的任性無常或遺傳的盲目運作，而是由於人過去世行為的善惡所導致。所有的痛苦與限制，均有其教育作用，畸形與折磨，都是以道德精神為根因，而人所有的痛苦，乃是人在求取智慧與完美的學習中，所必須經歷的課程。**

* * *

譯註一：

輪迴或轉生輪迴，是循環不息之意。大宇宙中，大至天體星球，小至原子中的電子，無不在做永不停止的輪迴循環。太陽系的各星球均環繞太陽而迴轉，我們所居住的地球，春夏秋冬及日夜都不停地在輪迴。構成物質最小粒子的原子，其原子核被外圍的諸電子以高速循環繞轉。水，受熱蒸發變成水蒸氣，上升空中，聚而為雲，雲遇冷變形為霧、或露、雨、霜、雪等，不管它在輪迴循環中的形態為何，它都始終保持其二氫一氧（H_2O）之本質。人，也是一樣，其靈魂從高次元天上界老家，轉生到三次元物質界取得肉身寄居，過其一生，當旅居生涯告終，其靈魂乃拋下借用之肉身，復回天上老家，這樣，人不斷地一世又一世，在天上界與地上界之間輪迴轉生，轉生輪迴。其每世的肉身雖不一，但其靈魂卻始終如一。**大宇宙藉著輪迴運轉，人及萬物才能生生不息，共同邁向至善的大調和。**我們仰觀天上星體、俯察地上萬相，輪迴循環的現象實在自然不過。

雖然尚不能用現代科學證明輪迴轉生，但是須知，現在人類的科學尚在幼稚期，非得科學大大進展，或有可能做到。今日的科學是靠人在三次元物質界的五官感知去探究出來的。但是**物質化的五官是極不健全的，其感知力相當有限，因此無法感知大宇宙的許多真相、事實。而大宇宙的本質，根本就是高次元的存在，絕非在低度的三次元之物質現象界之人用其**

感官所能察覺的真相，除非人能以其高次元之靈魂體的心靈感知力來感知。而這，需要人的靈魂覺醒才行，此無異要求人能開悟，但，這談何容易。

植物與動物二類生命，雖也與人一樣有精魂，但它們有自己特有的進化之道，其精魂內有本能與感情二個領域。而人，因為是造物主的神（上帝）以其形象所造，其靈魂內涵除了本能、感情領域外，尚有智性（掌學習等）與理性（掌辨別等）二領域。因著這四個領域，人方具有想念領域，所以人能想念、思考、思想。這五個領域以高次元粒子成形於人之靈魂體的心靈之內，所以，人是萬物中唯一有才能思想、創造，而能成為萬物之靈者。

若人的靈魂轉生進入動物體內，則其心魂的五個領域如何能納入只有二個心魂領域的動物內？人之肉體尚具有從其心魂內五領域以高次元能量、形成一路作用、傳遞、而最後表現於三次元物質肉體的一系列複雜精微之必要管道、機制，這些在動物中均付之闕如，所以人的魂沒法進入動物體內，所以人絕不會變成動物，更不可能轉生成動物。反之亦然，只有本能與感情二個簡單心魂領域的動物魂體，它可能一時憑依在人身上或人之魂體上，但它絕對沒法完全進入有五個內心領域的人的心魂內使自己變成人；它的魂只有本能、感情的作用，卻完全沒有智性、理性、想念的能力，則它又如何能活得像個人？何況，動物魂的本能與感情領域的內涵，比之人的本能與感情領域內涵大不相同，簡單太多。以豬作例子，其好吃、好睡，以及以四足行走等習性之本能，那麼以其極簡單的感情，若真進入人體成人豬而主宰人體，那麼牠到底要過豬抑或過人的生活？而人的魂體若真進入豬內成豬人，人原先的各種本能、感情、習性又如何與豬體協調？他的智性、理性、想念領域及其作用又如何處置？人與動物在三次元世界的形體及其習性，都是由其魂在主宰，人有人性，動物亦各有其性，不要說人沒法活出動物習性（或以動物習性來活人性），連豬的魂都沒法活出蛇性；人有人自己靈魂進化演進的管道、門路，豬也有它自己的進化演進方式，蛇與其他動物均是如此，而植物有其植物特性，其精魂亦自有其進化演進的方式。神造萬物，各從其類，物以類聚，各有各自獨特的生活，因而是不會相互轉生的。

譯註二：

以利亞（Elijah）是猶太民族舊約時代，西元前九世紀以色列王亞哈時之大先知，曾行過很多神蹟奇事，而被記載在《舊約聖經》中的〈列王紀〉裡。《舊約》一再預言彌賽亞（Messiah，救世主之意，猶太人長年受外族欺凌役使，故亟盼救世主來拯救他們。結果，耶穌來了，其出身卑賤，又未征服當時佔領統治以色利的羅馬人，故大部分猶太人都不接受耶穌為他們的救主，至今仍在盼望）。在《舊約‧瑪拉基書》四章五節中寫有：「看哪，耶和華大而可畏之日未到以前，我必差遣先知以利亞到你們那裡去，……。」《新約》中，除前引述〈馬太福音〉十七章外，尚有〈馬太福音〉十一章，十二、十三與十四節、〈馬可福音〉九章十二、十三節及〈路加福音〉一章十三～十七節等，均述及施洗的約翰與以利亞的關係。

譯註三：

關於生命冊（原文 Book of Life 語出《聖經》，在中譯《聖經》中譯為生命冊）在《聖經》中屢被提及，但其真實意義則眾說紛紜，而沒有確切定論，是基督教神學與教義之一大奧祕難題。根據國際標準《聖經百科全書》（*The International Standard Bible Encyclopedia*）在由 James Orr 所編的少年歸主社出版的中譯《聖經百科全書》中，對其所作之解說如下：

「《聖經》中，表示神掌有人之行為的記錄，或善或惡，以及其應得之酬報，無不一一載明。生命冊上則載義人之名，及其應得之福。……在《新約》中顯示所謂生命冊者，即能承受永生之義人名冊也。……死者各依其生前所行，如書所記載一一受鞫，凡名之不見錄於此者，均擲於火湖。唯信主（指耶穌）而悔罪可使人對於審判無懼，人豈不當竭力使己名得錄於生命書中哉。」

右述「生命冊」是今之宗教學者所解說的。我曾多次請教牧師、學者，在耶穌以前，或從未聽說過主耶穌而無主可信的人怎麼辦？卻無一人能回答這個問題。「生命冊」到底是什麼？又是怎麼回事？《聖經》本身從沒對此有明確說明。今凱西卻在其報告中多次提到，阿卡夏記錄也可叫做「大自然的萬能記憶」或《聖經》中所稱的「生命冊」。這倒是把「生命冊」這一長久困擾基督教的難題、奧祕做了較為合理的解說。不過，我不知道正統基督教是否接受凱西其人其事，以及是否接受他對「生命冊」的解釋。如果你在細心研讀凱西的種種後還不相信、不接受凱西其人其事，相信這是很難的。而如果你接受了凱西其人其事，則今日所謂正統基督教之神學與教義，恐怕會有更大的麻煩。因為，且不論根深蒂固的今日正統基督教接不接受「轉生」這個法則，凱西所說的許多其他聽起來很有道理且與佛理、儒家道理相合的話語教導，已經與流傳至今的《聖經》與一般教會教牧所教，有很多互不相合，其至矛盾的地方了。

在專談醫生宣佈死亡後又復生的故事《*Life After Life*》一書中，有許多案例之主角，在被宣佈死亡卻又復生後，多有談及在其靈魂回到天上界後，能於極短的一瞬間內檢視其一生，所有事情都按照時間秩序重現眼前，且既清晰、有色彩和動態。顯然的，這就是拜阿卡夏記錄或「生命冊」之賜。因此，「生命冊」其實不是一個只記有義人或罪人、或能承受永生或應被丟入火湖之不信的人。其名冊，乃是每個人在世一生之總記錄，有聲音、影像、以致一想一念，所有好壞想念行為均自動記於其上，如存在電腦記憶體中隨時能把儲存的檔案叫出來般，一切都是一覽無遺、無所遁形的。所以，Book of Life 的命名，譯之為易被人誤解的「生命冊」不如譯之為「生命記錄」或「想念記錄」較為妥切。

第四章　肉體業障

跛腳、耳聾、眼盲、畸形、不治之症，這些或許是人類受苦最顯著的例子。當我們看到別人有此類痛苦時，深切的憐憫之心會油然而生。當我們自己遭遇此類折磨而身受其苦時，我們就開始怨恨地質疑上帝，爲什麼這事竟會發生在我身上？我們悲傷憂鬱地問：「爲何這些事會發生在我身上？」

約伯（Job，《舊約聖經》人物）被認爲是最義（即正當）與最能忍耐的人之一。他失去了一切的財物，甚至所有的孩子，雖然他心中極度痛苦，但卻從來沒有絲毫抱怨。然而，當最後一個試煉來臨——魔鬼使他全身長滿噁心的毒瘡——時，約伯有生以來第一次咒罵上帝，有生以來第一次絕望地喊問爲何他會遭此不幸。他驚叫說：「請你教導我，我便不作聲，使我明白在何事上有錯。」（《舊約聖經．約伯記》，第六章二十四節）。

受苦必因做了壞事的這種信念，早被現代人認爲是陳舊過時的宗教迷信而拋棄了。今天幾乎沒什麼人還認爲苦是因罪而生的。然而，依凱西催眠報告的觀點，**罪與苦完全就是因與果的關聯**。

「業」的意義

爲了能了解凱西報告這一基本觀點，所以有必要弄清楚「羯磨（Karma，或稱業或業障）」這詞語之意義，因爲這是唯一能表明罪與苦二者關係的詞彙。羯磨或業這字原是梵文，如照字義，它是行爲或作用的意思。然而在哲理思想中，它意味著因果法則，或支配、約束所有人行爲的作用與反作用。沉浸於印度婆羅門哲學的愛默生，以此概念爲補償法則（Law of Compensation）。耶穌則簡明地用一句話來表達它：「人種的是什麼，收的也是什麼。」（《新約．加拉太書》第六章第七節）。牛頓第三運動定律——即**每一作用力，必產生一反作用力**，二力大小相等，方向相反——其能應用於精神道德法則，一如其能應用於物理法則。

凱西的靈命催眠報告非常令人著迷，因爲它們把人此生的不幸與缺陷，追溯其根因到過去世的某種行爲，從而使業的抽象概念落實於更清晰明顯、直接的焦點上。把所有靈命報告作全面審查後，可概括出不同種類的業障。其中有一種叫做回力棒（Boomerang）型業障，因爲它像澳洲原住民的回力棒，丟出去後還會飛回來，作惡於人的，其惡將返回自身。

回力棒型業障

在凱西檔案中，有很多這種業障的例子。其例之一是：一位生來就眼盲的大專教授，在一個叫〈心靈的奇蹟〉（Miracles of the Mind）的廣播節目中，聽到關於凱西的事。他申請到了一份健康催眠報告，在遵行其所指示的骨療、電療與飲食調整之後，他的健康及視力有了顯著的改進。在三個月內，原先被眼科專家認爲無望的左眼，有了百分之十的視力。這教授的靈命催眠報告，列述出他過去的四世前生分別爲：南北戰爭時期的美國人、十字軍東征時期的法國人、約西元前一千年的波斯人與陸沉前的亞特蘭提斯人。

在波斯那世，他掣動心靈法則（Spiritual Law，或可譯爲心靈世界的法則），因而爲自己此生的瞎眼設下網羅。原來，那世他是一野蠻宗族之一員，該族有將敵人眼睛用燒紅鐵棒燙瞎之習俗，而他的職責就是執行此事。這裡問題就來了：個人怎能爲社會賦予他的職責而負道德上的責任呢？這是一個正當的疑問，我們將會在第二十三章中詳細討論這個問題。

回力棒型業障之案例二是：一個靠修剪指甲過活的女孩，在一歲時雙腿就癱瘓了，雙腳因此發育不良，必須使用拐杖與吊帶。她的業障起因於亞特蘭提斯那世，她不知用了什麼方法（是用藥物、催眠、或傳心術，報告並未說明）害得許多人的肢體軟弱無力，他們除了順從她之外什麼也不能做。因此，這「魂體」就受到她給予別人的回力。（魂體（Entity）是報告用詞，意指永生的個人，爲了獲取經歷，趨向至善完美，而一再轉生輪迴於世。）

回力棒型業障之案例三是：一個四十歲的婦人，自小罹患某些病症，直到最近才被診斷爲敏感症。每當她吃某些食物時——主要爲麵包與所有穀類食物——她就會開始打噴嚏，好像患了花粉熱一樣。每當她接觸到某些物品時——主要爲皮鞋的皮革與眼鏡的塑膠框——她左邊的神經就痛苦萬分。多年來她看過無數的醫生，只有在她二十五歲那年，藉著催眠治療好過一陣子，但六年後，這病症又回來了。

這位婦人想要從凱西的報告中得到治療，在凱西的超視中敘述了造成她這個狀況的業障起因：「在某一生中，該一靈魂體是位化學人員，她利用了很多化學物品讓別人發癢。因此她這一生會過敏。這魂體也利用一些物質，使別人聞了會中毒。同樣的，她此生一遇到某些金屬、塑膠、氣味與皮革就會立刻中毒。如果這些皮革以橡木鞣製，就不會對她造成傷害，但若是用魂體過去世曾用來害人的東西所製成的，就會傷害到她。」

★肉體機能型業障

第二種肉體業障可以叫做肉體機能型，這是在某世中濫用了身體的某個器官，因而在另一世中使同一器官遭到報應。這種型態的業障有一個很好的例子：一個三十五歲的男人，從嬰兒期起就罹患消化不良。他因而只能食用某些特定食物，而且還需好幾個鐘頭去消化一餐。由於此一敏感症，使他所遭遇之不便與社交上的窘態，可說是不言而喻。

凱西報告將此種障礙歸因於，此人在法國路易十三的那一世中，曾是國王的護衛以及服飾顧問。他雖善盡其責，但卻有一個嚴重的缺點——貪吃。甚至在該世之前一世，他是波斯宮廷的醫生時，就已經是個饞嘴之人。在他這兩世的心靈上，都造作了飲食過度的罪孽，他需要糾正這種不平衡，因此這一生，他必須藉著肉體的弱點，來學習中庸節制。

★★象徵型業障

凱西報告中常提及的第三種肉體業障可稱爲象徵型，也是所有健康案例中，最令人驚奇且饒富趣味的業障表現。

早期靈命報告中，有一個年輕人，自小就患了貧血症。他的父親是個醫生，給了他每一種他所知道的治療藥方，卻依然無效。這種幾乎無法治療的功能失調證，實顯示出其中有根深蒂固的業障原因。確實，他的靈命報告指出，此種狀況可以追溯到他五世以前在祕魯的那一世。該魂體殘酷無情地攫取國家的控制權而成爲統治者。報告中說：「他讓國家人民血流成河，因此今生才會患有貧血症。」

這句話的意義，只有將本案與其他肉體業障比較後，才會比較容易理解。本案顯然不是屬於第二種機能型，因此這人的罪孽並非由縱慾濫用其肉體器官而導致。嚴格講，它也不是回力棒型業障，因爲如果是的話，這人年輕時就應是殺戮戰場上的犧牲者——或許應是個死在希特勒軍隊刀槍下的波蘭年輕戰士。

我們可以看到，他的身體變成了殺戮戰場，以此作了祭壇上贖罪的犧牲品。終此一生，其在肉體上所受的折磨，比之在戰場上的血腥死亡，還更能達成教導公義的目的。這魂體過去以征服者的姿態，不將他人的生命當作一回事，現在，由於貧血，使他變成一個身體虛弱的人，因此他身體的一部分可說象徵性地接受了他心魂上的業障。

★★身心病症醫學

如果我們還不能接受由心理引起之身心病症醫學（Psychosomatic Medicine）的臨床調查結果，那麼上述或許是個還不錯的的想法。不久以前，所有的疾病都被認爲是肉體本身的原因所造成的。隨著精神醫學（Psychiatry，或叫精神病學，或叫心理治療學）不斷的進步，證明了**某些肉體的病症是起因於精神或情緒的失調、不安**。這一發現，從而衍生出現在所知的身心病症醫學（Psychosomatic 一字源於二個希臘字，Psyche——靈魂與 soma——身體）。

身心病症醫學的臨床診療已證明：**以情緒為起因的緊張，如不能以語言或行動發洩出來，就常會以一種器官語言（Organ Language）在身體上作象徵性的表達**。《身心病症醫學》一書（*Psychosomatic Medicine*）係該科的標準教科書，其二位作者：懷斯（Weiss）與英格里須（English）即舉例說：「如果一個病人不能良好地吞食，但他又無器官上官能失調的狀況，這可能意味著，在這病人的生活處境裡，他有什麼不能忍受、吞嚥的狀況。在器官沒有毛病下，嘔吐有時意味著這病人無法忍受環境中的某項因素。胃口不好以致嚴重營養不良的病人，通常就如肉體飢餓的人般，常會有情緒上的飢餓。會『說話』的器官，多半也是在環境狀況很糟時，會造成心裡痛苦的那些器官。但是，器官的本能，其歸屬的母體器官，或其他因素，也有可能影響器官選擇不同的表達方式。」

在身心病症醫學中所說的器官語言，與我們所定名的象徵性業障二者看來甚爲相似。在後者的狀況中，**對於罪惡，魂體的意識中好像有很深重的犯罪感，這種罪惡感就會投射、反應於肉體本身——器官上**，並會視象徵性業障之狀況而以適當的方式表達。

這裡有一些凱西檔案中有關此種象徵性報應的典型例子。一個嚴重的氣喘患者，被告之以：「強壓別人，無異強壓自己。」一個耳聾的人被警告說：「對那些請求幫助的人，不要關上耳朵。」（這一魂體在法國大革命時曾是個貴族）。一個脊骨結核病患者被告以：「這魂體過去阻擾過別人，在此生才會遭此對待。」一個肌肉萎縮的患者知道了：「這不僅僅是下肢肌肉與神經的萎縮，更是諸多前世裡，你在自己及他人的人生中所造作的結果。」

★慢性尿床症

檔案中象徵型業障案例最驚人的應該要算是一個十一歲的男孩，他從二歲起就患了慢性尿床症。由於醫治這孩子的過程相當繁複，故値得在此作較長篇幅的討論。

在嬰兒期，他是個很安靜的孩子，從不給父母添什麼麻煩，直到他父母生了第二個孩子，他就開始在夜裡尿床並成了習慣。父母親知道，在老二出生後，老大可能會沒有安全感，因而會恢復到嬰兒期的習慣，以期重獲注意力與優越的地位。雙親雖努力讓男孩知道，他們對他的喜愛並沒有被妹妹所取代，但尿床的情況仍持續著。

最後，當男孩三歲時，父母決定帶他去看心理醫生，經過心理治療一年多，因爲沒有什麼效果，他們便停止了治療。此後五年，男孩持續夜夜尿床。父母帶他看過每一位他們打聽到的專家，嘗試了每一種療法，可是卻通通無效。到了八歲時，男孩的尿床情況依舊。父母再一次決定尋求心理醫生的幫助。隨後二年的治療，只對男孩在人格成長上有幫助，但尿床情況卻依然故我。於是在男孩十歲時，他們又放棄了無效的心理治療。

當男孩十一歲時，他父親聽到艾德格・凱西的事蹟，於是決心爲孩子的怪症做一份健康報告。依其靈命報告，男孩的前世是清教徒早期傳福音的牧師。那也是審判巫師的時代，他對被認爲是巫婆的人，極力施以浸入水池的懲罰。

報告解釋了業障，也提出了治療的方法，就是要父母在這孩子晚上睡覺前給予暗示，但暗示要強調精神方面而非肉體。

拿到報告後的一晚，母親坐在男孩的床邊等他入睡。在他快要睡著時，她就開始以平緩的音調對他重複說：「你是個和善仁慈的人，你會給很多人帶來快樂，你會幫助每個遇到的人……。你是個和善仁慈的人，……。」將類似這樣的話語說五到十分鐘給已睡著的男孩聽。

那一晚，是這男孩九年來第一次不尿床。一連好幾個月，這母親以同樣方式暗示，結果尿床的毛病一次都沒再犯了。漸漸地，母親發現一周暗示一次就可以，直到最後終於可以停止暗示，而這孩子也終於完全被治癒了！

這一個案有幾項特色。在嚐試暗示的第一個晚上，男孩就不再尿床，光這一點就叫人大感不可思議。然而，如果這位母親不是很正直，別人會以爲這事未免太誇張。她原是個律師，是地區檢查官署中受人敬重者，她一向是不容易受騙、迷信或不誠實的。

此案另一特色是：在如此有效的暗示之下，卻一點都沒提到有關尿床的事。它沒有針對男孩的肉體，只針對他的心靈，換言之，它是針對男孩前生帶來的犯罪意識，透過他自己身體中的腎臟機構作象徵性的表達。過去他把女巫浸泡在水中，他要爲此事負責，現在他在冥冥中感到需要爲此懲罰自己。

雖然這生中，這孩子沒有害過任何人，可是，由於過去世殘酷懲罰別人的持久記憶仍在他心靈的某處，因而他仍懷疑自己是否仁慈？是否能被社會接納？而暗示可深入他心靈的某處，確保他的罪惡因著仁慈與幫助別人而贖免，並進一步去除掉此象徵性的受罰。

這男孩從此適應良好，受人喜愛，是個好學生，而且還成爲了領袖人物。他原本的性格內向，現經改造後，在強生・歐康諾人性工程試驗室（Johnson O'Conor Human Engineering Laboratory）的測試中，則被列爲一個能完善適應的外向者。他的母親將此種人格的改變，部分歸功於心理治療，部分則歸功於凱西的報告。

現在，他十六歲了，據他父母二人的觀察，他顯著的特性之一是，對他人寬大容忍。對他人的任何缺失，他均可找到心理上的解釋與正當理由。生理上的無能是一種象徵性的自我責罰，原先他對此事難以容忍，現在卻陶冶轉化成積極的寬容力。重建完整的平衡狀況後，肉體或健康的業障自然就會消失。

★業障的作用與反作用

在評述以上這些業障的案例後，我們能歸納出幾個通則。業障常被定義爲作用與反作用，凱西的報告也證實此一定義。但是業障特性之報償反作用，通常既不是一模一樣，也不是那麼刻板。譬如，那眼盲的教授，過去以鐵棒弄瞎敵人的眼睛，此生卻未生於野蠻部落，年輕時也沒有被外族人殘酷地弄瞎他的眼睛。他生於二十世紀現代社會時已經眼盲，其此世的人生各事亦非前世的複製。

此例及其它類似例子讓我們知道一個通則，**業障是一心靈法則，主要運作於心靈領域；一切物質的實體或環境，僅是實現心靈目的的工具、方法**。因此，客觀之物質實體層次的反作用或相反狀況無法一模一樣，而在心靈層次，反向的狀況卻幾乎完全一樣。

★★反作用的媒介

另一看來有正當根據的通則，是關於反作用的媒介。在凱西檔案中，沒有一例是，人此生的不幸乃因前生受害者此世也轉生來報復或懲罰該人而導致的。生來眼盲的教授，其父母並不是他前世的加害對象。患小兒痲痺而雙腿癱瘓的指甲修剪師，並未從她前世在亞特蘭提斯時的受害者那裡感染到病毒。那個受消化不良之苦的人，此生的胃也不是他前世虐待、濫用的同一個胃。總之，**反作用或懲罰的起因，並非來自前生該事件之同一人或器官，而是來自原先作用所指向的同一領域**。一些圖解可使這通則更清楚。

如果我們寄一封信給「威斯康辛州，麥迪遜市，樺樹街六一四號，杜約翰收」，我們會清楚註明環繞著那個叫杜約翰的四個較大的環境。心靈自我（Spiritual Ego）在三次元世界取得肉身後，就像杜約翰一樣，發現自己處於幾個同心圓之中。這些環境，不僅包圍這自我，也提供了運作的領域或場所。

自我的運作領域，可以用很多方法來分析，但就自我於其意志而言，約可分爲三個場所：

A自己的肉體（又可細分爲眾多的器官與性能）。

B自然環境（指外在的物質環境）。

C社會環境（意指人際群體間之關係）。

下頁圖一即說明由三方面所組成之同心圓所建構的場所：圖中的X代表永生的魂體（即靈魂），而X′表示取得肉身的魂體。XX′魂體由三個主要施展其行爲之場所所包圍：A爲自己的肉體，B是自然環境，C是其他人。經XX′到圓圈中的箭頭，表示由意志發出作用或行爲，從而影響這些場所。

圖二則說明XX′魂體發出作用後即產生（或導致）反作用，回到XX′魂體。因此，如果XX′這魂體，因貪食而濫用、虐待他的肉體（即圖中之A），就會產生反作用而回到這一世或來世之同一領域的肉身。即使這魂體擁有的是不同的肉身也無妨，只要運作的場所、領域一樣就好，**只要失衡能被糾正而恢復平衡就好**。

這種概念，如把它當作一場網球賽來比擬，就會更清楚些。假設二個人在作業餘網球比賽，當比到五比五難分難解時，由於租借球場的時間已到，場地要輪給別人使用而必須離開，這時，他們爲了求分出勝負，就只有趕快以電話租約好另一不遠的場地，並在半小時後繼續比賽。比賽的場地換了，但比數並未受影響，他們就從被中斷時的五比五比數開始繼續比賽。這比數本身是個看不見、摸不著的無形東西，但卻是他們所關切的焦點。對他們而言，比數就如同可見、可摸著的球場一樣重要。同樣的，**人的肉體就好像是比賽場地，永生的靈魂藉著它，與自我的業障競爭比賽**。（譯者註：永生的靈魂（真我），如能在此生以肉身我（僞我）努力去克服其弱點或毛病、缺失、罪業、業障這敵人，就能在人生的競賽場上獲勝，或更確切地說，在人生的

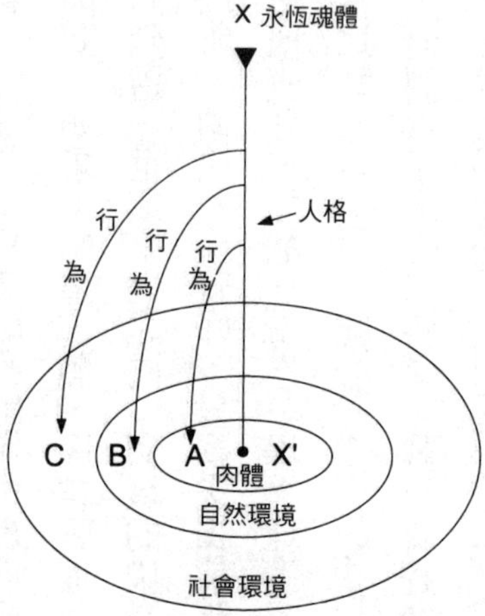

圖一

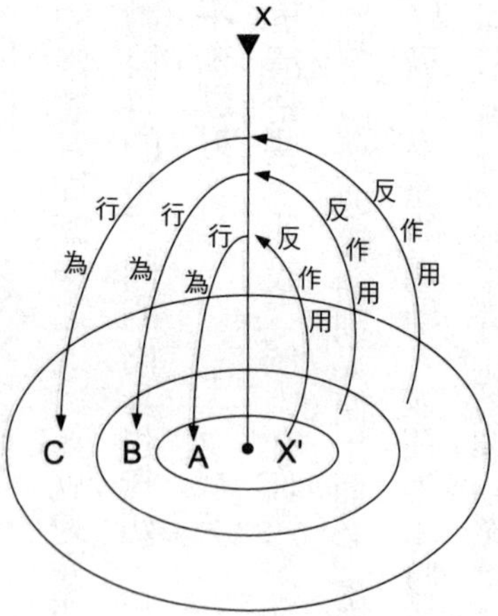

圖二

戰場上，勝了、贏了→罪業消除，靈魂淨化，使魂之境界節節高升，來世就不必再藉著受該罪業之苦來學習這些功課了。）

現在可用圖二繼續解釋：假設XX′魂體濫伐、濫墾森林資源，或善用礦物資源（即圖中之B）即會導致將來在同一領域的反作用→即在林業方面有不好的命運，或在礦業方面有好的命運。在凱西檔案中，有很多這類反作用的例子。

又假設XX′魂體，只顧自己，惡待與其有緣之人，則這不顧及人及惡待人的果報將來就會回到其自身——未必是從原先的受害人而來，而是從同一層次的領域來。反作用之來，不一定在現世，也可能在以後的來世。

圖三進一步說明：XX′魂體叫做張三的，其過去世行爲→反作用投射到此世同一魂體但不同肉身的李四（即圖中XX″），而影響了李四的人格，李四在此世又有了新的行爲、作用→又將反作用、投映、影響於同一魂體但不同肉體的來世自己。（譯者註：在三個圖當中，可把X看作人永恆的魂體、或靈魂、或叫真我、或叫實體，其所以叫做真我、實體等，乃是因為他才是人真正永遠以高次元形象的實體存在，且可一見就能辨認他是誰，平日居於四次元以上之高層次世界，每隔若干年就安排出生到我們這個三次元的地上界，藉父母之血緣，取得物質肉身，即XXX′及XX″、XX‴……等過一生，以便能清除在天上界難除的業障，學習在天上界難學到的功課。如果在各圖的「X」下面畫一條長一點的橫線，即可表示：線以上是人在天上界的故里、老家，而在線下之朝下箭頭，表示人轉生下世，到

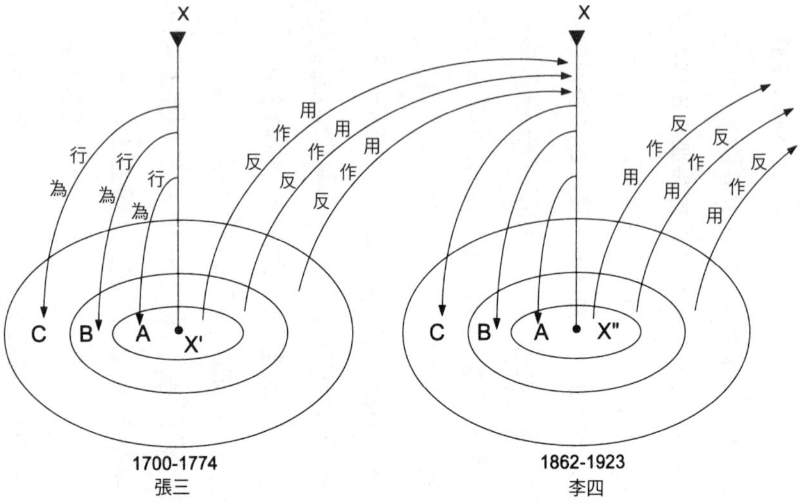

圖三

下面的各同心圓處——地上界。這X真我實體或永恆靈魂生到地上界取得肉體X′（一世）、或X″（二世）、或X‴（三世）……等，因在不同的較低三次元，所以記不得其高次元原本的真我X，如心境修養到高層次↓就記起其真我本魂以及前世種種，這就是所謂的開悟。然而，人在地上界被自己只具五官有限感知力的肉體A，與周遭環境的他人BC所迷所惑，造作了業障、罪孽、或偏去、偏斜了個性、人格，而牢牢執著於只是扮演一場戲劇的X′或X″或X‴等角色，忘了他原本是X的真我靈魂。為了要學好許多功課，人不停地從天上界轉生輪迴、輪迴轉生到地上界來，真我魂體雖只有一個，其歷世所扮演的人生戲場角色，已不知凡幾了。真我在地上界的肉身X X″ X‴等，是在人用完，即死亡時就丟棄，一團肉體物質在真我心魂脫離下，立刻就腐朽，最後，分化還原為元素，所以肉身，或肉身我，不是一個實際的存在，因而叫他做偽我。此所以古印度說這現象世界是一幻覺 Ilussion，它是個現象，現象一過去就沒了，不是宇宙實際真正存在的東西。）

凱西的報告，爲人類肉體的病痛，開出了許多減除、治癒的大道。它們指出，以正常五官的感知力來觀察人世，我們就如同面對一幅巨大而錯綜複雜的織錦掛氈，只能看到極有限的一小片，在平整的畫面下，有著無數的線紗糾纏牽連，但我們都看不到。這「生」「死」人生的織錦掛氈，伸向深遠的東邊，又伸向深遠的西邊，它的「生」之起頭簡直不知起於那裡，它的「死」之盡頭亦不知止於何方（譯註二）。

* * *

譯註一：

根據譯者所知，靈魂或人的永恆真己輪迴轉生於天上界與地上界之狀況，可以下頁圖更清楚明白地顯現、了解：

人之靈魂即真己、永恆魂體，每隔一段時間就會從高次元的天家，降生到三次元的物質界、或叫地上界、現象界。所謂降生，即是高次元光子所構成的魂體（所以也可叫做光子體），下來寄居在藉父母血緣而得之肉體中，從此展開其青少年、中年、老年到死亡的人生航路。所謂死亡，只是永恆真己的魂體或光子體，脫離或丟棄其寄居了數十年的物質肉體，回去其原來所屬的天家。該三次元由物質所組成的肉體，一旦被其主人的魂體離棄，便會因立刻失去其營生所需的高層次能量，而腐朽敗壞終致瓦解。這只是魂體在地上界時借用的物質肉體的死亡，不是肉體主人的真正生命——魂體的死亡。**人的真正生命——**靈魂，是無生無死，永恆存在，即永生的。這於每一個人、靈魂、魂體、真己都是如此，沒有例外。

可是，人之真己一投生地上界寄居新的肉體中後，真己之一切原有內涵便會潛藏在心魂深處，好像暫時睡著了一般，而這時肉體會逐漸長大，它與周遭外界接觸所賴以感知的五官（即眼、耳、鼻、舌、身）也會開始作用，日久，人便完全被五官給控制、迷惑，只能見到五官覺知的物質對象，卻完全忘了五官所不能覺知的、超越物質層次之上，以能量粒子形態存於自己肉體中的真己魂體，並從此展開其盲目的一生。

那麼，為什麼在三次元的物質世界中，沒法感知四次元的能量世界？一次元是一個一條線的世界，二次元是有長有寬的平面世界，而三次元是長寬高三向度的世界，四次元以上則是除了長寬高以外，還有其他向度的世界。舉例言之，螞蟻雖活於三次元物質界，但它的活動像似屬二次元的平面世界。如果放一塊小甜食在地上，不久，許多螞蟻就會成隊而來，若從空中將小塊甜食取走，這時螞蟻們就會因為其在附近平面上找不到小塊甜食而大惑不解，因為牠們想不到還有另一向度。活於二次元是沒法想像三次元的情形的，就如我們活於三次元世界之肉體及其五官沒法感知、想像四次元以上的世界。你有沒有聽說醫生宣佈死亡後又復活過來的人述說其瀕臨生死的經歷？他（靈魂）在天花板下望到自己身體躺在病床上，家

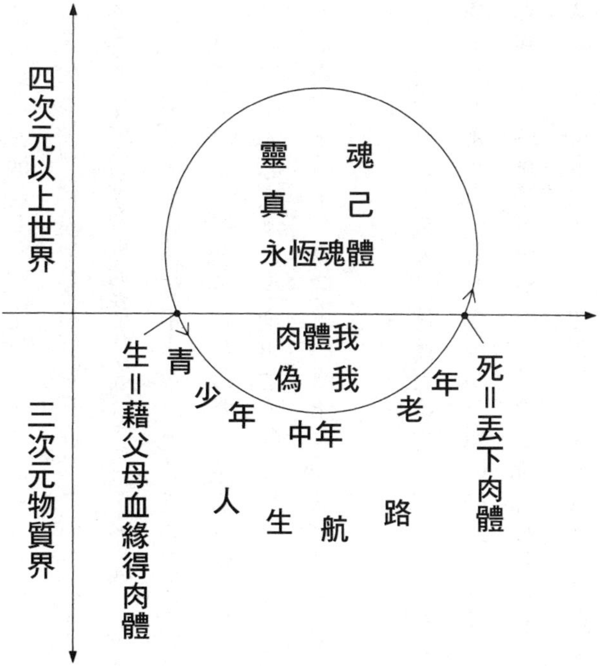
四次元以上世界
三次元物質界
靈　魂
真　己
永恆魂體
肉體我
偽　我
生＝藉父母血緣得肉體
青少年
中年
老年
死＝丟下肉體
人生航路

人圍在床邊哭泣，他趕緊對家人說：「我沒死呀，我在這裡！」可是家人卻聽不見也看不到他。因為離開肉體的靈魂是四次元以上的形體，可以感知低次元的一切，而低次元的卻無能感知到高次元的。汽油是三次元的物質，經過燃燒，汽油可以變為能量，使汽車得以運轉。人的眼睛看不到這四次元的能量，但這能量確實是存在的，所以汽車才能運轉。

有些人因為自己的五官沒法感知靈魂的存在，於是就否定靈魂，也否定靈魂轉生這回事。許多科學家以這個三次元世界的方法，測試不出高次元靈魂的存在及其作用，於是就否定靈魂與轉生。此無異否定真正的自己，而執著於只活數十載生老病死的肉體偽我。這樣，他們的麻煩可大了，因為他們這樣又怎能活出生命的意義與人生的目的？令人奇怪的是：他們沒有看過祖父的祖父、空氣與雲中的水、物質中的原子，卻都能相信、肯定其存在，獨獨要否定自己的靈魂與轉生。

凱西顯然負有重大的使命，就是來人間傳播大宇宙真理的靈魂及轉生事實，給那些尚不相信或懷疑的人，以便他們能走正人生之路，活出生命的意義，達成人生的目的。

還有，前述之坐標圖實也解說了心物合一，及佛家所謂的色心不二。坐標上方是高次元能量粒子狀態的靈魂或魂體或心靈或心，而坐標下方是三次元物質狀態的肉體，無論心或其寄居的肉體，都是這個人的，只是因為跨越次元（或說跨越生死）而顯現一人之二面，故說心物合一或色心不二。佛家所說的色，是指一切有形有色的物。這也就是常被人誤解的色即是空，空即是色的原義。凱西所說的靈魂之轉生輪迴，就是使心物合一、色心不二、空即是色等成為可能的原理！

第五章　嘲弄的業障

依照基督教神學，驕傲是人的七大罪之一（譯者註：這七大罪分別為驕傲、嫉妒、憤怒、懶惰、貪婪、貪食、淫慾）。這一點，就如許多其他神學信條一樣，探討起來饒富興味，但似乎從沒人把它與人類病痛的種種相關聯起來。然而，如果我們接納凱西報告的見證，驕傲之罪能導致具體實在的肉體病痛業障，特別是當驕傲以嘲笑、愚弄、輕蔑的方式來表達時。殘酷無情的大笑與蔑視的言語，無異實際的攻擊暴行而會啓動回力業障，導致這嘲弄別人的人，遭受與被害人所受到的同樣病痛。

在凱西檔案中，有七個此類原因造成嚴重身體殘障的例子。其中六個都可歸因於羅馬時代對基督徒的迫害。這裡，可以再一次看到，在某一時代的一群靈魂，於另一時代集體回來的情形。

★三個麻痺案例

以下是三個小兒麻痺的案例。第一個是位四十五歲的婦人，她的丈夫是專業人員，有三個孩子。在她三十六歲時她患了初期癱瘓症，從此不能行走。她終日在輪椅上度日，如要離家，就必須依靠別人的幫忙。她的報告將其業障追溯於其在古羅馬時的行為。原來她是當時的皇室貴族，於尼祿（Claudius Caesar D.G. Nero，西元三七年～六八年，羅馬暴君，在位期間西元五四～六八年）迫害基督徒一事上，她也有一份。報告說：「這條魂嘲笑那些在競技場被弄成殘廢的人。看哪！同樣的事返回到她自身了！」

第二個例子（或許在凱西檔案中，沒有比這更可憐的了）是位三十四歲的女人，她在六個月大時就患了小兒痲痺症，導致脊骨彎曲，不良於行。她父親是個農夫，對她的狀況一直冷淡漠視，且將她辛勤養雞賺來的錢挪為己用，而命運之神又給了她二次不幸的愛情。她的第一位情人死於第一次世界大戰中。後來她與另一人訂了婚，但那人卻在一次重病復原後，娶了照顧他的護士。父母不和，農場生活寂寞，加上她又從樓梯上摔下，致使脊骨再度受傷，從此纏綿床褥，她這一生可真是夠悽慘的。

她的業障起因可從她在羅馬時代的兩世看出，至少就健康狀況而言是如此。報告說：「這條魂當時是羅馬宮廷家族的一員，常常坐在包廂中，觀看人與人鬥，或人與獸鬥。現在，她肉體的情況，大都起因於那時對作生死掙扎之人的嘲笑、蔑視。」

第三個例子是一位電影製片人，他在十七歲時患了小兒痲痺，現在仍輕微跛行，但能騎馬，也可作些運動。他在早期基督教時代的羅馬也曾犯下罪行。報告說：「這魂曾是個士兵，他嘲弄那些順服、不抵抗卻害怕的人。在人生的戰場上，他輸了。不是因為他未善盡職責，而是因爲他嘲笑那些執於理想的人。這一生他的身體受殘，對他醒覺內在的自己與開發其心靈潛力都是一必需的經歷。」

★★四個受折磨的案例

起因於嘲弄的業障，除了患小兒痲痺的案例外，還有其他四個案例。第一位是個女孩，因臀部關節結核症而跛腳。在此生的前一世，她是美國早期的移民，但其業障，是在更早一世的羅馬時代所造成的。那世，這魂體是尼祿皇帝宮廷的貴族，喜歡看基督徒在競技場中遭受迫害，她尤其嘲笑一個女孩被獅子撕裂的情景。

第二位是個十八歲的女孩，如果不是過於肥胖，她可說是蠻漂亮吸引人的。醫生診斷她的腦下垂體分泌過度。凱西健康報告則稱之爲腺體功能失調，但在其他報告中則指出：**腺體是表達心靈特性遺傳、或其業障遺傳的焦點。**這女孩的腺體功能失調所導致的過重，是起因於業障，她的靈命報告證實了此點。在二世以前，她曾是羅馬的運動員，不僅技能高超，且美麗過人，但卻常嘲笑那些體重較重的人怎麼不像自己那麼靈活。

第三位是個二十一歲的天主教徒，他的父母希望他能成爲傳教士。然而，他自己沒感到屬靈的呼召，因此沒答應。他人生的中心問題是——同性戀。他自己申請到的靈命報告顯示：「在某一世中，他是法國宮廷好流言蜚語的諷刺作家，他最喜歡用他的漫畫技巧，來暴露宮廷中同性戀的醜聞。」因此他的靈命報告作結論時說：「**不要論斷人，以免被論斷**（《聖經新約・馬太福音》第七章第一節）。確實，**你用什麼量器量給別人，別人也必用什麼量器量給你**（係引自《新約・路加福音》第六章三八節）。你們怎樣論斷人，也必怎樣被論斷（〈馬太福音〉第七章第二節）。」

第四位是個男孩，在十六歲時，一次車禍意外使他的脊椎斷了。專家曾懷疑他能否活下去，但他卻度過危險，活了下來。他身體的第五根脊椎骨以下部位完全癱瘓，從此，他依靠輪椅爲生。在車禍發生七年半後，也就是他二十三歲時，他母親從凱西處爲他得到報告。這一靈命報告述及他二次轉生之往世。一次是在美國革命時期，他是個有決心、勇氣的軍官。那次的經歷爲他此生帶來一些特性：整潔有條理、樂觀快活以及在逆境中盡分與善用已有的。

就他此生的折磨而言，他的再前一生才是決定性的因素。在基督教早期，他是個羅馬戰士。報告說：「他看到那些持守基督信條的人受害時，就得意洋洋。他鬥於競技場，也旁觀那些曾在戰鬥中與他相拼的人與野獸拼鬥。這條魂看過許多人受苦、受折磨，卻漠然視之，毫不在乎。所以，此生這條漢子要看自己受苦，而爲了不同的目的，他也必須不在乎。這不同的意義、目的乃是：他當時所**嘲弄別人的，自己也必須如此承受，以補償他所造作的**。」

★冥冥的盤算與安排

一件很有意思的事是，在這七個案例中——包括三案的小兒麻痺症，及臀部關節結核症、過重、同性戀及脊椎癱瘓症各一——沒有一人是生來就如此的。每一案例的狀況都發生於出生後，從六個月大到三十六歲不等，其中還有一案是因車禍意外造成的。在顯然的因果關係背後，看來還有更深一層的根因。奇怪的車禍命數，讓一個人死亡而另一個人卻不死；一個人毫髮無損，而另一人卻被殘酷的毀容或成爲殘廢。在外人看來這好像是運氣。前述的案例，似暗示**有某些難以察覺的隱秘力量，在事出突然且混亂的意外事故中似乎也能運作，致使業障能夠精確地盤算、安排**。甚至易受或不易受麻痺症細菌感染的狀況也是如此。

乍看之下，懲罰嘲笑這樣瑣碎的事，似乎是小題大作，但在深思熟慮後，其公義就愈發顯明。**誰嘲笑別人遭到的折磨痛苦，則誰未免就太不諒解、也無異是否定別人的內在需要**。他是在蔑視每一個人都有藉由最愚笨卑賤之方式求其心魂進化的權利；他是在瞧不起每一靈魂固有的神性、尊嚴與價值。**無論人的神性、尊嚴與價值跌落到多低賤、荒謬的地步，都不應該蔑視、看不起人**。他無異自高自大，視自己比受嘲弄之人遠爲優越高超。嘲弄別人，才是專斷、逞能、最卑鄙下流的行爲。

這些深思熟慮之見，有力地提醒我們一本古老的智慧之書的某些金句。我們可以看到，那不嘲笑別人的人有福了，當那（《舊約聖經》）〈詩篇〉的作者（即是以色列的大衛王）說出下面這一金句時，他的直覺是多麼正確，他說：「**我要謹慎我的言行，免得我舌頭犯罪。**」（《舊約聖經．詩篇》第三九篇第一節。）「你們不要論斷人，免得你們被論斷。因為你們怎樣論斷人，也必怎樣被論斷。」（《新約聖經．馬太福音》第七章第一、二節）。這句話就像天啓的誡命般，那麼凸顯出色。（譯者註：作者在此顯然比擬猶太信仰的創始導師摩西，當他被上帝耶和華召到西乃山上時，於雷電火光中被傳下了十誡，並交由他下山給猶太族民遵行。）而耶穌另一句話：「**凡罵弟兄是傻瓜的，難免地獄的火。**」（〈馬太福音〉第五章第二十二節）。從這些悲慘受罪的嘲弄案例中，我們就能夠獲得新而有深度的意義了。

第六章　信耶穌就能得救嗎？

徹底研究凱西檔案後，將會得到一幅人類悲愁憂患的景象，這絕不是醫生、心理治療醫師、心理學家與社會工作者所有綜合案例資料所能比擬的，無論就多樣性還是範圍而言，都是如此。這聽起來有些誇大，但絕不是誇大。其間所顯示的人類痛苦，不僅觸及到所有這些專家所用的治療方式，還包含了過去千百年來已被遺忘的罪惡、錯誤、愚蠢與痛苦。

在凱西檔案中，業障的負面種種，是很明顯且引人側目的，因爲來求助於他的主要都是那些有病痛、苦難的人。健康的人，沒有理由去看醫生；生活過得很好的人，很少會去問生命的終極意義。所以，絕大部分的凱西報告，都是記載那些棘手，甚至駭人聽聞的問題，且非醫生、心理學家或宗教導師所能解決的。

研究凱西的報告——不像研究一般的醫療或心理分析個案歷史——如不是因把苦難的精神與道德意義及重要性彰顯出來，就會令人感到沈悶乏味。報告中有些文句，會讓人感到壯觀堂皇，一如在讀但丁（Dante，一二六五～一三二一，被認爲是義大利最偉大的詩人、作家、政治思想家，其最著名作品《神曲》在描述地獄、煉獄、天國，是一宏偉雄渾、富道德理想的詩篇傑作）的地獄與煉獄（按天主教教理，人死後在回天國以前，爲其在世所犯之罪，一時受苦、受懲罰的處所）之描述。凱西報告就是把人類受到痛苦折磨這件事，用普遍的、一般性的、道德倫理的、且充分清晰易懂的理論觀點，去作評估，也是因爲如此，才使得研究工作可以進行下去。這些研究報告不僅引人入勝，鼓舞激勵人，還能給人信心勇氣，即使那些案例多半患有疾病或殘廢缺陷。

★積極正面的業報

凱西檔案中的業障範例，也不全然都是令人傷心與異常的。後面，當談到職業輔導案例時，我們將可看到人的能力、才華、天才與任何的卓越表現，均是過去世努力而得來的。

有利的環境與健康的身體，也是正面、積極的業報所帶來的，但報告對這種業報通常不加解釋，或許這就像新聞記者一樣，只有壞事，才有播報的價值。得到報告的人與一般人一樣，都認爲好運道是不需要解釋的，他們本能地感到這是他們原有的權利。**唯有當人遭遇了惡運時，才會開始疑惑為什麼會發生。**

美貌通常是正面積極的業報結果。有些報告偶爾會指出，一般說來，現世的美好身材，多是往世對其靈魂殿堂的肉身小心照顧的結果。報告中有一個有趣的例子，說明了美貌的業報。一個出色的紐約模特兒，有雙無比美麗的手，因而成爲指甲油、護手霜與珠寶商人爭相邀請拍攝廣告的對象。她天賦美麗的業報原因，可從其前一世的轉生中找到原因。那世她是一英格蘭女修道院的修女，一生都在做卑下的工作，她如此無私地盡忠職守，以致她的奉獻精神轉化於今生的美麗面貌與雙手。

這對那些渴望美貌的人，眞是一個激勵人心的範例。這也提醒我們，並非所有的業，都是懲戒性的。業障的懲戒性範例，或許比善報的範例更令人印象深刻，但對我們這迷亂與道德破產的世代而言，這種深刻的印象是必要的。有智慧的人類，其人生必須有一個具智慧的道德基礎。很多有科學素養的人，已不再能接受教會的正統教義。傳統的約束力與理想已經崩潰，卻無合於科學的新觀念能取而代之。

★神子的真義

透過神子（Son of God）基督的替代贖罪這一基督教理論的教導，近二千年來已鈍化了的西方世界的道德感。對於這個做了許多異能奇事並產生重大影響的人，即使是宗教懷疑論者，也不得不承認，基督眞是個神子，他尊貴又悲憫地爲人的眞自由而生、而活。然而，隨著現代物理學的進步，人們逐漸感覺到：宇宙中所有的生命，包括由上至下到最小的電荷原子，都靠著一個共同的中心能源——神（或上帝）來獲得其原動力，並在實質上相有關聯。根據這一觀點，有必要作出一個結論：**所有活著的生物，以及所有的人，都是神子**，就像光是從太陽出來般。那麼，人也能感到這**叫做耶穌的人格化的人，與我們的不同點僅在於，他比我**

們離那中心光源更近。

更有甚者，基督爲了使人能得到自由而付出生命，這在歷史上並不是獨一無二的。研究比較其他宗教後可以發現，在其他國族中也有其他救星爲其人民殉道。在西方文明裡，就有很多具有崇高理想的人，爲了眾生而甘願付出生命。像馬志尼（Giuseppe Mazzini，一八〇五～一八七二，義大利愛國者及共和革命家）、玻利瓦（Simon Bolivar，一七八三～一八三〇，南美委內瑞拉開國者）、林肯、聖方濟（Saint Francis Xavier，一五〇六～一五五二，天主教傳教士，係耶穌會創始人之一）、杜桑盧維杜爾（P. D. Toussaint L'Ouverture，一七四三～一八〇三，海地將領、解放者及行政長官）、塞麥爾維斯（Ignaz Philipp Semmelweis，一八一七～一八六五，匈牙利產科醫生，發現產褥熱之病因與預防方法，使產婦死亡率大降，被譽爲產婦的救星，後於手術中誤傷己手，感染病菌而死）、聖德蘭（Saint Teresa，一五一五～一五八二，天主教女修士，倡導改革，在旅途中被人擊傷而死）。我們還可以引證出更多的人可以爲了眾人的自由而生而死。但是卻沒人體悟他們的盡心努力，爲我們省卻了多少麻煩。他們的作爲，實爲我們開脫了自己的罪衍。

★★人必須靠基督才能得救？

因此之故，把這二個說法——基督是神子及他是爲救人而死的——變成一個教條，而人們必須靠著信仰這個教條，才能得到救贖，但這卻成了基督教以及其神學家心靈精神上的大罪。（譯者按，這裡所說的基督教 Christianity，乃泛指天主教、東正教、新教等，凡奉基督為救主之所有門派均在內。）說它是心靈精神上的罪，乃因它**把拯救的責任寄託在自己之外的事上，它把拯救寄託在另一個人的神性上，而非以自己本有的神性去努力作轉變。它違反了公義與心靈精神的真理**，因爲它聲稱，信靠別人以代償自己贖罪是必需的，而對此不信的懲罰，就是永墮地獄（Everlasting Damnation——在基督教神學中，這詞意指永劫、天罰或永墮地獄）。於今學過物理與心理科學的人而言，是很難接受這樣的教義的。（譯註一）

且不管僵化了的神學教條，教會無可置疑的已爲這世界做了很多好事。尤其，今日比較開明的基督教會，對這教條已不再作狹窄的解釋、教導，而信仰的宣告也不再被普遍認爲是進入天國的條件。但是這種態度的遺緒，雖已不再堅持原先不可妥協的文字形式，卻仍隨處可見。基督徒的世界仍彌漫著這種信念，信徒們不加質疑地相信這種信念，並認爲此比爲自己的行爲負責更重要。

★普遍性的公義公理

愈研究業障與轉生輪迴的法則，就愈會發現自己的行為在個人得救上有多重要。因此之故，古人的智慧，就能爲許多已衰弱無力的基督門派，提供一個振興起蔽的機會。依據凱西的說法，我們對業障法則的懲戒性作可怖的陳述，並不會讓那些接受轉生的人出現不當的沮喪消沉，相反的，它會導引我們走向希望、樂觀，並且因爲**在普遍性的公理上建立了信心**，從而能更新我們的宗教信仰。

這些範例，可嚇阻那些以爲自「科學」埋藏了「宗教」後，道德便宣告淪亡的人，以及那些自以爲可以爲所欲爲的人。在業障下，殘酷害人會導致自己眼盲、貧血、氣喘、癱瘓；性慾過度會導致痲痹；私心阻撓別人會導致四肢癱瘓。所有這些事實，都說明了一個敏銳的、科學的、公平的、且適切巧妙運作的法則，因而能使人在心驚肉跳之餘，端正自己的行爲。

「神的旨意」的真義

再者，地球上數以百萬計受苦受難的人，其悲慘狀況，也應能從我們已看過的案例中，得到解釋與啓示。我們通常並不容易看到跛子、盲人、精神失常者、患痲痹的人、纏綿床褥的人、痲瘋病人或戰爭與意外事件的受害者，他們或隱居於愁雲慘霧的家中，或棲身於哀怨的角落。我們只會偶或從人來人往的街道上看到有缺陷之人的身影。當我們偶爾從雜誌上讀到相關報導時，才會間接注意到這些人、事的存在、範圍與嚴重程度。

他們的數目甚眾，他們的悲情可憫。我們要記得他們的存在，才能了解，當他們被剝奪了我們視爲當然的正常狀況時，是如何的悲慘。對此種悲慘，一般基督徒的解釋是：「神的旨意（The Will of God）」。但我們**很難想像全愛的父神，竟會下旨意，把哀痛的苦難降在無辜之人的身上**。而且這旨意被視爲「莫測高深」，但這莫測高深卻沒能解決基本的矛盾。

靈魂轉生法則因指出「神的旨意」確爲宇宙中的事實，因而解決了這個進退維谷的難題，但它實非一時興起或莫測高深之事。**「神的旨意」其實是心靈精神意義的法則，靠著它，只有那些活該遭受苦難的人，才會遭受恰如其分的苦難**。沒人有必要背起一個比他在過去世中所應得之更重或更輕的十字架過一生。

承襲西方文化傳統的人，在首次聽到靈魂轉生時，是很難馬上就接受的。它看來難以置信，因爲它遠超越於我們五官可觀察之經驗範圍以外，然而，在我們一生中，又有多少其他難以置信或我們不去注意的事會像一個卵般孵出蝌蚪，然後變成青蛙。一隻毛毛蟲吐絲結繭，把自己隱藏在其中，不久之後，一隻美麗的蝴蝶便從中誕生了。這些都是眞實且令人驚異的事——同一生命能相繼棲居於不同形態的肉體中，卻始終不失其原本特性——然而，我們卻視爲理所當然。它們與人的心魂相繼棲身於不同人體中而不失其自我特性，實在沒什麼兩樣。

人的出生，本身就是個奇蹟，如果不是顯微鏡顯示給我們看，我們可能還不會相信。二個小小的細胞結合在一起後，以數字法則不斷繁殖增長，最後就產生出一個有眼、嘴、手、腳與控制它們大腦的「人」，如果停下來去想這事，確實會叫人目瞪口呆。生命中一系列相繼的呈現，實在沒有比這更令人震驚或感到荒謬的了。就如伏爾泰（Voltaire，爲 Francois Marie Arouet 之筆名，一六九四～一七七八，法國詩人、哲學家、劇作家、歷史學家）所說：「總之，出生二次沒比出生一次更令人驚訝。」

從心靈與道德的觀點看，凱西的靈命催眠報告有其真實可靠性，不相信而懷疑的人對此恐怕是難以駁斥的。或許這些文件資料頗爲突兀，但卻能將我們的感官提升到更高層次。或許，且勿論其怪異，它們可教導我們有空氣這東西；**在我們現今生存的小世界之外，還有一個更大的生存空間、體制、律則，同時在我們迄今所能臆測之上，人生還有一個更大的意義。**

* * *

譯註一：

《新約聖經》中多處述及：「信耶穌得永生，不信的必被定罪或入火湖（即地獄）。」這聽起來蠻霸道的。顯然，這不可能是耶穌說的，而是後人之作。及至今日，基督教所傳布的福音，乃是：「因信稱義，耶穌為眾人的罪，而被釘在十字架上，流血、捨命，而後又復活，這樣人若相信，神就贖免了人的罪，可稱做義人（即無罪的人），而必獲得救，將來必得永生（可參閱《新約・羅馬書》）。」即是，人自己什麼都不用做，只要靠信耶穌，他的一切罪就可得贖免，所以人之得救，不是靠著自己的努力、行為，而是靠著神，靠著耶穌彰顯其恩典的他力。這違反了耶穌常說的「人種的是什麼，收的也是什麼。」這大宇宙因果律。而事實上，受了洗，相信了這話的眾多基督徒，就因此洗盡一切的罪，從此成為義人了嗎？

當深入各主要宗教時，你會發現，**宗教到了後來都變成他力崇拜、信仰**，自己不須多努力，而是強調只要靠他力就好，所以基督教強調靠耶穌的寶血，常上教堂，禱告讀經；而佛教徒只要燒香、拜佛、念經，誦念阿彌陀佛，死後就能往生西方世界。唯有如此，才吻合人**之惰性**；要靠自力？太難了，太麻煩了！

須知，口渴了，要靠自己喝水才能解渴；肚子餓了，要靠自己吃東西才能解饑；生病了，醫生只能給你藥方或藥，但一定要自己吃藥才行，凡事要靠自己。佛陀、耶穌確是為拯救墮落中有罪業的眾生而來，但是**他們只能告訴你罪業苦難的根源，開出去罪除苦的藥方，但一切仍要靠人自己去努力、克服**。佛陀曾說過：「如果我真能挪去眾生的根本苦難，我早就挪去它們了。」耶穌也說過：**「天國是要努力才能進入的。」大宇宙給人以自由意志，則人必須為自己的一切負責，自作自受，自力自救，他力也只有在人自立自助後才可能會到來**。

曾是虔誠基督徒的凱西，以其超視能力，從頭到尾都強調**要靠自己努力，拔除罪業之根，才能真正得救**。

第七章　懸疑中的業障

在已討論過的健康案例中，我們可以觀察到一件事，就是一個行為的果報，有時是在隔了一世或多世之後才會出現。為何業報會暫停？為何反作用不像球從牆壁反彈是立刻的？對這問題，似有好幾個答案。一個是：自我魂體必須等候適於其自造之業障運作的時間與地點。有時可能要好幾世紀這種機會才會來到，而空出來的時間乃用來解決其他性格上的問題之用。這種暫停業障，在曾生活於已消失的亞特蘭提斯大陸時期之魂體檔案中，有一個很好的例子。

★亞特蘭提斯文明

這沉於大西洋、龐大而古老的大陸是否確實存在，雖仍未被科學證實，但已有相當的歷史、文化與地質的基礎證據。主要歷史性的次級證據則來自柏拉圖。在柏拉圖《對話錄》中的〈克利梯阿斯〉篇（critias）與〈蒂邁烏斯〉篇（Timaeus）中均提到了亞特蘭提斯。常被引用的地質證據之一則是某次橫越大西洋的電纜突然崩斷而沉入一萬英尺海底，當其被拉上來時，幾塊熔岩也跟著被拉上來，在顯微鏡的檢查下，發現這些熔岩係在水面以上之陸地硬化而成的。在文化證據方面，最重要的或許是隨處可見的洪水故事（不僅在《聖經》中，也在幾乎所有世界原始民族的傳說與宗教中）。其次，古埃及與中美洲，在早期，當二者之間還沒有相通時，其語言與建築都十分相似。總之，這些證據雖非定論，卻頗有說服力。

不論如何，如果凱西報告能被接受，就可以肯定地說亞特蘭提斯是存在的。依照凱西的報告說，有一天，某些尚未被開啓的金字塔祕室，可能會透露亞特蘭提斯的歷史與文明的全部記錄。他說，此一難逃劫數的大陸之某些居民，於西元前約九千五百年（即距今一九九〇年代約一萬一千多年前），在它第三次也是最後一次地殼劇烈變動時，逃到了埃及。凱西也提到，美國佛羅里達（Florida）州，邁阿密（Miami）市外海的比米尼（Bimini）島，原是亞特蘭提山（Atlantean Mountain）的頂峰，而在此處海底能發現亞特蘭提斯人所建的一個殿堂（temple），其上的圓頂係一特殊設計的水晶體，原是建來爲收集太陽能用。照凱西說，亞特蘭提斯人發展出的科學技能，遠超越於今時我們的科技（譯者按：凱西這話應是他於一九四五年逝世前說的）。在電力、無線電收音機、電視、空中旅行、潛艇以及太陽能與原子能的控制利用上都非常進步，而其取暖、照明與交通設備也比我們便利許多。

不管這些是否爲眞，都令人深感興趣。但如果把它當成是眞的，就有一件很重要而須注意的事：靈命報告三番五次說，亞特蘭提斯人因濫用他們擁有的巨大力量而變得邪惡殘暴。他們用電導與靈異的力量，幹下許多剝削奴役人的壞勾當，尤其是用一種催眠的方式，役使別人作奴工或滿足其性慾。

★★外在的時機因素

如這些事爲眞，那我們就會知道，在古代，這種品行上的腐化之罪，在一個靈異秘術與心理學知識還不發達的世代中，是沒法作完全贖罪之舉的。要考驗人是否克服了貪食，只要用他最愛吃的東西包圍他，看他是否能節制。把一個男人，放在幾個他很想要的女人中，如不能以聖安東尼（Saint Anthony，西元二五一～三五五？埃及修士，二十歲時開始禁慾修行，曾備受引誘，終能力勝魔鬼）的堅毅定力，抗拒引誘，就不能說他已克服了性慾。同樣的，在亞特蘭提斯科技高峰時，曾濫用其擁有的巨大力量的魂體，除非給他同樣的機會，讓他能作出有建設性的奉獻，否則就不能說他已轉化了他的自私與對權力的貪求。

歷史滄桑流轉，現在又是一個這樣的世代，所以，依照凱西報告，我們發現有大量的亞特蘭提斯人正轉生於現世。因此對現代日新月異的科技，我們或能作以下二點解釋：其一，過去是亞特蘭提斯人的魂體，現在帶著過去成就的記憶，來貢獻其才華；其二，現世又是這些魂的試煉場，看看在暫停的輪迴中，他們是否已變化氣質，足能抗拒自私與開化的野蠻行爲之再次誘惑。

等候適當的文明時期，看來是業障、業報暫停的決定因素。這似與歷史的循環週期，及一群群靈魂是否要有規律交替出生於地球有關。大群不同民族及其族民，一波波有秩序、有規律地回到地球轉生，這看來是很合理的。但凱西報告的許多章節指出，在一波波的轉世中，較小的組群甚至個人的轉生，未必是死板而有規律的預定宿命。靈魂與靈魂團體並不像旋轉門那樣自動有規律，其中，如天地受造物之生命，個體與群體均有其自由意志，就可以選擇他想顯現的時間。

這進一步引出了另一個問題：如果一個靈體，想與其他單個魂體或靈魂組群，共同發展某些優異特質，他可能需要延緩自己的轉生，以便配合別人選擇的時間。如這一延緩時間很長，他可能就乾脆順便回地上界來，同時進行其他方面的發展，這就引起了業報暫停的現象。這些一般性結論，當然無法以科學來證實，只是純粹基於一再重覆於凱西報告而作的假設罷了。

★★內在決定因素

以上所述因素只代表決定業報暫停的外在因子，但似乎也有些內在決定因子。深爲重要的是，內在的堅強才能應對得了業障，魂體必須有機會學得奮戰的力量，不然業報的擔子會壓垮他，更別說讓靈命成長。

從幾位受苦之人的靈命報告中可以知道，其所受的痛苦折磨起因於好幾世前之轉生，因而令他們好奇這業報延遲的原因。他們在詢問後所獲得的進一步報告中，都得到極其相似於第五章那跛腳的女孩所問的答案。她問：「為什麼在羅馬時期所造的業，直到今生才來報償？」答案是：「因為她以前沒辦法做到。」她以前無法做到，顯然是該魂體內在能力的問題，而非外在客觀因素的限制。細心分析這些與其他受苦之人的案例可以發現，報償延緩期間那幾世的轉生，是他們用以獲取一些必要的能耐與經驗的時間。

讓我們再回到那因車禍受傷的十六歲男孩作例子。我們會察覺到，那一個案中的業種是在古羅馬時播下的。後來他在美國獨立革命的那世經歷，則是要給他機會以發展勇氣與樂觀的優質，以及不論遭遇什麼都能應對的能力。這些都是此生能承擔成熟業報所必備的優質。

從一般金錢債務償還的慣例中，可以更清楚說明此一事例。一個人若向銀行借了五十萬，是無法在翌日或下週、下月甚至隔年就償還的。借款人通常均有一段寬限期以累積其還債資金。貸給人錢，明知他下週還不起，卻定要他下週還，那是沒道理的。在心魂領域中的業報償付也是一樣的。

如果有一天轉生原理能被普遍的接受，業的觀念在西方如同在東方一樣被大眾所了解，很多人就會關切起業障暫停這概念。

★★業障是靈命債務

過去殘酷行爲必要以此生或來生眼盲爲報償，相信沒人會喜歡這想法，而一莫名未知的業障債務，更如達摩克里斯以一髮懸劍於頭上（Sword of Damocles，傳說西元前四世紀，Syracuse暴君Dionysius之佞臣Damocles，擅歌功頌德。有一次在說其君多福時，其君乃於盛宴中命Damocles坐於一髮懸劍之下，使他知道朝不保夕的憂患戒懼），或如野獸的獵物等待被噬。暫停的業報，成了妖怪，而魔鬼與地獄火（Hell-Fire）則是妖怪的前生。

爲了反制此一恐懼，新思潮學派（New Thought School）的領袖們，事實上可能乾脆完全否定暫停業報，就如基督教科學派（Christian Science）根本否定罪、疾病、死亡、錯誤與物質般。（基督教科學派，係美國Mary Baker Eddy女士在西元一八七九年所創，該派聲稱，人之所以有罪、受苦、會死等，是因對自己的錯覺，糾正錯覺就可獲得健康。強調以信仰治病，在美歐等國有數千個教會。）這種否定，也有很大的暗示力量，且如一般基督徒科學派與新思潮學派的例子，也可能達致某些精神力量的良好效果。然而，口頭上否定物質、罪與業，實際上並不能消滅它們。我們人生的使命不是逃避於物質的眞相之外，如駝鳥自欺（駝鳥習性以爲不正視危險，就可以避開危險），我們的使命乃是控制、命令，甚至從更高的心靈層次來創造物質。實際上，可以稱做心靈或神識的能（energy），其凝結狀態就是物質，或說物質實係心靈或神識較低層次的一種振動（Vibration）。（譯者按，在物理學上講，所有物質，其基本構成分子的原子、電子等都是在動的。宇宙中大至星球天體，小至原子、電子，秒秒都在動，此即佛理所說的諸行無常。）

對於罪與業，也是類似的道理。**依照轉生原理，否定罪業，不管它是現世運作抑或暫時停止，無異是否定要償還的債務與要學的教訓功課**，這是極不誠實的態度。對自己的義務否定推託，不論在物質上或精神上，其人都不值得尊敬。以否定來掩飾其欺騙的意圖，則會益發顯示其欲推托該負起的責任。

這不是說不應該用否定性的催眠暗示，相反的，有時它能有助於解決固執、犯罪感與僵化的態度。在治好尿床的那個男孩案例中，暗示是直接導向他下意識中的犯罪感。是他的**自我無價值感，令他將折磨加於自身作為象徵性的懲罰。消除這種犯罪感，他就能釋放自己，**並能樂於助人，他的身體與人格狀況也因此好轉。

★★誠實承認，負起責任

在敏感症的案例裡，報告中有建議作暗示與催眠，但沒包括否定式的暗示，相反的，它倒包括肯定美德與心靈調和。如果精神治療者，想針對業障狀況或業障迫近之壓抑感予以治療，其方法看來應是誠實地承認其過去的責任義務，然後誠實地表達願意負起責任，最後拿出力量來做。過去就是因爲沒這力量才導致業障的產生。

如果能接受靈魂轉生的觀點，就必須面對下一事實：人類在心靈上尚不夠成熟，因此必須面對來生中令人不快的業障。但是這不應成爲恐懼與焦慮之源，原因有二。其一、「一天的難處一天當就夠了。」（《新約聖經．馬太福音》第六章三十四節）這箴言，不僅適用於每天的生活，而且也適用於一生，因爲無論其難處如何，都是按照每個人所能承擔的力量算好的。任何時候我們都不會陷入超出我們所能負荷的難處。其二、無論我們相不相信業障，未來的不可知性總是與我們同在。如果將來落於我們身上的災難，是業障造成而非偶然，我們的恐懼應只會減輕而不會強化，因爲業障，只是代表一個命令，以保證正義法則的運作。

人害怕未來的苦難是可以了解的，但如果只爲了教育與擴展其意識的緣故，人就不會過於害怕未來的苦難了。誠實正直的人，如欠了債，會期望去償還它，他會小心處理日常的財務，以便在月初帳單到期時能清償。他不會整個月都在害怕帳單的送達之日，他只把精力貫注於能履行他的義務。在我們有限的此世意識中，我們並不清楚在過去中所欠下的**靈命債務**是怎麼回事，但應有如誠實者的正直與順服，以樂意之心迎向前去償付債務。

★★業障是缺乏心靈養分

但是，債務這詞，或許容易引起誤解，更適當的詞彙或許是「不足」或「缺乏」。營養不足引起的疾病，只要補充所缺的維他命或礦物質就夠了。同樣的，**業障之起，實亦導因於缺乏心靈的養分，缺乏對自己心魂的認識。那麼，要適當糾正業障，就在於要補充所缺乏的心靈養分，並喚起對自己心魂的認識。**

但是不管業障被視爲債務、不足抑或心靈缺乏養分，補償的方式必須出於自願而非反叛。否定它的存在，就像是反叛，而非順從，因爲似此之否定，乃是爲了現在這個人的一時方便而表現的自我意志與慾望，實非永生魂體恆久且睿智的行爲。

凱西報告對於面對業障時應採的適當態度，常給以如下忠告。下段文句就是一個例子：

「如果這經歷是為了自我放縱、自我擴張、或自高自大，他無異走向破敗，為自己製造了所謂的業障，且必須償付。每一個錯誤、每一個試煉、每一個誘惑，不論是身體的或心靈的經歷，其應對方式都應是：『不是要按自己的意思行，乃是要按那差我來者的意思行。』（《新約聖經・約翰福音》第六章三十八節）。」

「你的旨意」可有二種意義：一指**非人格化的神的旨意，係透過宇宙的法則而顯明**；一是指那永恆至高人格化的父神的旨意，即我們禱告的對象。無論哪一種說法，不管什麼業障臨到我們，順從與信託，都應是我們正當的態度。

轉生原理告訴我們，在我們這個有秩序、有公義、有慈悲的宇宙中，恐懼是沒有必要的。

第八章　業障與健康的問題

很不幸的，業障被很多人認爲是消極、怠惰與宿命論的。這主要是因爲印度人民在普遍相信業障之餘，大部分都顯現消極、怠惰與宿命的觀點。

印度的社會狀況確實是很慘的，印度人消極地接受業障，自然也要負起部分責任。然而，印度宗教聖賢的教導，在經過長時間的流轉下，其原義已大大改變。靈魂轉生的信仰，傳到未受教育的大眾時，其內容已有些走樣。此外，印度的炎熱氣候容易使人失去活力，這也是造成人民此種心態與性格的重要因素。

事實上，信仰業障也好、漠不關心也好，兩者未必有一定心理上的關聯，就如同僞善與基督信仰未必一定有心理關聯一樣。基督教在其現在與過去的歷史中也有很多僞善之士，但這種僞善，卻不能將之歸罪於基督的教導。

當一個人接受業障的觀念後，則內心必能順服與信賴，一如他對任何的宇宙法則所持有的態度一樣。但是，他禁不住要想，他應順服到什麼程度？他必須接納加於其身的壓制到什麼程度？這問題，在遭受疾病業障之苦的狀況下尤爲顯著。

關於此點，凱西報告令人興味盎然，因爲報告中對轉生理論所涉及的道德與實際含意、問題，均給予清楚確切而具體的答案。那麼讓我們轉向這類問題看看：對受業障懲罰之苦的人，該給予怎麼樣的治療處方？治癒的希望有多大？

★★要治好病須改變心靈

凱西檔案的每一份報告，都沒叫人消極接受業障並且必須信仰業障。其始終如一的觀點是：「這是你的業障。現在，你所能做的如下……。」

原始文件最明顯的特色之一，是在陳述業障後必隨之給予治療的建議。很多肉體業障的案例，報告均給予治癒的肯定希望，在業障較嚴重的案例裡，它也很坦誠說明沒法完全治好，但經過努力可以改進，然後它就會說明治癒的要點。

一個很有意思的案例是：一個三十四歲的電氣技師，罹患多發性硬化症（**Multiple Sclerosis**），醫生認爲他是無救的。三年來，他沒法工作，因眼盲不能讀寫，走路也常會跌倒。連續有好幾個醫院因慈善之故接納了他，他太太在百貨公司工作來養活自己與他們五歲的兒子。這位技師雖沒作靈命報告，但卻有健康報告，報告說他的狀況是業障導致，並叫他不要絕望。

「是的，我們看到這人的肉體在這裡」，所有健康報告在作超視診斷時一向用此種簡單的開場白。「我們發現，狀況很嚴重，但是不要絕望，因爲，只要你接受，就會有辦法。」隨之，有三頁既精彩又有力的記載。第一頁是用醫學名詞，把病狀作病理描述，然後論述體內精力之恢復，隨後則提及其業障根源，以及強行改善他的心理觀點，並消除意識中的恨意與惡念。結尾則是詳細的治療處方。

大約一年後，這人寫信來要另一份催眠報告，並說：他已虔誠地遵循了處方，並產生了立即的改善。這改善持續了四個月，其後病況又故態復萌。顯然，他只側重於處方的有形物質面，但對報告中要他全力以赴的努力精神卻沒注意。凱西在第二次的報告中強調此點：

「是的，我們看到這人的身體在這裡；我們以前也看過的。

我們發現，這身體的健康曾經有過改善，但是，還有更多、更多要改善的。

就如以前指出過的，這病症是由業障所引起的。該魂體必須改變他對事情、對狀況、對周遭的人的態度。

肉體上的毛病，只要使用物質的東西就可以改善。但是，若魂體只求自我滿足、自我中心、拒絕心靈之事、又不改變心態；若還有恨意、惡念、不公、嫉妒；若自己內在還是沒法忍耐、沒兄弟之愛、仁慈、溫和、不能耐得住長期苦痛，這人的身體就沒法治癒。

該魂體想要治癒，又是爲了什麼？是可滿足其肉體的慾望？增加其自私自利？若是如此，還不如保持現狀較好。

若是有了內心與目的的改變，若是讓魂體在語言與行動上有了改變，若是好好照所建議的方法去作生理調養，我們就會看到改善。

然而，**首要的仍是必須改變心、心思意念、目的、意圖、……。所有你能找到的實體工具，都無法帶給你完全的復元，除非你用聖靈（Holy Spirit）把你的靈魂與意圖淨化，……。**你會接受還是推拒？這全看你自己。

除非你還有所需求，否則我們就到此爲止。

本報告就到此爲止。」

★★疾病有矯正道德的目的

從上節的引述可知，**治療的希望是有的，全看這人能否改變他意識的內涵以及心靈生命的目的**。你爲什麼想要痊癒？給報告的人，很坦白而細心敏銳地如是詢問，所以你想滿足自己的慾望？所以你想增添自己的自私自利？若是那樣，你最好還是保持原狀較好。

這種坦率的報告，實爲一個有德行、冷靜客觀、不求一時之便的好醫師之典型。不管求診之人，其罪過是如何的深重，其聲名是如何的狼藉，凱西，在其二萬五千多個健康報告中，一次也沒有拒絕過給予罹病之人治療的建議。然而，很多次，如現在這案例一樣，雖慈悲如他，也不能不指明其**疾病有矯正道德的目的**，換言之，**道德上的缺失才是病因**，必須予以矯正。**罹此疾病之人，應盡一切努力以治其病，但同時也應接納勸戒，竭力改善他心靈內在的弱點。大自然的寶庫與現代科技的奇效醫藥，或能短暫解除病痛，但是業報的力量，終將使**

它們無能為力。最後，治療，必須來自內在的心靈，不然，必不能長久有效。

下面眼盲的個案，是成百上千檔案中另一個說明此種觀點的例子。

「是的，這狀況大都是因業障造成的。在人際關係上，將崇高的原則作更佳的實踐，會使該魂體的生命經歷大有不同。

一時之間，其眼光、遠見不會有很大的改變，但我們發現，只要他內在做些調整，這男孩的健康即可有所改善。

他脊骨、口腔與牙床的狀況，與其眼部狀況極有關聯。

應先說明他是神靈所結的果實，並在其日常生活裡踐行基督意識（Christ Consciousness）。然後實踐兄弟姊妹之愛、仁慈、忍耐、溫柔以及耐得住長久的苦難。

其次，要作骨療調整，特別是第四、第三、第二與第一根背骨。調整應按第三、第一、第二與第四根頸骨的順序來做，然後是那些通到牙齒的神經中心，特別是在耳朵以下與頭部耳後乳突骨連結的部位……。」

★罪出於自私

在上述兩個案例中，報告均強調**意識與性格的改變，是改變肉體業障的先決條件**。若記住**業障的目的是為了給予心靈教育**，就會知道這種方式在治療上是多麼符合自然規律，而且是勢所必然。當然，業障所要矯正的「罪」（Sin），並不是迷信的原始民族冒犯了什麼神靈的罪，也不是基要神學家（Fundamentalist Theologians）所說的罪，甚至不是維多利亞女王（Victoria，英國女王，在位期間一八三七～一九〇一）時代或清教徒時代所認爲的罪。這罪，是指心靈之罪，是可普遍定義，且通受宇宙法則所轄制的罪。

在這種意義下的罪，基本上是出於自私與分別心（其英文原字是用 Separativeness，意為傾向分離、引起分離。譯者乃借用佛理中的「分別心」一詞以代之，分別心意謂著執著於那是你的，這是我的；推而及之執著於男女、老幼、貧富、好壞、壽夭、……等種種人間相對假象，進而相鬥爭，罪過與痛苦便於焉生矣。因此，雖不知作者用 Separativeness 之原義究竟為何，但相信用分別心來對應，應不致相差太遠），而自高自大。它有很多樣式，它能包含對抗他人身體或意志的暴力，或指因放縱或疏忽而施暴於己，它也可指驕傲或排他心理。過犯之所以變得多樣化，乃是由於一個關鍵性的謬誤，一個關鍵性的誤解，一個關鍵性的忽略。因爲人是個靈，不是個肉體（譯者以為此話有語病，且易引起爭議，因為明明我現在是個肉體人，怎能說我不是個肉體呢？或許，作者若能說成：「人不僅是個肉體，更是個靈」，或說：「人在其實質上是個靈，不是個肉體」，或許會好些）。罪起因於人忘懷這一事實，而把肉體當作自己。（譯者註：即**只以肉體為真己，誤以肉體為唯一全部的真己，忘了肉體中的靈或心魂，才是真己，才是肉體的主宰**，當「死亡」發生時，借用的肉體會立刻腐敗被棄，而借居其中的靈魂就會離去。）人必須跟這種認爲肉體爲自己的幻覺作戰，而其必勝之法，就是藉由認同自己是個靈這積極的過程，而非消極的否定過程。

★★基督意識

對靈魂的認同感，可使人達致凱西報告與其他奧秘資料所謂的基督意識。在前面所述的案例，以及幾乎凱西的每一健康報告中可以發現，其所推荐的主要療法，都是患病之人應擁有至少某種程度的基督意識。

基督意識並非基督徒所獨有。要記住，基督並不是那位叫耶穌的人的名字，它是個名詞，其字義原爲塗油使神聖化，而其奧祕與心靈意義，則是被釋放而得自由的、或心靈的意識。我們相信，佛陀與黑天（**Krishna**，係印度教中的神明，在《薄伽梵歌》中有對其之描寫），都有基督意識，而世界各地的人們，且勿論他們的導師是誰以及其所教導的是什麼，似乎都在爲了獲得這種基督意識而努力。

凱西報告用以表達的語言，多屬基督教傳統的詞語，因爲他自己是在基督教信仰中長大的，他的意識、頭腦也深受基督教想法與觀念的洗禮。因此，在催眠狀態下，他的超意識心靈所說的每一句話，都經過了這一層網幕的過濾。可以想像，若凱西生長於一個佛教家庭，他必也會受到其文化環境所能提供的知識智慧的影響，而大多使用佛教的專門詞語。但這種特殊形態的表達風格，並不會限制他去實踐應用所說的內容。

這裡有個給一位脊骨結核症病人指令的例子：

「記住，這狀況的起因來自償付自我，是業障因果關係。最佳的償付辦法，是靠祂的恩典法則以替代因果法則，因此就需要魂體依靠祂的膀臂，因祂是法則、眞理與光。」

這裡所提的「恩典法則」（**Law of Grace**），同樣也不是基督教義或那些相信耶穌基督之人所獨佔專用的，佛教徒、印度教徒、回教徒也能得到恩典，而且也可得到跟基督徒一樣多的恩典。「這法則（《聖經》則譯爲律法）、這眞理、這光」通常是基督徒用來指耶穌的。但是法則和眞理也同樣可用於其他宗教的偉大導師與他的教導，而光，作爲眞理、神和祂最聖潔的表象，則是個普遍性的象徵。

同樣地，那句用在多發性硬化症病例的話：「直到你的靈魂以聖靈施洗」則是專指基督教的。但其背後的概念——了解自己的神性內涵，從而流入新的生命——則曾在世界所有的奧秘宗教中，以許多不同的形象表達出來過。當凱西的報告說到基督意識時，他們是用一個在基督教傳統中長大的人最能接受的名詞。這名詞是陳述一種心理狀態或階段，它也可以其他名詞來稱之。

獲取心靈意識中的基督意識，就是「恩典的法則」，它能夠消解業的因果報償。心靈意識，若是用耶穌的話來說就是：「成全了律法」（**Fulfills the Law**，在《新約・馬太福音》五章十七節中說：「莫想我來要廢掉律法和先知，我來不是要廢掉，乃是要成全。」），其義是指那業障根源的過犯被消解了。耶穌可能曾這樣說過（這是作者自己想像的）：「我來不是要廢掉律法，乃是要以心靈意識成全它。」

然而，要充分獲得這種意識，亦非易事。有一報告就這樣說：

「記住，達致神之大能的意識，是沒有捷徑的。它是你自己意識的一部分，並非自己想要就可實現。通常太多人都是想要、期待，卻不實踐心靈領域的眞理。這是入門的唯一途徑。捷徑不存於玄學（Metaphysics）中，不管那些能見異象、解說數號、或辨識星象的人怎麼說。他們或能找出其驅策力，但驅策力並不支配意志。人生之道唯自己內在心靈能學，而且你難以言宣，你只是學到、記住。」

★基督意識的精髓就是愛

應用肯定誦語、省思默想、禱告、習讀經典、踐履美德、服務眾人，都是報告所推荐用以改善意識的方法。但眞正的成長無法以呆板的方式去達成。除非有充分柔軟的心，不然這些方法，就會如保羅（Paul，基督教初期的大使徒）所說的銅器的叮噹聲而已，沒有眞誠的慈善，它們是沒什麼價值的。這些方法，作爲訓練有其價值，作爲啓發有其效果，作爲教育能讓靈魂步上正途。然而，對那些在心靈上仍屬幼稚園生的廣大眾生靈魂來說，是無法立刻進入大專程度的。不是所有人，於心魂上都進化到足能在一趟人生中達致眞正基督意識精髓的全愛，終而使自己從業障的捆綁中獲得釋放而自由。（譯者註：**原來基督意識的精髓就是愛**，愛本是耶穌基督最重要的教導與第一條誡命。律法原是要懲罰人的，但愛可以成全律法。所以《新約．羅馬書》十三章九、十節說：「像那不可姦淫、殺人、偷盜、貪婪，或有別的誡命，都包在愛人如己這句話之內了，愛是不加害於人的，所以愛就完全了律法。」）**若做到這真正的全愛，則人就自然能脫除自己業障的束縛**。

在那患關節炎的年輕人個案中，顯然那是治不好的。就如眞正的醫生知道器官的最大極限，自不願以虛假的希望來誤導病人，所以他說：「或許有辦法，但無法完全治好。」然而，他並沒有讓此事到此爲止。在這個案例及其他類似案例中，他都建議使用一些物理治療的方法，誘導魂體，無論有無可能達成直接的解脫，都積極努力克服病痛。在此過程中學得之忍耐、毅力、堅強及其他如謙卑、善良之美德，將至少能間接有助其業障債務之履行。報告從不建議人以消極的態度去面對業障，而是鼓勵人們應保有積極、進取、有力的應對態度。

★★信心與治療效果

心理治療的另一要點是：報告總注意到人們在不同成長階段中的不同需求，如果人們一時無法了解或討厭精神心理療法，報告就不會做此建議。科學家卡雷爾（Alexis Carrel，一八七三～一九四四，法國留美外科醫生及生物學家，發明血管縫合法，一九一二年獲諾貝爾獎）在他的二本書：《人——其不可知面》（*Man the Unknown*）與《盧爾德（Lourdes，法國西南庇里牛斯山腳下城市）之旅》（*The Voyage to Lourdes*）中作出了許多見證。許多有深厚宗教信仰的人，在盧爾德聖地，曾於瞬間治癒他們的癌症與其它看來無法治好的病。若此種治癒眞的發生，則對那些沒有相同程度信心、沒有相同心靈觀點與相同迫切求治的人，自不能期待產生相同的治療效果。

把諸多凱西報告作比較研究後也可看出，**治療之效果與當事人之信心程度有密切之關係**。譬如，在許多特別疾病的案例中，某些人，只要給他心理暗示，就能被治好，足見暗示的力量與對潛意識的順從是多麼驚人。而同一疾病的其它案例，則因愚昧、懷疑、或過分唯物，而無法以此種方式治好。報告承認，對這些人，推荐特別的身體治療將簡單明智許多。

有一個印度的故事說，一個很了不起的瑜伽師傅有一個熱心的年輕學生，這學生早已學到以心神意識耍弄一些奇功異能的基本方法，於是他便隱世獨居起來。十年後，這學生回到師傅身邊，師傅關切地問：「這些年來你在做什麼？」這學生有些驕傲地回答：「我已經學會怎樣控制己心，能行走於水上了。」師傅卻悲哀地回答說：「我親愛的孩子，你一直在浪費時光，你不知道只花二文錢就可以叫渡船帶你過去嗎？」

印度民族千百年來專注於心靈力量的培育，這一故事所教人的常理，可以讓那些抗拒所有物理方法治療疾病的人，多做深思熟慮。但確實，純用心靈之力治療疾病，也能產生效益。基督教科學派（Christian Science）、宗教科學派（Religious Science，係美國人霍爾姆斯於一九二七年創辦，特重以精神靈性來療心）、基督教合一派（Unity School of Christianity，是美國人菲爾莫與其妻子於一八八〇年代所創，宣揚靈力治病）以及類似的超自然運動（Meta-physical Movement）均大力倡導，**心靈，是許多疾病的根因，因此也是治療的根源**。但超自然療法也應體認：有時病況不是心靈根因造成的；有時不論其根因爲何，其病況最好用物理療法而非心靈療法。這在身心病症醫學中早就有此體認了。

★★所有的治療法都來自一個源頭

凱西治療還有另一重要觀點：報告並不認爲某一種治療法比另一種更有效。畢竟，所有的治療法都來自同一天授的根源。

一個背部劇痛的女人，猶豫著是應該要作物理調整？還是應該要堅持依賴合一派的療法？報告對她的問題答覆如下：

「這大部分能以心靈克服，但要視情況來應對。如果痛得太厲害，就作個心靈治療，或作個物理調整以因應身體的需要。二者沒有多大不同，每種好處均來自同一根源。它們並非如某些人所相信的互相矛盾。

耶穌同樣醫治所有的人？對某些人他不是用物理的方法嗎？他沒告訴別人把話傳下去嗎？記住這首要的原則：『主，你的神，是合一的。』

那麼，在肉體、心念與靈魂的每一個領域都要與整體調和，每一個領域都有其特點與限制。唯有在祂裡面是完全的合一。」

一個在匹茲堡（Pittsburgh，美國東部賓州大城）的新聞從業人員，十年來一直爲關節炎所苦，而且他偏好超自然療法甚於物理療法。報告教他試試水療法，以刺激血液循環與排泄，還有紫外線照射法：

「**所有完滿的治療都要靠你自己內在的力量**（譯者註：即自己的生命力。醫生或藥物，並不能真正醫治人的病，只能助你強化自己的生命力，而靠著強化自己的生命力，才能給自己治病）。**所有這些治療法都來自一個源頭，其功能僅在於活化、激化肉體的原子**。每一個細胞把人體均視爲一個宇宙。

無論其對肉體的作用力是來自醫藥、物理器具、水療，或其它什麼，它們都必然來自那唯一的生命源頭。」

還有一個必須提及凱西在治療上的基本觀點是：雖然因果關係終極且絕對的根源是神或人的心，但是我們活在物質的世界，錯綜牽連著大群其他靈魂，捲入各式各樣的活動中，並受其間許多不同層次的因果作用與影響。

譬如說，我們進到一家餐廳吃巧克力奶油派後食物中毒。某些分析師或玄學家診斷說，這是自己內在心理狀態造成的，或許是對生活中某些情況的心理抗拒。對這種好像很有道理的邏輯結論，我們難道不會辯駁說：在同一餐廳吃到同一批巧克力奶油派的其他二百五十人，也是因有同類心理抗拒，而不知不覺（被其潛意識）被引導進入這家餐廳，並吃到食物中毒的嗎？

如果我們堅持每件發生在我們身上的事，包括生活中的小事，都導因於因果關係，則這種結論就無可避免。確實，這種解說，儘管它看來牽強，卻可能是正確的也說不定。在我們所生活的世界裡，大部分因果作用源於許多看不見的力量與引力。凱西的報告有力地見證了這一點，因此我們無法擅自否定此一結論的可能性。雖然如此，此事還有一個更大的可能性：這二五〇人是麵包師傅的不慎或貪小便宜而用了腐敗作料下的犧牲者，因爲沾了奶油的巧克力含有毒素才導致腸胃不適。也許更實際、更有道理的就是承認：以我們現有的進化程度與對物質之控制能力而言，我們無法避免被許多化學、生物、機械、社會、種族與經濟的力量所影響，我們尚難以對此負責，只有竭力增強自我的能力以減少受害。因此，凱西對純粹的生理狀況建議用純粹的物理治療：中毒用解毒藥，充血就加熱，氣候不好就換地方。

在街上摔斷了手臂，可能就如某些心理治療師或身心病症專家常見證的，是由於容易遭遇意外事故的性情，或性格特徵所導致。但這也可能是很單純的因爲人行道的破損，或被一個騎自行車的孩子不小心撞到。在這種情況下，就沒有必要費心去找出內在深藏的導因。用暗示、肯定、想像、祈禱或信心等心法，可能有利或加速骨頭的癒合，但我們對此實在所知有限。我們當記得凱西常說：「意外，是常發生的，甚至在萬物的創造過程中也是如此。」這句話，在我們把發生於己的每一件事，都歸因於嚴密的因果理論之前，足讓我們猶豫三思。

除了考慮因果關係外，凱西報告的物理療法本身也是件很有趣的事。這些治療方法，在提及業障與未提及業障的案例中均可以推薦構成爲單獨的研究。作醫生的，可就許多治療方法中選其所需，組成自己的資料來源。報告中推薦的治療方式包括：飲食、運動、藥物、維生素、手術、草藥與其複合劑、按摩、骨療、水療、電療，以及放射性（Radio-Active）與濕電池（Wet cell）這二種器具。

最後這兩種能用作醫療器具，是只有在報告中才出現的，因爲，在此之前，從沒人創造出此種東西。骨療的預防與治療價值不斷地被強調，從治癒嬰兒的青光眼到順產方法的案例中均有顯著的效果。

這些療法與其它許多的治療方式都來自於凱西的報告。查究那些醫藥科學視爲無望遭放棄，而凱西卻認爲有效的案例，凱西對他們所提出的報告，以及選編各種治療的方式等，這些都有待受過醫學訓練的調查人員做進一步的努力研究。

★★三合一的整體治療

但是，迄今調查過的資料已足能顯現一個新的醫病哲學與新的統合科學的粗略輪廓了。因爲人看來是個包含身、心、靈三方面的個體，人的這種三合一，是從神性的三位一體中衍生出來的，這又反映在許多世紀以來，人類知識進化成的三大領域：醫學、心理學與宗教。這三種知識的主流，都不斷在往前邁進，雖然時有衝突，但或許這分歧與衝突，正是起因於人對自己的無知。或許，實際上，醫生、心理學家或傳教士這三者，是同一實驗室工作檯上的三名工作者，同一陶瓷土的三個造模者，同一上帝之火的三個丟材供薪照顧者。

第九章　心理學的新境界

猜謎是個增廣知識的好消遣。要拆穿騙人的把戲，常需要邏輯或思考力。當我們碰到所有謎案中最重要的——人到底是什麼、他從何而來以及他存在的目的等之謎，我們或許可從一個簡單的火柴棒把戲中學到智慧，並將之拿來應用。

給人六根火柴棒，要他排成四個等邊的三角形。初時，他或許會很有信心地排來排去，但很快信心就消失了，最後則是放棄找出解答。這問題終將無法解開，除非他能想到，將火柴棒從二次元的平面三角形，排成三次元的立體金字塔形。

人之謎，多少類同於火柴棒的問題。只有多加一個次元——在本例中，指的是時間的次元——人才可能了解自己。

人之肉體的生與死，通常被認爲是人的開始與結束。但如果可用科學顯示：人不僅有肉體，且還有居於肉體的靈魂；更有甚者，這靈魂存在於出生之前，並在死後仍繼續存在。若是如此，那麼這個發現就會改變心理科學。這會像是根軸桿從土壤表層掉落至地球的深層岩層中；當今所謂的深層心理學會看起來如此膚淺，就好像是以用一個種洋蔥的二英吋的洞來比之於二英哩長的鑽油軸桿。

★★增加一個時間次元來了解自己與人生

首先，增加一個時間的次元，會擴增人對性格、特性的了解。心理學家對構成性格的要素，已作了一段時期的統計與臨床研究。這些研究是靈巧人心的里程碑，它們於人事工作、職業輔導與臨床心理上，都有很多實際上的應用。然而，它們所呈現的看起來仍是極其有限。

接受靈魂轉生的原理，就如同聚光燈照亮大片被忽略的遠景般。被照亮的景色自有一種奇異而美麗的魅力，但其最重要的乃是：它照出一條曲折延遠的幽徑以供我們辨識或通向人現有的性格、特質、能力、容量等。或用另一種比擬說：若靈魂轉生顯露了冰山那沉於水下的九分之八的部分，那心理學家費盡苦心在診查的就只有那露出的九分之一而已。

凱西檔案提供很多加入此一時間次元的範例，並藉此解說人現在的性格。在一報告中，凱西說到一個高盧（**Gaul**，西歐古國，包括今日義國北部及法、比、荷、德、瑞）的士兵，被漢尼拔（**Hannibal**，西元前二四七～一八三，迦太基大將，對抗羅馬帝國並侵入義大利）抓去作了囚犯，並強迫他在划槳商船上作划手。船上的黑人工頭們殘酷地虐待他，其中一個工頭終把他鞭打致死。這發生於三世以前，但是那世痛苦的經歷導致他對黑人的恨意，並深植於其下意識中，前後長達二十二世紀之久。在他最近的一世轉生中，他是美國阿拉巴馬州（**Alabama**，美國東南方的一州）的農夫。在他那漫長的一生中，他對黑人始終懷著強烈而無情的怨恨。有個時期，他還創設了一個「白人至上協會」（Society For The Supremacy Of The White Race）。

往世的經歷影響後世

這是隔世態度後遺的典型例子。在靈命報告檔案中，約有好幾打類似的個案。某一報紙的專欄作家，多年來一直有反猶太的態度。從她的靈命報告可看出，這是起因於過去世。當年，她是住在巴勒斯坦（Palestine，即今以色列地方）的撒馬利亞（Samaritan）人，常與鄰近的猶太人有激烈的衝突。

一個三十八歲的未婚女子，在一生中曾有過數次戀愛，但總無法步入婚姻，因爲她對男人有根深蒂固的不信任感。這種芥蒂源於前世，因爲她的丈夫離開了她去參與十字軍東征。

一個女子對宗教信仰很寬容，她之所以有這種素養，是因參與十字軍東征而有機會遇到回教徒。在碰到外教信仰的人時，她第一次了解到，在非基督徒中也有理想、勇氣、仁愛與憐憫，這印象是如此深刻，以致留給她長久的宗教寬容心。

另方面，有個一向懷疑宗教事務的廣告作家，也曾參與十字軍東征，他對那些與他相往來的人的宗教告白與實際行爲之如此不相稱，深感厭惡，因此竟造成他對信仰中所有外在的告白，有著根深蒂固的不信任。

這裡我們看到對種族、對異性、對宗教的三種態度，其起因均源自前世的轉生經歷。自然，在每一案例中，均有某種現世的環境狀況以引起此一反應。那個恨黑人的農夫是生於西元一八五三年的南方，他所處環境的習俗與傳統，有利於培養種族優越感。在另幾個適才引述的案例以及凱西檔案裡許多類似的案例中，也可辯稱有相似的現世影響。雖然很多人有這種強烈的心態，但是也有不少人處在同一狀況下卻沒有相同的反應，這似乎指出：有比現世可察知到的環境因素更深沉的根因在。

心理分析治療醫生們都同意一個觀點：**人生中重要的心理態度均起因於潛意識。靈魂轉生原理僅是擴張該意識的領域，以及包含過去世經歷帶來的動力**。尤其在罹患較長時間的疾病時，才可發現其原始起因。

★★靈性的遺傳

像心態一樣，人的喜好、厭惡、興趣都是構成人格的主要部分。自我保存、生殖與控制等的本能，很密切地會與我們人生中所有較表面的興趣有所牽連。雖然如此，在所有人類共同的基本需求之外，人間有更廣泛且各式各樣的玩意兒，可以讓人基本的動力，表達於各種興趣與熱愛中。

譬如，同一家庭裡的五個孩子，一個對蝴蝶有高度興趣，另一個的興趣在音樂，第三個在機械，第四個在繪畫，第五個在雜耍。對這種不同才能的狀況，一般心理學的解釋是：個人的性格特質，主要是由遺傳基因所決定。其次是由個人在家庭中的經驗與排行所造成的。這解釋看來完全合理，但是對於一個認識到靈魂轉生可能性的人來說，這就不夠了。凱西報告把**才能與興趣牢牢繫於靈魂的遺傳，而非祖先的遺傳**。在我們前面所假設的那一家中的五個孩子，依照凱西的觀點，那必然是在他們前生幾次的環境中就已奠下了今生嗜好的基礎。

凱西檔案中有下列數個關於過去世興趣造成現今情況的例子。某一紐約牙醫生成長於大都市，現在也在大都市中順利行醫。許多代來，他的家族都是在城市中長大。他雖然熱愛他的工作，也熱衷於城市生活，但每隔一段時間他就感到非要單獨帶著獵槍與釣竿到郊外的田野溪流處露營。這種對大自然與戶外生活的強烈興趣，雖沒什麼不尋常，卻與他的城市背景格格不入。然而若是通過靈魂轉生的解釋，這就很容易了解了。依照凱西對他的靈命報告，他前生是個丹麥人，在荷蘭移民初期時來到這個國家。他住在紐澤西州（New Jersey，在美國東部，一個都是沼澤、湖泊、溪流的區域），並成爲獵人與皮毛商人。這使他對林野溪流的嚮往遺留到現在，雖然這嚮往爲他此世的主要工作所限制。

很多人會對一個特別的地理區域感到有強烈的吸引。依報告說，這常是由於過去世在那裡曾有愉快的居留。某一東岸的女商人，多年來渴望到美國的西南部去。最後她終於去成了，現住她居住在新墨西哥州（New Mexico），是家旅館的經理人。依照她的報告，她過去曾有二世居住在那個地區的經驗。

有四個人都各自聲稱愛上南海島嶼、紐奧良（New Orleans，美國南方路易斯安那州之港都）、印度與中國。原來，他們前世分別在這些地方生活過，所以對之有強烈的親切感。

報告也將人們對某些藝術或專業活動的興趣，歸因於過去世的經驗。一個女子對希臘舞蹈與戲劇有濃厚的興趣，那是因爲她在希臘的那一世，正是那種藝術流行的盛世。有個男孩對傳心術有顯著的興趣，那是因爲他在亞特蘭提斯的那世中，是個心理學與念波傳送的教師。一個漂亮女孩對航空有瘋狂的興趣，起因於在亞特蘭提斯時她曾擔任過飛行員與通訊主管的經驗。一女子熱心於幫助殘廢兒童，導因於她在巴勒斯坦那一世，受了耶穌教誨的影響，而開始濟助殘廢與生病的人。一研究工程師，多年來活躍於專家論政運動，那是因爲他在亞特蘭提斯那一世，就活躍於科學行政界。

這種過去世所遺留下來的興趣，更能顯示那些出名人物獨特性的一生。我們這樣說，不是基於凱西對這些人的報告，乃是基於凱西資料對該人傳記事蹟所作的解說。

現拿海因里希・施利曼（Heinrich Schliemann，西元一八二二～一八九〇，德國考古學家）的案例作例子。他發現了被埋藏的特洛伊城（Troy，希臘古城）的遺跡，因此建立了偉大的荷馬（Homer，西元前八世紀古希臘大詩人）時代的歷史基礎。施利曼是德國北部村莊一個窮牧師的兒子，從童年起，他就沉迷於〈依利亞特〉（Iliad，荷馬所作史詩，記述特洛伊城被圍困之故事）的故事，並立下雄心要學希臘文，還要找到特洛伊人故事的原址。

在施利曼的頭三十五年中，他發了大財，使他能一圓考古之夢。他成爲傑出的語言學家，尤其熱衷於希臘文以及任何有關古希臘的事物。晚年，他的談話都用荷馬風格。替他寫傳記的作家敘述，在他兒子受希臘牧師洗禮之前，他持一本荷馬史詩在他兒子的頭頂上方並背誦之。這僅是他數百個過度熱衷的狀況之一。如果把這事看作靈魂的思鄉表現，就能諒解他的過度熱衷。靈魂對快樂的過去，會情不自禁地深深懷念，並思念著能再重歷其境。

在傳記的記載中有無數類似的例子。另一個突出的例子是作家小泉八雲（**Lafaca dio Hearn**，西元一八五〇～一九〇四，入日本籍的美國作家，日名英譯是**Koizumi Yakumo**）。他生於愛奧尼亞群島（**Ionian Islands**，在希臘愛奧尼亞海，共七個小島）中的一個島，父親是愛爾蘭人，母親是希臘人。他從希臘遊盪到英格蘭、美國、法屬西印度群島，最後在日本找到了他眞正的心靈之鄉。他娶了一個日本太太，也取了一個日本名字，並成爲日本學校的教師。他對日本觀念的掌握、了解，到了令人驚異的地步。他把日文譯介給西方人，把西方語文譯介給日本人，有著非比尋常的語言能力，如果我們把這些視作他前生可能曾是個日本人，而現世情不自禁地要重溫舊夢，那我們就不會對這事感到太過訝異了。

另一個例子是勞倫斯（**F. E. Lawrence**，西元一八八八～一九三五，英國軍人及作家，以阿拉伯的勞倫斯著稱）。照一個傳記作家說，在他的血液中都是與阿拉伯人打交道的高超技巧，而且事實上，他已成了阿拉伯人。在他的祖國英國以及他的英格蘭家庭中，他從沒自在過。他厭倦學校，只對十字軍東征與中古的城堡研究有興趣。他在阿拉伯軍事領導上的優異與成功，我們或可解說成：在中古世代，他就曾是個阿拉伯的軍事家，在那世，他未能完成自己的任務就死了。

似此會對外國文化感興趣的，不僅限於名人，在相識的朋友圈中也可發現。

像興趣與心態等特性，就是分析性格的重要因素，凱西檔案中就有一些有趣的例子。一個美國中西部某百萬富翁的太太，是個極度專斷跋扈的人。她的靈命報告將此種傾向，歸因於她前生曾在俄亥俄州（**Ohio**）作過老師，在巴勒斯坦與印度的轉世中曾高居權威。

一個年輕的男孩，自小即顯出極度好辯的性格，也有敏銳的推理能力。這些性向，起因於他在某一世時，爲阿弗列大帝（**Alfred the Great**，於西元八四九～八九九年間，爲西撒克遜國王）時期審判團的執法官員，而另一世，他則是波斯的法官。

一個富有神祕、寂靜氣質的女子，在現世之前一世，曾是十九世紀初期一個宗教隱修院的領導者；一位富有的年輕人，因喝酒過度，成了他那頗具聲望的家族之恥，因爲他在淘金潮那世曾是個荒淫浪蕩的人。

許許多多類似的例子都可以在凱西的靈命報告中找到。任何熟悉個別差異心理學（**Psychology Of Individual Differences**）及其相關問題的人，都不得不承認，凱西的資料是如此眞實，實能爲差異心理學（Differential Psychology）的研究與進展帶來全新的深度與廣度。

事情的關鍵在：現代心理學，是設想人與人的差異，而這，首要決定於人之雙親的基因，其次便是環境的影響。然而，依照靈魂轉生觀點，**遺傳與環境，是過去世業緣決定下的結果，靈魂的每一要素養分，都是自己努力得來，而非從父母那兒繼承得到的**。（譯註一）

我們一般都未認識到，遺傳學說是有某些謬誤的。遺傳學的觀點，是假設生物上的秩序決定心靈上的秩序。但請不要忘記愛因斯坦那迷人而聰慧的氣質。（人問：你怎麼發現相對論的？他答：靠挑戰定律！）因此，這或許値得我們向遺傳理論的基本假設做出挑戰。我們可以確定，**人今日具有的與身心相關的知識尚在幼稚期**，而關於現在心靈之事，大部都是由以前心靈之事所導致，這看來是比較可信，也比較合理的。佛陀曾說過：「**今日之你，是你過去想念的產物**。」在甚合心理學道理的佛教中，靈魂轉生當然是主要的教義。佛陀教誨說，人，是過去世的想念與行爲的結果。只有經由不斷地努力，人才能得到一種能力。關於這點，單從物理、機械的觀點來看，也是很合理的。如此自可推理得出：人現有的天賦差異，是由於人在過去世因不同的努力所造成的。

愛默生熱衷於東方思想，並勤讀《薄伽梵歌》（*Bhagavad-Gita*，印度的聖經），因此對這觀念就能有充分的了解。在他很多的著作中均有此種弦外之音，但在他談到經驗時，就寫得很明白了。這篇論文是這樣開始的：

「我們在何處可以發現自己？我們在一個串聯中，不知其盡頭，恐怕也沒有盡頭。我們醒來，發現自己在一個階梯上，在我們下面也有階梯，我們是從那裡登上來的，在我們上面也有階梯，一直上去而不見源頭。然而那保護神，依照我們的信仰，站在我們藉祂而入的門口，給我們飲用忘川（Lethe，希臘神話：冥府中的河，飲其水便忘過去一切）之水，所以我們就無故事可說。因為把杯子攪和得太厲害了，所以使我們抖不掉這中午的懶洋洋。」

業的持續原則

愛默生用串聯來表示所有生命的進化本質，他的階梯比喻，是想以圖像表示，人的能量如何隨著一生又一生的增加而俱進。在凱西的資料中，特質與才能的成長看來確實顯現一種如階梯式的持續性，或許可以取名做持續原則，而可以下圖表示。

這圖描繪出一個魂體如何在特質（如誠實、勇氣、無私等）或才能（如音樂、藝術、數學等）上逐漸地增長。如果在這裡以音樂才能為例來追溯魂體的進步，可看到在第一世，他開始用一種很初級的樂器，譬如說蘆笛；在第二、三、四世時，他就用其他樂器，漸漸的，他對音調、節奏、曲調的記憶等能力就會增長。最後，在第三十五世時，他生來就會擁有突出的能力，甚至是所謂的天才。

此一概念所給予個別差異心理學新加強的深度，可從下頁表更完全地看出來，這表顯示約翰與彼得二人在第四十次轉世時其音樂才能的差異。

叫做彼得的魂體，過去接觸音樂已有許多世了。叫做約翰的魂體，也曾花過些時間在音樂上，但並不多。在我們假設的音樂才能程度表上，六十幾同於天才。在出生時，彼得已是個音樂天才，約翰則僅具有一點點音樂才能。任何他人的才能都可用類似的圖表畫出來，因此就能顯露出個別差異的科學基礎，而人出生時何以天賦會有差異的原因也就很清楚了。

很不幸的，很多人在接受業的觀念時，總把業想成是懲罰與受苦。但是，我們必須記得，業的字義是中性的。在宇宙中，所有事均有兩極性，或正面與反面，業也不例外。顯然，作用可以是善的或惡的，無私的或自私的。如果行為是好的，就沒有什麼可以阻止它繼續好下去，它會自然前進成長，或把它稱作業的持續原則（The Continuity Principle of Karma）。然而，如果行為是惡的或不純潔的，它就必須被糾正，靠著作用與反作用的法則前進，這或許可稱作業的報償原則（The Retributive Principle of Karma）。

有了報償原則，透過業令人痛苦的平衡力量的運作，我們被帶回到那狹窄的自我完美之路。靠著持續原則，我們穩定而不間斷地，向那完全一樣的目標勇往邁進。隨著一世世的過去，我們為自己的靈魂，建造出更多壯麗、雄偉、堂皇的宮邸居所。最後，我們終獲自由。

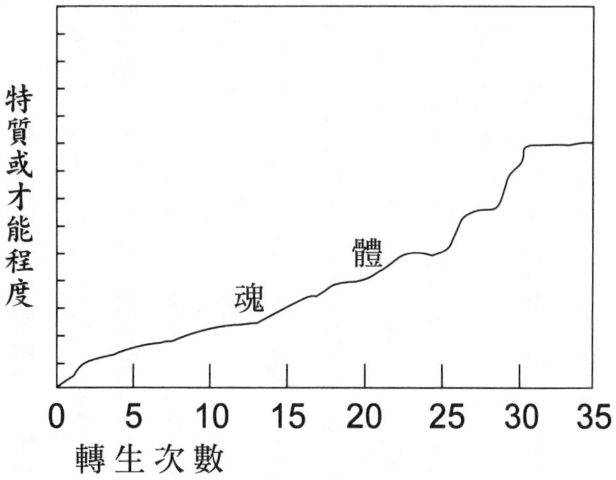
特質或才能程度
魂
體
0
5
10
15
20
25
30
35
轉生次數

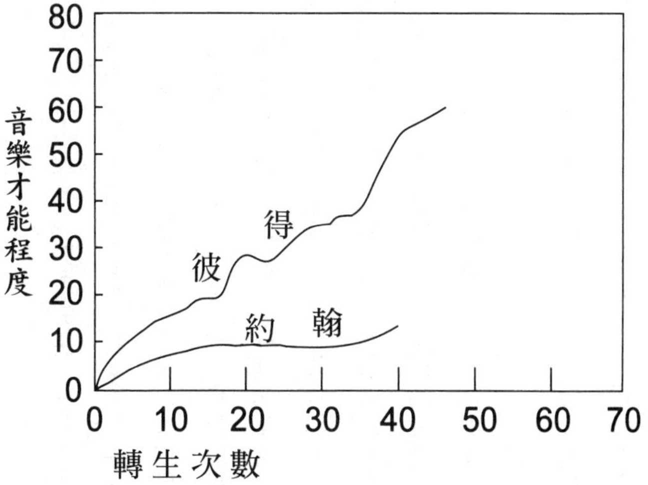
80
70
60
50
40
30
20
10
0
音樂才能程度
得
彼
約
翰
0
10
20
30
40
50
60
70
轉生次數

* * *

譯註一

心理學為探究人為何有不同的個性、習性、人格，而有人格心理學（Personality Psychology）、差異心理學（Differential Psychology）與個別差異心理學（Psychology of Individual Difference）。但若翻遍這些心理學書籍，可以發現，它們談的不外乎是遺傳與環境這二個因素會造成一個人的人格，或個別差異。但擺在大家面前的事實卻是，即便是在同一遺傳與環境下的兄弟姊妹，其個性、人格之相差也會如此之大。即使慮及他們的性別、排行也無法解釋這個別差異。遺傳與環境對人格的影響當然不容否認，但顯然的，除了這唯物的二個因素外，還有其他更重要的心靈因素，如凱西所指出的靈魂輪迴轉生經歷對個性、人格必然也有產生影響。此外，譯者相信應該還有其他因素會影響個別差異，譬如靈魂在天家生活的經歷，甚至可能在造物主造人時，雖平等賦予神性，卻也賦予人不同的生命特質而成為人個別差異的最原始原因。

心理學成為一門專業科學至今也不過約百年的歷史而已，目前，這門科學對人到底是什麼、有沒有靈魂、靈魂是什麼、心又是什麼、心之理又是什麼，都還沒弄清楚，也還沒有定論。在這種狀況下，他們說人是遺傳與環境的產物，自不足信。這是唯物的看法，是用純三次元的觀點來論人。人明明是心物合一，且是以心靈為人的主宰。而主宰人的靈魂、心靈卻是四次元以上的存在，非三次元的人之肉身的五官所能感知的。所以，人除非將自己用三次元肉體的五官感知提升到用自己超次元靈魂或心靈的感知力，才能發現解答三次元科學感到迷惑或不能解答的問題，就如本書主角凱西所做的。他是要為幫助現代心理學開一個新的境界，提升心理學成為能為人做更真實有用的服務工具。如果心理學界，堅持以其三次元感官眼見為憑的唯物科學方法來排斥類似如凱西提供之超次元方法，則將永遠不能探測心靈的真相，也無法了解心之理。

每個人或可稍微注意一下，自己多少均有過心靈現象的體驗，已心與自己分分秒秒生活在一起，關係密切，每個人自己其實都應成為自己的心理學家，而這過程就是開發自己的心靈，或說開發內太空。須知，與神相通的我們的內在心靈，其實都超越於自己的肉體之上，其奧妙之處更有甚於外太空。而這工作，我們固然希望心理學及心理學者能進步並真正有能力幫助大家去做，但我們絕不能受限於尚在發軔初期的現代心理學中。心之理的學習，是每個人的本分、權利、潛能，絕非只靠著心理學者或心理工作者才能幫我們做的。

第十章　人的類型

班齊里（Robert C. Benchley 一八八九～一九四五，美國幽默作家、戲劇批評家及演員）說：「世界上有二種人：把世界分成二種人的人，與不這樣分的人。」這是他以其美妙滑稽的方式所自創出的一種類型學。

這其實也是他在指出近年心理學家，對性格基本區分的看法所導致的錯誤。心理學家中，有把世界分成某幾種類型的人，也有不作此種區分的。前者執著於所謂的人類性格的「類型理論」（Type Theory），後者則執於所謂的「特質理論」（Trait Theory）。這二種理論都意圖分析人與人之間的差異。

在我們每日與人來往的經驗中，我們常用自己設定的價值觀，把人分成不同的類型，如交際型、隨和型、保守型、不隨和型、自私型、自我中心型等。許多心理學家都認爲人們常把自己編入幾種基本類型中，那不如乾脆他們自己以科學作基礎來把人分門別類。基於此一觀點，不少類型學家就出現了，特別出名的有容格（Garl G. Jung，一八七五年～一九六一年，瑞士心理學家及心理治療家）、斯普朗格（Franz E. E. Spranger，一八八二～一九六三，德國教育家及哲學家）、克雷茲邁（Ernst Kretschmer，一八八八～一九六四，德國精神學家）與羅森諾夫（Rosanoff）等，這些人在科學界均頗有貢獻。

靈魂轉生原理均支持性格的特質以及類型學說，但也指出二者的不是。如果我們根據凱西報告，考慮一種類型的系統，就可以看出它確是如此。

對一般大眾而言，最出名的科學類型論，源自容格的內外向型。依照他對此概念的原則分類，所有人格的基本差別，在於他們較關切內在或較關切外在事物。但是依靈魂轉生觀點，容格及其後繼的心理學家，對爲何一人被命定是內向，另一人被命定是外向，則未提供滿意的終極解答。他們把這二種不同的心理情況，歸因於生物學上的原因。依轉生原理之觀點，生物學原因是次要的，而過去世行爲才是主要的決定因素。

★★內向

過去世經驗使人傾向於內向的發生方式，在凱西檔案的很多例子中清楚可見。審視這些案例可以發現，因著持續原則的運作，某些心靈的態度、看法，或傾向能從一者轉移到另一者去。

有個案例是：一個二十一歲的大學生頗有音樂能力。雖然長得很吸引人，但她卻極度害羞、怕生，因而難以交到朋友，也擔心進不了學校的女生聯誼社團。我們不知道這女孩早期的生活情況，但可能是她的家庭因素造成了她的內向。

然而，她的靈命報告卻說，她的這種性格，其實是往世造成的。她曾是法國貴婦，美麗、溫柔且有才華，但她的丈夫，就像白朗寧（Robert Browning，一八一二～一八八九，英國詩人）的作品《我最後的公爵夫人》中那個高傲的公爵，無法忍受看到她對所有人和藹可親。結果，他以冷酷、無情的專斷壓制她的天性本能，有時甚至用鞭子抽打她。這造成她恐懼地畏縮關閉自己。那一世怕被誤解與不貞的畏懼在她的下意識中持續到今生。

下面是另一個案例，只是當事人的情況與實際的歷史事件有些不同。有個二十九歲的年輕人，好學用功又很內向。依據凱西的靈命報告所述，在他的過去世，他曾在塞勒姆（Salem，美國東北麻州的城市）審判巫術時受到迫害，那次的經歷對他現在的性情有雙重的影響。其一，這留給他對任何形式的壓迫都懷有恨意；其二，這給他更強的讀書動力，也更希望能獨享所得到的學識。

這裡要注意的一點是，報告對塞勒姆巫術審判的說法，與一般歷史學家對該事的說法不太一樣。報告指出，在那時有一股超心靈現象的風潮，有一批人正經歷眞正心靈或靈媒的經驗，這當然冒犯了當時的傳統觀點。此一青年的情況，報告並未精確指出當時他的經歷是什麼，但是，從檔案我們可以推斷大致情況是這樣的：他衝動地把自己的或是見證到的超心靈奇異經驗告訴了別人，或爲人作此類的辯護，於是，他被抓了起來，並受到殘酷的虐待。即使是狗或貓，被虐待後都會學會對人的不信任，所以不難了解，在他心靈深處的潛意識裡，會有一種提防別人、怕找人作伴，或怕把自己一切所知都告訴別人的本能。

在凱西所記錄下的檔案中，有很多記錄都是在塞勒姆而且與上列案例有類似的經驗。一個不善溝通的醫生，其在前生曾是貴格會（Quacker，基督教一支派，正式名稱叫 The Religious Society Of Friends，總部在美國東部的賓州，倡導寡言沉默）的一員，並力行沉默；一個紐約的銷售經理，極不善於社交，那是因為在前生，他曾是個探險家，並在南非度過了孤獨且自給自足的一生；一個高中女孩，有很深的自卑感，因為她前生是個印地安女孩，在面對白種人時會感到自卑，因而奠下她現在缺乏自信的基礎；一個俄亥俄州的醫生，雖然有很好的專業能力，但個性卻極為羞怯，且常自我懷疑。其起因是由於他前世在美國殖民期時，居於喬治亞（Georgia，美國東部一州）地區，為了公眾福利而作了無私的奉獻，可是卻受到藐視與嘲笑，因此造成了他多疑與畏縮的性格。

從以上以及許多其他凱西檔案中的例子可以看到，內向的性格就是這樣從一世經歷一世而延續下去，因此才造成了自我變得退縮內向。

★外向

外向亦是持續原則以類同方式運作而成。一個特殊的案例是個已離婚的三十多歲女子，其個性非常開放，當時正全副心神在準備她的第三次婚事上。依據凱西的報告，她活躍的社交能力是奠基於前二世：一世是美國西部開拓的早期，她是個歌舞廳的表演人員；另一世中，她則是法國路易十四宮廷的交際花之一。尤其在後一世的經驗中，她學到了外交手腕與如何施展自己的魅力，特別是如報告所說的：她有「把從國王到洗碗女工玩弄於股掌之間」的能力。當她作歌舞廳演藝人員時，她就利用這些天賦，並更進一步發展，直到命運出現了轉折，使她的心腸變好，成爲了社區中專門助人的天使。

第二個有趣的例子是個紐約的演藝人員兼魔術師。他充滿魅力，善說笑話，交遊廣闊。依報告說，他此種令人稱羨的外向性格是導因於他前二世的經驗。他的頭一世是在摩霍克（Mohawk 河，在美國東部，原爲印第安摩霍克族部落所在地）河谷地區的早期美國移民，那時他努力想統合當地的數個殖民區。報告說：「雖然該魂體在那世短命而逝，但因此而學得的能力，加上他前一世所積累的能力，因而讓他在這世有吸引人與控制人的能力。」

此人這世的領導力與魅力來自他在早期美國爲理想所作的奮鬥，而他的機伶巧智與詼諧幽默，則來自其前一世，當時他是在英格蘭亨利八世宮廷中類似弄臣的人。顯然那時他也活躍於政治，對促進國家的福祉深感興趣，也發展了他的藝能，在宮廷中爲國家爭取外交利益。

總之，凱西檔案中所有外向的案例，看來多半都是在過去世活躍於社交所導致的結果。

★★從內向轉向外向再轉向平衡

更令人感到有趣的是，分析一個內向性格的人如何在經歷很多世後變成外向或反之。我們應記住，內向與外向從字意上看，就是把注意力轉向內與外，這其中就隱含了心理的動向。這樣看來，心理動向朝內或朝外，就像任何其他的動態或運動，一動就傾向於在同一路徑、方向持續地動，除非以外力止住。

一個靈魂可以在許多世中過得像個動物般四平八穩，動物大概沒有內、外向之分吧！然後，假設到了這魂的第十九世，有某些事發生了，使這條魂朝向內，或許是一隻腳跛了，或許是身體虛弱，使他沒法與健康外向的人在一起了。

如此開始的朝內傾向，起先雖有些不太自在，卻也有好處，即使看來像是補償作用。它的好處在於能增強對人的分析能力、價值感，也更能感知到非實體形象的一些事。但是，運動的慣性會使他的內向化持續，而愈來愈專注於自己所建立的象牙塔，終至與世隔離。冷漠與優越感將使他愈來愈被人孤立，這種負面的心態會使他日益怠惰而孤僻。

當這種傾向不斷增強到第二十、二十一世後，這種不健康的行徑，就會啓動業的因果作用。他會對同胞不履行該盡的責任，並終致人生出毛病。這種令人難容的情勢、僵局，終會驚恐自我，而決心要改變他的方向。如要把這事作一比擬，就會像是倒生（嵌入肉中）的腳指甲，因忽視而不斷生長，到最後痛得受不了了，才去找醫生拔除它。

他在第二十二世幾近崩潰的狀況下拼力一搏，以逼使其自我開放、爽朗，能與人交往。在第二十三世時，這種衝力會增加其動能，直到第二十四與二十五世，最後到了第二十六世時，一個十足的外向人便成形了。

這個時候，又是另一個重要的階段。他能保持外向，與社會愉快地互動調和，且不會利用其社交天賦作些自我陷溺與自誇自揚的事嗎？就如極度內向的人，其孤獨的自我有自高自大的危險；極端外向的人，其卓越社交能力的自我，也有要求自我滿足傾向的危險。因此，這人的第二十六世會變得自大傲慢，耽於聲色。我們發現，他會自滿自信於自我的社交才能中，並生出自私自利的行為。

一旦出現自私自利，業障就會開始運作。因此，在其第二十七、二十八世時，我們會發現，一個擁有豐富天賦的人，卻會受制於他的生活環境，且可能會有神經過敏的傾向，以致被迫再一次以社交措辭去思想，而且他若還想繼續活下去，就必須有更屬靈的行為才行。

緊接著，他還要努力平衡。我們因此發現黑格爾（George W. F. Hegel，一七七〇～一八三一，德國哲學家）辯證法的正反合不僅可用來解說歷史事件，也可用來解說靈魂成長的模式。一般所謂的內向與外向，或外揚（Expansiveness）與內斂（Contractiveness）看來確為靈魂存在之實況；它們分別代表容格與奧弗斯椎特（Overstreet，譯者查不出該人，想係心理學家）

的敏銳洞察力，以及心靈的二個基本且兩極化的看法。

內向與外向看來有點像相反之兩極，就如陰陽、男女之相對，亦如一個靈魂不斷的輪迴轉生，有時轉生爲女性，有時轉生爲男性，他必須學到兩性的美德而成爲雙性人，學到內、外向的優點而成爲雙向人。這過程會一直持續，如鐘擺之搖盪，直到該靈魂能悠然自得，既能充分感受，又能充分表達；既能完全向內，又能完全向外，以致無所謂的內向與外向。

★★性向能力不能發揮與心靈問題有關

凱西檔案中有很多成功與失敗的社會關係調整案例，足能證實前述之原理。其中，有一個健談、積極外向的女人，早先她夢想成爲一名演員，但是由於艱困的家庭環境，以及矮小的身材，使她無法達成目標。依照她的靈命報告，她在美國大革命時期是個演藝人員，既有社會地位，又過著奢華的生活，卻以犧牲個人原則爲代價。她影響別人的能力以及豐富的言談表情均來自那一世，但因那世她太不顧及屬靈原則道德，因而造成了她此生的挫折。

此一魂體發現自己正處於前述之嚴酷艱困的狀況中。她的身材與她的家庭狀況，使她無法發揮她的演藝天賦，她言談的能力雖沒受到影響，但報告明白地警告她，不要不顧及靈命而濫用她表達的天賦，因爲那會遭致壞事臨頭。

諸如此類的例子，顯示了**心靈與職業問題是分不開的**，通常如本例的職業挫折，都不是因爲缺乏能力，而是因爲心魂有缺失、弱點之故。如果職業得遂其雄心，就沒法糾正其心魂的缺失與弱點了。報告勸這女人（當時她三十二歲）去做個說故事的人，或去做那些年輕人與那些出不了門的人的同伴，無論如何，用她的天賦作些有建設而無私的事情。

★★濫用外向能力必遭報應

另一個例子，也是過去世濫用了外向的天賦能力，而於今生要作心理糾正。她是個在美國首都華盛頓（Washington D.C.）作私人祕書的四十九歲女士。她的來信說，她在任何社交團體中都感到不受歡迎，這很可能是因爲從小在家中，她就被兄姊們排除在外。

她在信中說：「我一直在恐懼中長大，當與眾人在一起時，我總感到我不被需要，常不知道怎麼辦、怎麼說？我想參與某些事，但卻不知如何參與？我常害怕不被人喜歡，所以必須做得比任何人更多，所以我犧牲安逸、健康以便能爲別人做些什麼，我渴望別人需要我。」她進一步訴說自己的三段戀情，均以失望收場，其中有二次，男的雖向她保證愛她，結果卻離棄她與別人結婚。

她的靈命報告指出，前生她曾是俄亥俄州的早期移民，她待別人甚爲友善，但卻是出於自私的意圖。報告說：「因此，這魂體雖滿足於達成自己所要的，卻讓別人失望。該魂體要弄權謀於眾人之中，這些眾人在今生便成爲她的問題。**利用別人成墊腳石，無異將自我埋藏**

於業障中，最後終將由自己去償付。」

天地萬物誠而不假。你給它什麼，它就還你什麼，一點也不差，就像面反照的鏡子，這女士的遭遇，便是她過去給別人同樣遭遇的反照。事實上，在她的前生中，她並不想與別人交往，除非那人對她有利。所以今生，她自小在家中就不受歡迎，因此，一直感到沒有安全感而變得內向，情況就這麼持續到她成人。她其實很吸引人，也有足夠的社交本事去吸引男人，然而，他們雖讓她相信他愛她，結果卻沒有一個不讓她失望的。

她自己承認，因爲她感到自己不被人需要與內向，因而促使她努力去幫助別人，以獲得別人的喜愛與需要。這樣，業障的糾正目的就達成了。過去世她因爲自私與虛僞而濫用社交能力，導致她今生的社交受到限制，唯有歷經誠懇無私，她才得以解脫。

★ 種瓜得瓜，種豆得豆

對人失望的經歷，看來是相當普遍的，在心理層次上，它也是回力型業障的一種。下面從凱西報告中所擷取的一段話，可以總結這點：

「這魂體迄今一直對人失望，你要知道第一條規則，一個永恆的法則：**種瓜得瓜，種豆得豆**。過去，你使別人失望，現在，你將從自己的失望中，學習**忍耐——所有美德中最美且最不被了解的**。」

典型的外向人常不管別人的感受，所以沒有比讓他自己也身歷其境受到別人不體貼的對待更好的糾正辦法了。

這些以及很多類似的案例都證實：**靈魂，就像運動的慣性定律，一旦往一個方向走，就會傾向不斷地前行，直到某些內在出現失衡而產生糾正性的抑制，終致出現相反的狀況。**此種如鐘擺的交互行進會一直持續，直到達成一種平衡。在外向與內向的中間狀況，就會出現幾乎完全類似於健康與財富間的交互狀況。

我們只用了一種容格的分類法來審視報告，然而，於所有其他的分類系統或方法，卻都能達致相同的結論。不論它們是像斯普朗格那樣是依人的價值來分類，或像克雷茲邁按身材來分類，它們其實是深藏在心靈的特質的外在表現。這些特質，會隨著進化的過程，從一世到另一世而發生變化。無論科學對這些分類的正確性研判如何，凱西報告對肯接納的人來說，至少建立起一個事實：目前的分類法，對靈魂並未蓋上永恆且最後的標記，爲了方便，或可說某一性格屬於那一類型，但是，不論它屬於那一類型，它都只是意識的一時形象，是其永恆魂體在其無止盡的成長中的一個階段。

第十一章　業報的範例

我們已經看到驕傲這個道德上的罪，會如何在其肉體上產生具體的結果，在凱西的檔案中，也有很多案例是道德領域的罪而造成嚴重的心理問題。其中有二個突出的案例，便是因不寬容之罪所導致的業障。

第一個案例是一位在路易十四時代法國修道院的修女，她嚴厲、冷漠無情，不寬容人。她對宗教經典完全照字義來解釋，因此，她常輕視那些違犯法則的人。

★不寬容的業報

她的不寬容業報，起初是顯現於今生中她整個青春期都受體內腺體失調之苦。過多的月經，使她不能正常上學，每四週中幾乎有二週她都要躺在床褥上，她因此變得害羞並隱居起來而不與同齡的朋友來往，導致對她人格各方面都造成了影響。

此一困擾最後終於過去。這女孩的身材發育美好，成了紐約的專業模特兒，最後還結了婚。但可惜的是，她選擇的對象卻很糟糕。他們的共通處很少，她的丈夫很冷感，毫無熱情，而她卻渴望熱情。二次世界大戰爆發後，她的丈夫去了海外，她於是開始了一段寂寞的時光。

因爲受不了這種壓力，所以這女子就跑去一個旅遊勝地，喝酒、放蕩地過活。她發現，只要一、二杯酒，她就能從壓制著她的社會禁忌中解脫。

一旦開始，她就沒法停止，耽溺在酒精中的時間也愈來愈長。有時從早到晚她都在喝酒，同時，還連續三週與任何一位能讓她有衝動的士兵、水手、飛行員，或陸戰隊員上床。酒醉時，她對衣裝一無顧忌。她會隨便穿件未繫好的便衣到後院去倒垃圾，或一絲不掛就走進旅舍的大廳。

最後，因爲酒精和壓力，她的健康開始惡化。她的手顫抖到甚至無法在她丈夫寄給她的支票上簽字。在理智清醒的片刻，她於是決定離開這個爲附近六個海陸軍基地集合點的勝地，並回到她出生的城鎮。她最近的來信顯示，她在擔任秘書的工作。從其他方面來的幾個消息則有——她仍然喝酒，但她已與丈夫離婚。

很顯然的，她的墮落主要是起因於她的性格障礙，而這又起因於腺體的失調。凱西常指出，**腺體是業障的表現焦點**。這種功能失調，是她苛刻嚴待別人所獲致的直接的業障果報。她冷酷嚴責別人的缺失，現在她自己也身受同樣缺失之害。唯有這樣，她才會了解，錯誤的內發性力量以及因錯誤而導致鑄下罪孽的力量，會在脆弱與寂寞下，以滿足感官的方式來求得慰藉的動力。像那些嘲弄別人的人一樣，**嚴責別人的人，也必親身經歷受人嚴責**。

★★驕傲的業報

第二個例子是個前二世有著驕傲與偏見的女人。她那二世中的前一世，是一位在耶穌時代居於巴勒斯坦的猶太教士的太太。她的社會地位，讓她無法容忍這位不尋常的耶穌所造成的宗教圈內的騷動，她因而蔑視他。她的優越感，並未因時間而消逝，亦未因習俗變調。在其後一世中，她轉生至麻薩諸賽州（Massachusetts 美國東部一州）的塞勒姆市（Salem），其個性仍是排斥、嚴責別人，事實上，她看來比前世更冷酷無情。報告說：

「這條魂是那種凶悍刻薄，很會質問人、很會譴責人的人。……為自己製造很多苦難。當有人被浸入水中，她總是在場並贊同；當有人慘遭鞭打時，是她提供證據且點頭示可。因此，在此生中，她總是受困於意識障礙，在她的乳糜管以及第一與第二頸骨處，常受有損傷，這是因為交感神經系統與腦脊髓系統不調和而造成的壓力所導致。而此又帶來了週期性的生理反應。」

報告提到的生理反應是一種精神崩潰（Nervous Breakoown），是這女人此生三十九歲時發生的，此後有十四年之久，她都患有間歇性精神抑鬱病（Mental Depression）。她沒結婚，也沒有工作，但依她所居住的高級住宅看來，她似乎是個不愁衣食的人。無疑的，這裡有些醫學上或精神病學上的典型症候群。閒散，當然是造成她抑鬱的一個重要因素。但是，如前所述，這些因素只是導火線，並非根本原因。在這女人本性上的核心問題是不容忍別人，對別人的痛苦冷漠無動於衷。她的這種不寬容，在其前生中，使許多人陷於絕望、無助之中，因此，這實在是沒有什麼不公平的。

但這裡有一個問題來了，為何這女人在塞勒姆那一生未受有前一世在巴勒斯坦的不寬容的業報？這問題有二個可能的答案。其一、在塞勒姆那一世，她可能有改正不寬容以外的其他的人生目的，因此在巴勒斯坦那世開始的這一傾向會受到忽視，使該魂體能夠全神貫注於另一人生的主要任務上。其二、在巴勒斯坦時期，她不寬容的態度可能還未強到很明顯而嚴重地傷害到別人。她的不寬容尚在發軔初期，因此還未足夠強到會立刻產生嚴重業報的後果。再者，生命的每一片刻都是一種試煉。在塞勒姆時，她處在一種可寬容或不寬容的處境。今生她在試煉中失敗了，因此就強化而非減輕了她在巴勒斯坦時期的不寬容心態，所以才造成了今生的業障果報。

★★好批評的業報

與不寬容同屬一類性情特質的，就是好批評，吹毛求疵。下面就是過度批評的一個案例。這個例子是一位二十七歲的陸軍中尉，他患了嚴重的個人無力感。我們找不到在他青年早期有人格問題的明顯原因，可能他有嚴苛與不講道理的雙親，也可能他身體外觀的某部分使他成為同學取笑的對象。我們會推斷這些可能性是因為他罪業的實況。報告曾說：「**你種什麼，必收什麼。你批評別人，必被別人批評。**」

報告透露，這青年人在過去世曾是文學評論家，其習慣是誰不討他喜歡，他就無情刻薄地以文字批評之。往世，他使別人產生了嚴重的自我懷疑，今生，自可期待他自己應受自我懷疑之苦。這裡我們看到業障法則無窮多樣的又一面，而這一面是如此的重要，所以其道德含義是很值得深思的。

當然只有極少數人會把批評當作專業，但是在世上，目前卻約有二十五億位不具專業水準的批評家。（譯者註：本書作者著此書時，約在一九四九年，那時全世界人口約二十五億。）可能沒一個行業有這麼多的業餘從業人員，會在從學會說話開始直到死了閉上嘴巴的這段期間，以無比興致來從事這個副業。就金錢而論，這事也不太花錢，它比吃喝更容易、普遍。它也不像人類其他娛樂，進行它時可以不分室內、室外，不分季節，除了口舌外，什麼設備工具都不需要。只要二、三人聚在一起，就可以開批評會了。

雖然批評不花錢，但就其來日所需償付的心靈代價而言，這卻是非常昂貴的消遣。消息的來源指出（凱西常如此稱呼他自己的超視能力），以其從長期而有利的觀點來看因果關係，那些在此方向上明顯犯錯的人，常會被給予尖銳而明白的警告。下面是成百上千個類似案例中的一個顯例：

「我們發現這魂體被激怒時，會傾向於對別人作出嚴厲的批評。他應該緩和下來，因為**人怎樣說別人，通常也將會變成他自己的狀況，不論其形態如何。**」

你怎樣論斷人，必也怎樣被論斷

這是個心靈之因造成實質處境之果的明白說明，這也驀然使人憶起基督教《聖經》的隱秘宣示，耶穌說：

「我又告訴你們，凡人所說的閒話，當審判的日子，必要句句供出來，因為要憑你的話，定你為義，也要憑你的話，定你有罪。」（《新約．馬太福音》第十二章三十六、三十七節）

把這裡所提的審判日看作是業報償付的時日，似是合乎邏輯的，耶穌又說：

「**入口的不能汙穢人，出口的乃能汙穢人**。」（《新約．馬太福音》第十五章十一節）

還有，

「你們不要論斷人，免得你們被人論斷，因為你們怎樣論斷人，也必怎樣被論斷。」（《新約．馬太福音》第七章一、二節）

這些語錄，根據我們已見的業報結果，顯得強而有力、嚴格精確，且明智合理，這些都是不容我們誤解、輕忽的。

動機與目的是關鍵

我們必須注意到，在這些及許多其他案例中，**動機與目的是驅使業報產生作用的力量**。那青年中尉所受到的懲罰，並不是文學評論這行業本身降罰那青年中尉，而是他過去曾持有的那種心態，以及由於對其事業之不智使用，致使他人產生很多自我懷疑。類似的處境，在那嘲笑基督教的羅馬士兵案例（第五章）上可以看到。他之所會產生業障，並非因未善盡羅馬衛士的職責，而是因對那些在他權力範圍下無助無望的人嘲弄所致。**重要的不是字義，而是精神；不是形式，而是實質；不是作為，而是動機**。

濫用權威的業報

在論及特性那章中，我們已看到權威傾向，如何在過去世因居於支配、管轄別人的經歷中而產生。領導力是一項令人讚美的特質，但它常常會變質成專橫，在人類的歷史中，因大權高位而導致傲慢殘暴與肆無忌憚地追求自我滿足者，是屢見不鮮的。在凱西的檔案中，有好幾位濫用權威，而導致業障惡報的例子。

有一案例是一位在塞倫審判巫術時代，深具權威的紳士，他要爲被疑爲女巫的受迫害者負起很大的責任。這個自以爲義，一心一意要清除妖術蔓延以保障公眾道德，護衛基督教信仰的清教徒，卻在這種處境下，爲其職務以外的個人欲望謀私，他利用那些被繫牢獄的人來滿足自己的性慾。

檔案顯示此一清教徒惡棍，現今是個十一歲的男孩，他的母親因被丈夫遺棄而處於窘困的環境中，而他則患有很嚴重的癲癇。在作他的報告時，他的左半邊身軀已癱瘓，且無法言語。他無法自己穿脫衣物，或照顧自己。他的脊椎彎了，在一次接連幾天的發作後，他每隔二、三十分鐘就會痙攣一次，他甚至連頭都沒法撐起，或獨自坐起來。

依照凱西的報告，**癲癇常是性過度的業報結果**。然而，權威的濫用是本案狀況的重要因素之一。他母親窮困又低賤的社會地位，看來正是他前生的相反處境。他濫用職權以縱其性慾，所以才會導致有癲癇的業報。（作者註：癲癇在業障上亦可溯及濫用心靈力量。在性放縱與濫用心靈力量下，業障原理到底如何運作，並不很明白。或許，適當安排苦難受報的關鍵，就存在於人體的神秘結構中，這很難了解，除非我們能弄懂印度心理學中所說的七輪（Seven Chakras or Wheels）。報告叫七輪爲七個生命力中心（Life Centers），並賦予其重要意義。它們似是肉身與靈魂的接觸點，且具能量漩渦。）（譯者註：這七輪或七中心，實際上就是今天醫學上所說的腺體：松果體、腦下垂體、甲狀腺、胸腺、腎上腺、性腺等六個，還有一個腺體被凱西稱為Lyden，是現代醫學尚未發現的腺體。這些腺體除了醫學上已被發現的功能外，實際上它們還與人的精神、心靈現象、疾病及業障運作大有關聯，尤其是位於性器官上方的Lyden腺。以上係譯者參閱其他有關凱西書籍而得之資料。）

下面的個案是在羅馬基督徒受迫害時期，濫用權威的另一例子。魯莫士（Romus）是當時的一個戰士，他的階級高到能讓他居於有利地位，以賺取超過他作爲羅馬戰士薪水的金錢。報告並未說明這種方法是敲詐、勒索、或收取保護費之類。但是某些此類不擇手段的行爲，使他在物質方面獲得豐盛的收穫，卻在精神方面受到折損。因此，報告說：「土星（Saturn）的影響力進來了。」

最後這點尤其值得注意，因爲它指出人的靈魂會開始受到糾正是始於行星之間靠近到土星的某個範圍內——顯然是個限定範圍的煉獄之類。這也指出凱西對轉生與占星術之間的相互關係的說法，他在用占星這詞時極度謹慎，且一再堅信我們對行星影響力的了解仍然非常有限。

魯莫士今生的狀況受到相當的限制。成年後，他的一生一直爲貧窮、剝奪、無家可歸與飢餓所苦。他是個裁縫師，一直沒法賺到足夠的錢養活太太和五個孩子。他靠著美國親戚的慷慨濟助，才能勉強維持在倫敦貧民窟中危難不安的生活。

再次的，**權威在哪裡被濫用，就要在哪裡被糾正**。他在過去剝奪別人、使人飽嘗貧乏，今生，這情況就完全在他身上重演。

另外一個值得一提的個案，是法國大革命時一位中產階級的女子，她喚醒、激起同胞反抗貴族。她為了眞誠的理想、崇高的目的而獻身，因此在精神上獲致了不起的成就。但是當局勢扭轉，大革命成功後，她就身處於有權勢的高位上，並變成了專橫而濫用權威的人，其惡劣程度一如那些被她推翻的人一樣。因此，報告說：「該魂體在這一生，都必須接受別人的命令，並學習服從。」

在今生中，這女人發現自己總處於困難的狀況中。在作她的報告時，她四十歲，已做了十年的寡婦，還有個小女兒。她一直努力奮鬥，克服逆境，以維持自己及孩子的生活。她曾一度在政府機關工作，但在那段時期裡，她的狀況並不穩定，而她的寂寞以及沒有娛樂的機會，帶給她一種絕望的挫折感。她那有如坐監的困境，不是出於偶然，而是她在往世濫用權威，將限制強加於人的翻版。表面上，她是殘酷經濟制度下，或命運不公支使下的犧牲者，但在業障實況的約制下，她僅是自己的犧牲者。

★性格就是命運

對分析他人遭到的困難，或從結果倒推其可能的肇因，諸如此類的案例，都可提供重要的可能原因。二千年前希臘的伊斯奇勒斯（Aeschylus，西元前五二五～四五六，希臘詩人和悲劇作家）說：「**性格就是命運。**」他把一個命題公式化，如把它倒過來也是正確的。從前述案例看來，**今天的命運實是反映出了昨天的性格**。

一個重要的問題出來了——靈魂轉生的研究者必然會想到：如果貧窮與卑賤是對某些濫用權威的人必須的教育性業力果報，那麼，又何必去努力改進社會呢？拿那個裁縫師來說，如他在一個較佳的經濟制度社會下受到妥善的照顧，則其業障待償的意圖豈不是受阻了？

此一問題將在後面另作充分的討論，但目前應強調的是：接受靈魂轉生理論，並不就是說要對人類的社會採取自由放任的態度。需要學習貧困功課的魂體，自會選擇適當的時代與地點，而出生於不公平、不正義且允許貧窮存在的環境中。同時，**那些不肯積極努力來改善別人命運的人，則犯了懈怠之罪；而那些存心剝削別人的人，就犯了剝削罪。若對同胞犯了這二種罪，將來總有一天會受到懲罰**。

對暴君、惡霸或那些欺詐同胞的人，靈魂轉生理論不會提供避難所。**靈魂轉生的教導主要是針對心靈的**，因爲**它所關切的是個體靈魂，以及靈魂如何達致完美的法則與條件**。但是，擴而言之，它也是社會的，因爲愛是其終極目的，同時又是**規範個體靈魂進化所需之業報法則的唯一方法**。

從靈魂轉生的觀點來看，**宇宙的法則必永遠不容人之私意的安排**。**報償原理就像水，總會找到自己的水平面**。不管時代的社會結構如何，對那些既已選擇了此時此地的社會來作爲他們生存環境的人而言，我們敢確定地說，在此環境結構內，必存有能糾正我們內在心魂缺失的適當方法、工具。

第十二章 精神失常的起因

佛洛伊德（Sigmund Freud，西元一八五六～一九三九，奧地利精神病學家、心理學家、精神分析學派的創始人）的名字和潛意識心（Unconscious Mind）這名詞在今天廣爲人知。然而，很多人都不知道，佛洛伊德會發現潛意識心是由於他對催眠所作的調查結果。因爲被催眠的人，能憶起在意識狀態下已完全遺忘了的兒童時期的事情，於是佛洛伊德不得不假設一個潛意識，並解釋說它就是那些被遺忘之事的保存所。後來佛洛伊德放棄催眠來作爲臨床技術，因爲在很多案例中，它的效果並不能令人滿意，他開始著手發展以其他方法來探索潛意識的深度。但是，催眠確應被視爲心理分析之母。

在靈魂轉生心理學的領域裡，催眠可以扮演相似的角色。凱西的超視能力顯示到：或許可以讓被催眠的人，追溯其個人的往世歷史。而比這更重要的是，一個人似有可能用催眠或某些類似的方法如理智幻想法，去重現他的往世。催眠中的時光倒回試驗（Age-Regression Experiments）證實，在心靈的某層次中，存有自出生以來，每件發生過的事情的詳盡記憶。譬如，讓一個被催眠的人回到他十歲時，並寫出自己的名字，他就會寫得像十歲時的字跡；倒回到六歲時，就會寫出像六歲時那樣生疏、潦草不齊的字跡；而倒回到三歲時，則只能以筆畫些線條。這些時光倒流的試驗通常在大學課堂上都有在進行，對相關科系的學生而言並不陌生。

較不出名的是法國科學家戴羅契斯（**De Rochas**）的作品。他在十九世紀後半時聲稱，藉由同樣的時光倒流法，就能喚起往世生活經歷的記憶。他的書《相繼的人生》（***Les Vies Successives***）在科學上迄未獲得承認，但將來有一天或許會被稱許為靈魂轉生心理學領域的一位拓荒者。更近的則有賓州（**Pennsylvania**，美國東部一州）夏倫（**Sharon**）的馬丁（**A. R. Martin**）也作了類似的研究，並出版了一本出色的書叫《靈魂轉生種種之研究》（***Researches In Reincarnation And Beyond***）。以這種方式回溯的往世記憶，似與生命機能的本意矛盾，不然我們大家就應該會自動自發地回憶起我們的過去。為了科學的興趣而作此種努力，是有趣且富有價值的，它們不久或能為靈魂轉生的眞相提供最後的試驗證明。

凱西催眠超視所詳察的精神失常案例，頗有助於闡釋記憶和潛意識的本質，且證實潛意識比今日心理分析學家所想的還要深邃得多。這些案例並非都可提供證據，換言之，它們對凱西所說的過去事是否眞實，並不都能提供直接或間接的證明。但是某些案例則的確可以證實某些事。那些無法被證實的，唯有視之為整個錯綜複雜鑲嵌圖案中的零星片塊，但只要可看出其整體的圖案是合理的，則對其個別零星的細節自然也能信任之。

種種害怕

精神失常中最奇怪的一種就是恐懼症。恐懼症通常被分析家認爲是誇大的害怕，起因於串連而複雜的情景，或對抗、壓抑的敵意關係，或強烈的罪惡感。這些潛隱的情緒，以後會顯現在強烈且看來不合理的害怕中，例如害怕密閉的場所、高處、貓、打雷，或其他各類事物。這些害怕總與過去什麼經歷有直接或間接的關聯。凱西檔案顯示出，至少在某些案例裡，這些看來不合理的害怕，可能可以在過去世的經歷中找到合理的起因。

一個有趣的範例是，一個女子在小時即怕密閉的場所。在戲院中，她總堅持坐在靠近出口的地方。如果她坐的公共汽車太擁擠，她會下車去等另一部。到郊外去玩時，她怕進入洞穴，或任何小而封閉的地方。她與家人都不能了解自己這種奇怪的態度，沒人記得她曾有過任何不尋常的經歷，致使她產生此種恐懼。依照凱西的報告，其解釋是，在其往世，她曾被埋在崩塌的洞穴中窒息身亡。而這一可怕的死亡記憶至今仍存在她的潛意識中。

另一案例也是個女子，她有二種恐懼，害怕切割用的工具及怕所有有毛的動物，特別是家禽家畜。每當她看到切割工具在她旁邊，或看到有人在使用它，她就會非常緊張害怕。她的靈命報告解釋，她這種恐懼是因爲在波斯那一世，她是被劍刺中而死的。

她對動物的嫌惡，在此生就令人難以了解了。因爲她來自一個大家庭，每個人都有寵物，她的兄弟還特別喜歡動物。然而，她看到貓或狗時所露出的排斥與厭惡，一如別人看到蛇一樣。更有甚者，她從來不穿毛皮的外套，甚至鑲有毛領的外套也不穿。心理治療師可能會從她與其他家人的關係上著手來探討她的恐懼，譬如說，她可能嫉妒特別喜歡動物的手足，因而將這分懼怕解說爲敵意的轉移。但報告卻將之歸溯於她在亞特蘭提斯那一世，因有過某種經歷才會對動物產生排拒。

報告以過去世經驗解說了很多其他的恐懼。有一個人恐懼黑暗，那是因他在法國路易十六時，是個被關在地牢的政治犯。另一人怕鋒利的刀，那是因爲在法國那一世，他被關在酷刑室中，且曾受到拉肢刑架（rack，拉其四肢，使關節脫離的刑具）及其他刑具殘害的經驗。某人怕世界會出現大規模的毀滅，那是因爲在亞特蘭提斯陸沉時，他退休獨居在秘魯，並於一個高丘作研究工作，而他曾經歷過被高漲的大水圍困。一個女的對野獸極度害怕，那是因爲在羅馬時代，她的丈夫曾在競技場被迫與野獸死鬥。有二個人極怕水，原來是因爲某人在前生是溺死的，而另一人則是在羅馬帝國擴充時期，於暴風雨中遭到海難。

從通常心理學的觀點來嚴格審查這些案例時，我們會想：是否在今生的經歷中即有足能解釋這恐懼的遭遇？發現某些被壓抑的情緒是可想像的？但即使如此，亦不能排除有前置記憶而成爲恐懼之眞正起因的可能性。譬如說，那害怕密閉場所的女人，她可能在四歲時曾被關在黑暗中，但後來卻忘了此事。使用自由聯想或催眠，就能挖掘出這件事來，心理分析師以此資料爲出發，對造成她神經失常的情緒問題作進一步的了解。

在這些案例中，一個重要的事實常被忽略。雖然我們承認，在情緒範圍內是不能期待如代數式的等值，但是無數的人，也經歷了會使人產生恐懼的類似遭遇，卻不受恐懼之苦。那麼爲什麼這個人卻會？情緒擾亂常被視爲幽閉恐懼症的起因。如果每個有過情緒困擾的人，都會得幽閉恐懼症，那我們的社會患此症的人會多得連電話亭、學生宿舍、單身公寓以及某些俱樂部、夜總會等都需要被撤除，因它們已對公眾身心的健康構成了威脅。

凱西報告對此問題的答案是：一個孩子比另一個更易神經敏感而受影響，可能是由於過去世經驗的關係。**今生的情境可能喚起其隱埋的過去世印象**。

★★潛意識的記憶

按照靈魂轉生的觀點，潛意識像個有虛掩底部（false bottom，箱盒、抽屜等秘密藏物用的夾層假底）的盒子，它遠比我們平常所知道的更深。某些分析家，特別是容格，感到有必要有一個更深的層次，才能解釋無法解釋的心靈事實。他並且談到，假設存有一個所有個人均可連接取用的種族經驗記憶庫，而其下有著「集體潛意識」（collective unconscious）、「種族潛意識」（race unconscious），或「種族記憶」（race memory）等該有多好。雖然無法肯定地說沒有這樣一個大記憶庫，但是比說記憶是個別的、且藉由前生而延伸及於潛意識這一理論說法，更難令人接受。記憶之儲存像穀倉之玉米，可由社區居民逐次挪用的說法，不比個別記憶理論說法合理可信。如果此種集體經驗現象確實有的話，就其嚴格字義而言，它已不再是「記憶」了，而該說是一種知識，和知曉的過程。

依照凱西報告的觀點，個人確有從遙遠的過去湧出的潛意識記憶，但它們的起源非來自於某些種族的集合記憶，亦非源自於某些久遠的祖先，而是源自個人的前世經驗。所有這些潛意識的害怕、恨、愛和衝動都是他自己的遺傳，是自己遺留給自己的。如果他曾有很多世是野蠻人，他自然就有某些屬於野蠻人的衝動。如他曾被叢林的恐怖與殘酷所威脅，他自然容易會莫名的感到害怕和憂慮。如果過去，他曾恨過或愛過與他現在有關聯的人，則他自然就會對現在這些人有著沒來理由的恨或愛。

隱藏的因素，顯然也能以恐懼以外的方式作變態的出現。在好幾個一再重複出現的夢的案例裡，凱西以過去世經驗來解說。有一個女人問：「爲什麼在我兒童早期，我會多次夢到世界正被毀滅，並總看到一片黑色的毀滅雲？」答案指出這夢起於她在亞特蘭提斯的經驗，當時她是個女教士兼醫生。她經歷了亞特蘭提斯恐怖的毀滅劇變，這印象深深刻印在她的靈魂記憶裡，以致在現世的睡眠中一再地浮現。

另一個例子是個四歲的女孩，她幾乎每天睡醒時，都會眼眶含淚，臉帶痛苦，但她的健康狀況良好，她的母親因此甚爲不安，乃寫信給凱西求助。依照報告，這孩子的前生在二次世界大戰時於法國橫死。她急切地想再轉生，於是她在九個月後就生於美國父母之家。因爲二世之間如此短暫，故而戰場上砲轟火光的恐怖記憶迄未消去，而於其孩童睡眠時之意識中浮現出來。

★為什麼會記不得往世？

像這種案例將使人無可避免地，要對「記憶」這整個問題好好作番檢查。反對靈魂重生的人最先駁斥的理由總是，爲什麼我們不記得我們的過去世呢？這眞是件奇怪的事，我們何不想想，我們對嬰兒期時的自己，什麼也不記得，對兒童期的自己也記得甚少。意識的記憶是極其纖細瑣碎的，事情會在不知不覺間溜過我們而去，一如溪水流逝。說「我不記得」並無法證明事情沒發生過。如問我們的任一朋友：「在一九三九年四月五日的早上十點二十六分時，你到底正在做什麼？」我們敢以銀行存款打賭，他必無法誠實而準確地回答此一問題。對人生中那一固定時刻沒有記憶，並不能證明他沒有活過那一刻。

這種對靈魂重生的排拒是很容易解釋的，首要的理由是，記憶的遺忘和壓抑是很自然而普遍的現象。其次的理由，**記憶的特性是忘記細節，保留原理**。譬如說，任何受過教育的成人都能告訴你七乘七等於四十九，十二乘十二等於一四四。他記不得在小學二、三年級時學這些算術時的不愉快時光，但他的運算能力，卻在經過許多次重覆的努力後保留了下來。

同樣的，人對火燭的謹愼，對狗的警戒，跳舞的能力，或做任何事的技巧，都是如此。行走的能力，需要相當長的一段時間來學習，然而十萬個人中恐怕還沒有一個人能實際記得他小時候是如何費心、努力地學會走路的技巧。

細節之易忘，並不因此使原理難以記憶。對那些提出無此記憶而據以反對的人，相信靈魂轉生的人的答覆是：人現今的良心以及他的智慧與能力，就是代表他往世經歷累積的總和而遺留至今者，但其中的一切細節則被遺忘而不復記憶。

靈魂記憶庫

反對靈魂轉生者所提出的第二個較爲尖銳的理由是：要一個人格爲另一人格所作的行爲負責，是不合倫理道德的。他們說，如果要犯過者的懲罰有任何實質意義的話，就必須應有對過錯的意識、覺知。對此一反對理由，相信靈魂轉生者的答案是築基於他們所相信的、存於該人格與其永恆魂體之間的關係。

永恆魂體（The Eternal Identity，或稱永生本體）像一個不在舞台上的演員，能記得他所有的過去，但是，當他像個演員在飾演一個角色，也承當了某一個人格時，大自然就會給他一種保護層，使他除了所學得的所有原理外，對過去什麼也不記得。這可比之爲，一個莎士比亞劇的演員，他能一一記得他所表演的所有戲劇中的場景；然而，當他在扮演哈姆雷特

（Hamlet，莎士比亞四大悲劇之一中的主角）時，他就會將夏洛克（Shylock，莎士比亞戲劇《威尼斯商人》中之商人）的角色完全排除於心神之外。

同樣的，永恆魂體的靈魂中，藏有所有其人格角色扮演中所發生的一切事情的記憶，但通常，短暫的人格是無法利用這些記憶的，除非用特別的方法，從魂體的記憶之流中來發掘。這方法不論是透過潛意識抑或超意識（Superconscious）都不是最重要的。將來的研究調查，應能就此二詞所代表的領域作更清楚的界定。關鍵是，這樣一個記憶的儲藏庫確實存在——不管它被稱作什麼，或在哪裡——而且可以用各種各樣精心想出或意外發生的方法予以發掘。至少，這是相信靈魂轉生者的觀點。

★★意識的記憶如巴拿馬運河水閘

以個人爲其過去所做卻不記得的事而受苦是不合乎道德的，因此，追根究底而言，反對靈魂轉生法則這件事，不會比一個成人抱怨其在嬰兒期因別人無心造成的衝突而受苦更不合道理。動態的過程會遵從它自己的法則。我們必須學會使我們的道德觀念順從大自然的要求（大自然的道德是至高無上的），而不是硬生生地強求大自然與我們預想的觀念一致。

健忘如遮眼布，把過去遮住，只讓我們看見構成現世的那一小部分。遮眼布是一種保護，是必需的。乍看之下，這可能是怪異而不恰當的措施，但是，這可比作讓船從大西洋航經巴拿馬運河到太平洋的水閘系統。對門外漢而言，這水閘看來笨拙、麻煩且是完全不自然的裝置。然而，設計這方法的工程師，確有一困難的工程問題須解決，即讓船從一個水平面，經過不同高度而廣泛之地形區，到達另一水平面。他們所用的方法，完全能巧妙地達到這一目的。

同樣的，在意識的領域中也是這樣。意識，像巴拿馬運河的水，流於持續的水流中，但爲了讓船隻能順利通過，就須把水閘放下，改變水位，以便將通道一個個隔離。這就是相信靈魂轉生者對於記憶一事，給予不相信靈魂轉生者的答案。

除了恐懼和一再重現的夢境案例外，凱西檔案也有一些精神錯亂的範例。譬如說，在好幾個案例中，幻覺均被歸因於過去轉生的反常回憶。在某一個案中，報告說，身體內部的中心或七輪之一因不小心被開啓，致使神祕生命能（Kundalini Force）流出而引起幻覺印象。（作者註：凱西在此用印度心理學的名詞——Chakras，即七輪或能量漩渦，透過它，人的非肉體部分，可藉由肉體表達出來；Kundalini涉及一種力量，它源於脊骨的底部，與性能力和一般的創造力有密切的關聯。）

報告把很多嚴重的精神病症歸因於純粹的生理起因，因此純用生理方法即可達成顯著的治療。此種狀況的案例之一在第二章中已有提到：拔除一顆撞擊到神經的牙齒後，那女孩的神智即恢復正常。另一例是個對周遭不滿、脾氣不好且日益暴橫的郵政職員。他的家人勸他到醫院作一次檢查。結果醫院宣稱他得了躁狂壓抑型的精神錯亂（Manic-depressive Psychosis），他因而被送進精神病院。於是他的妻子替他申請了凱西的報告。報告指出，幾年前他在冰上摔了一跤，導致他尾骨部位的椎骨錯位，並反應於整個神經系統上，報告建議讓這位郵政職員作特殊的骨療調整，配以電療。家人讓他接受這些治療後，在六週內，他就回復正常並出院。報告並未指出這其中有任何的業障因素，只需使用純生理的治療就能使其痊癒。

★★邪靈憑依

有好幾個案例，報告都把精神疾病歸因於病人被其他魂靈所憑依。自古以來，某些精神異常者即被認爲是因爲受到邪靈（Evil Spirits）的憑依所致。讀過基督教《聖經》的人應記得，基督曾叫邪靈從一個發狂的人身上離開；而天主教中則有驅魔的儀式。

當然，這想法對現代的心理治療師而言是難以接受的，他們認爲這想法是陳腐的迷信。一旦承認魂體在死後仍然存在，就沒有合邏輯的理由去解釋爲何此等邪惡的魂體不會惡意地憑依上或影響一個活著的人格或肉體。（譯註一）

出現於凱西檔案中少數幾個著魔的案例裡，其所建議的療法通常包括某種電療（外來影響的力量無法忍受高速震盪）以及禱告與靜坐。有個案例的當事人，小心遵照著所建議的方式去做，因而得以從被耳語騷擾了幾個月之久的狀況中解脫出來。在另一案例中，當事人除了飲食外，並未遵從報告的建議，結果狀況就沒有改進。至少在第一個案例中，顯然是有業障的因素在運作，該魂體在往世中也曾以玄秘的力量去控制別人。

所有這些案例，對不幸的精神失常者，或能指出一個新的境界。凱西的資料，對心理分析與心理治療的最大意義，就在於擴展潛意識的領域。這裡所引述的精神失常案例，顯然只有負面的。我們必須記住，潛意識絕不僅是儲藏害怕和恐怖的黑暗地窖。它是個記憶庫，藏有好的，也藏有壞的。實際上，凱西稱它做「靈心的記憶體」（Memory Of The Soul Mind）以有別於「身心的記憶體」（Memory Of The Bodymind）。（譯者註：居於世間現象界的人，係由身、心、靈三者所構成的，但永恆魂體（或可稱真我），則沒有所謂的身，故凱西與作者又稱該記憶庫為靈心的記憶體。而有肉身的人，常會忘記或忽略其靈的那部分，或說忘記、忽略真我，其記憶庫乃又稱身心記憶體。）雖然在這記憶體內，無疑有嚇阻的因素（就是前面所說的保護層），但是也有好處。譬如說，藉由潛意識，人可與其他潛意識溝通，因此而獲得無法藉感官而得知的知識。

如果靈魂轉生原理能夠得到科學的接納，想必心理學家的主要關切點之一應是：擴展與澄清潛意識的概念，以及發展出適當的技術，以使潛意識不但能消解其負面的特性，也能有助於其正面的特性。

* * *

譯註一：

人被其他魂體或邪靈憑依這件事，在很多經典中均有論及。基督教對此的說法是：人被鬼附身，所以有趕鬼之事；天主教說是人被魔憑依，所以有驅魔；中國民間信仰也有中邪、趕鬼、驅魔等，眾說紛紜，但這到底是怎麼一回事呢？

先來看看什麼叫做邪靈、鬼、魔。人的永恆體——靈魂，從高次元的天家下來後，藉著預先約好之父母的血緣得到物質的肉身。寄居三次元肉身上的靈魂，我們可以叫它做光子體，因為它是比三次元原子小且精緻得多的光子所組成（西洋心靈學多叫它做Astral Body）的，是四次元的東西。它雖附著於我們肉體並主宰肉體，人卻沒法以三次元的肉體五官來感知它，唯有開悟了或心眼已開的人才能看見。如在耶穌畫像頭部後那一大圈的光芒，就是其光子體特別凸顯的部分。當人死亡時，會丟下借用了一世的肉體，而其光子體靈魂不是回天家，就是在地獄界為鬼魂。在地獄界為鬼者，其生活很苦，不安於其苦而逃出鬼界的魂就叫做魔。同屬四次元世界的魔，喜歡找與其靈氣相合的活人的光子體（也是四次元）來憑依以暫解其苦，他會儘量憑依活人並設法操控活人以遂己意。這時，被魔魂憑依的活人，就會受到魔的影響，顯現出不是自己而是魔魂習性的異常言行，這在患有精神病症的人身上尤其顯著。

人死後怎麼會入地獄變鬼？主宰肉體的靈魂是種光子體，是一種能量粒子或生命能粒子所組成的。人的言行思想之根源——想念——其實也是一種能量波動，想念的光明或黑暗面會直接影響這能量波動的波長與頻率。多量的黑暗想念能量之累積，會使這人的生命能貶值，造成此人能量磁場或靈氣的貶值（即佛家所謂的蒙塵，或耶道所謂的罪，或儒家明明德之對象），這不但會使人容易生病，且會使人死後，無法直接回到光明的天家，而在大宇宙物以類聚（或同類相聚，即英文中 Like Attracts Like 之意）的法則下，不得不落到其類同之黑暗的地獄界去，直到消耗殆盡其貶值的生命能，而回復其魂體或光子體原有的光度、磁場或靈氣，才能再回到其光明的天家。如這鬼已變成了魔，為害人間，則其生命能自然會愈加貶值，更加長其待在地獄界的時間，所受到的痛苦自然也就更大。

活人想念能量的波動、振動的波長與頻率，若與某魔之黑暗能量之波長頻率相同，則立即就會吸引該魔前來靠近、憑依該活人，但只要人的想念是光明的，則在異類相斥的作用下，魔自然就沒法憑依、靠近。有些人，長期發露黑暗的想念行為成了習慣，因而容易被魔長期憑依、掌握，以致看不見、難感知而不自知，那麼這人死後入地獄也會被該魔所掌控。若魔生前與人有相當的緣生關係，則他就更容易來憑依該人。

動物也有靈魂，牠死後若落到地獄會變成動物靈，有時也會憑依到活人的光子魂體上去，為害於人。多蛇的地方就多蛇靈；多猿猴、狼的地方就多猿猴靈、狼靈。不管是鬼、魔、還是動物靈，這些一時墮落的魂，都可叫做邪靈。《聖經》裡有說：邪靈也是個靈（魂）。鬼、魔也是個人，不過是個一時墮落的人，他看得見我們，我們看不見他，我們不要故意去惹他，也不需要怕他，因他跟我們一樣是個人。

第十三章　婚姻與女人的命運

人際關係中最親密也最困難的，當屬婚姻。好的婚姻令人感到幸福；不好的婚姻則讓人痛苦難受。**婚姻所給予人的，是各種的福氣和限制，是夾雜在幸福與枷鎖的二極之間。**

★婚姻的定義

從法律的觀點來看，婚姻是個合約，是個來自於民法的制約；從心理治療的觀點來看，它是演出性與情緒衝動戲劇的戲院；教會視之爲神聖的誓約；心理學視之爲行爲與調整的問題；玩世不恭之人則視之爲傻瓜的陷阱。

依照靈魂轉生原理中更廣闊的觀點來看，這些定義的每一點雖都是正確的，卻也都是以偏概全的。心理學家林克（Link）爲婚姻所下的定義爲：「**兩個不完美的個人所採取的步驟，以結合共同的力量，奮鬥以求幸福。**」奮鬥以求幸福，就是奮鬥以求自我完美。沒有自我完美，就沒有眞正的幸福可言。此一定義與古人的智慧相當接近。從此一擴大的觀點來定制婚姻，則**婚姻是提供一種機會，讓兩個不完美的個人，能相扶相助、相輔相成，以解除各自的業障債務，以逐漸鍛鍊出靈魂的新優質，並光大心魂。**

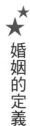

★今世的婚姻是過去關係的續篇

凱西報告常斷言，**所有重要的人際緣生關係都不是偶然造成的**。婚姻更是此一事實之最佳範例。沒有一樁婚姻是從零開始的。它是從久遠前就開始的一連串故事中的一段。報告指出，雙方在過去的許多世中，就有了種種相互的緣生關係。**今世的婚姻關係都是過去的續篇**，報告於此有其特別專注的興趣。

凱西報告視婚姻爲自然的人生狀態：

「是啊，這魂體最好是結婚，這是任何活在地球上的魂體自然的生活狀態。」

「問：現在結婚是否適合？

答：如果你找對人，任何時候都適合——視對方的意向而定。」

★「家」是最偉大的事業

家，被認為是終極調和狀態的反映，我們都朝此方向努力。報告說：

「**確實把家當作你的事業，因為這是任何活於地球上的魂體所能有的最偉大的事業**。有些人能兼得事業與家庭，但是**家庭是所有事業中最偉大的**。那些逃避家的人，可有得受了。因爲這是每一個魂最後希望得到的天家之標記。既然如此，何不使你地上的家成爲天家的影子。」

「把人際緣生關係達致調和的家，是在地上最接近人與造物主之間的關係的典範。因為它能發揮創意，讓家中各人相互協調配合，以達成共同的目標與理想。」

當然這些觀點並無新意。但是，報告的觀點在實際的細節、女人地位及命運上，都是開明而現代化的。

★★男女是平等的

我們可以注意到，在報告中理所當然的認爲女人與男人是平等的，同時也有自決的完全權利。報告中雖沒有任何一處這樣明說，但其含義一直都是不容懷疑的。當涉及婚姻與事業的選擇時，此一隱藏的觀點在報告中就清楚的顯現了出來。認爲女人的命運就是家與孩子，其他什麼也沒有的這種專制觀點，在凱西的超視中，顯然是不被接納的。

在健康報告中，凱西所建議的治療方法，不限於一門一派，同樣，對於婚姻，也沒有普遍適用的行爲準則。背後的心理和心靈原則是一樣的，但一轉化成實際行動，就視個案之各別情形而有所不同。凱西告訴某些女性去結婚，某些去做事業，某些先有事業再結婚；有可二者同時進行，也有只能從二者中選擇其一的。

★★家庭或事業，全視心魂的成長而定

一個十八歲、害羞、膽小、不快樂的年輕女子，在煩惱該如何安排前途。她的靈命報告堅持，她在結婚前，應積極作些幫助兒童的工作。「如這魂體想以婚姻改善自己的處境，她一定會痛苦失望，除非她先對兒童的社會與實質福利作些貢獻。」報告隨後列明一些她可以進行的工作，如作少女活動營等的輔導。

執業的心理學家，從純心理學的觀點來說，會承認這種勸告是很好的。教導比自己年輕、沒經驗的人，並與他們一起工作，是使一個人格外向化的絕佳方法。領導別人會帶來自信。內向的人因極度寂寞，可能會選擇一個不適合的對象，導致婚姻成爲一場災難。即使選擇的對象很適合，但若其中一方未將自己作良好整合以面對婚姻的問題與壓力，則婚姻有可能會失敗。在本案中，婚前受教於社會工作與擁有自己的事業，是堪稱極爲適當的。

在另一個案中，凱西告訴一個有才華的女孩，她可兼有事業與婚姻，但卻也警告她，除非找到完全適合的對象，不然就不要結婚。過去世各種專業化的培養使她多才多藝，她是個很有成就的雕刻家、編織家、陶藝家，也是個有才能的老師、歌手、韻律體操選手。擁有如此多的才能，讓她很適合在此世成爲一個領導者和教師，報告在指出這點後，又繼續說：

「她應該成家並兼顧事業，但全看這魂體選擇什麼樣的丈夫。因爲除非這人能完全與她

調和，且能幫助她，不然，我們可以預見，高度進化的她將會對婚姻、丈夫失望，甚至會留下內心的創傷。」

與此一個案成有趣對照的，則是一個有才華而美麗的女演員。她在愛上一個男人時，想問是否能將婚姻與她的事業做一個結合，但報告卻給了她否定的答案：

「該魂體是有資格在任一事業（不論是婚姻或舞台）上獲致的。但她不可能兩者都成功。她必須自己決定這件事。」

仔細研究這些報告後，可以清楚看出：不同的建議**全視能否領人走向心魂成長而定**。如果一個女人尋求事業是爲了自私的理由，如出名、金錢、衣飾、權勢、地位、自我榮耀等，則消息的來源自能察覺其動機，而導引她走向持家。

這種勸告，不是出於家或女人持家是神聖的情感化或傳統化觀念，而是基於下列觀點：**動機和目的才是判斷行為的準繩，出於自私的行為總是不及無私的行為好。家和婚姻的責任，比某些只求酬勞、自我滿足的事業更有助於忘我無私**。

因此有些女人要以持家與養育孩子爲業——即使她在其它方面很有才華——因爲這樣的訓練，她們才能獲得心魂上的美質，這樣方能抑止意識或潛意識的私心慾望。因爲都是這些私心慾望的作祟，才會使得這些女人去追求事業。另方面，有才華的女人，可能眞心嚮往用她們的才能以服務眾人。對這樣的女人，有家庭、丈夫可能阻礙她充分展現她的才華。因此，她應晚婚，或者——如果在性格上適合的話——她應該要結合家庭與事業二者。**不論是結婚抑或不結婚，其終極的目的都是心魂的發展**。男人與女人都是平等的，都同樣有權利、機會爲其心魂之最佳發展，選擇任何一種狀況。

★★自由意志

凱西視自決的權利，不僅是社會一份子應有的權利，也是宇宙天地一份子應有的權利。照形而上學（Metaphysics，或稱玄學）來說，這叫做意願的自由（Freedom of will）。大家對此的劇烈爭論，已進行了至少有幾百年了。

靈魂重生原理最重要的特色，是它肯定了自由意志。接受業障和轉生的人最常犯的錯誤，是以爲所有的生命都是預先注定的。如此信仰的結果就是心理癱瘓了、精神沮喪了。大部分印度人都已接受了對業障這種宿命的解釋，他們的惰性和消極，就是受此一立場危害的例證。

我們必須了解，每個噴嚏、每次被蚊蟲的叮咬、每頓晚飯，都不是許久前由天地和業障來決定的。我們生活中的大部分細節，完全都是我們自己的想念與意志。事實上，我們生活中的每件事，不論大到婚姻，小到買蘇打冰淇淋，歸根究底，都是自己決定的。現在置於我們身上的限制，是我們在過去中，以自己意志決定後所犯下的錯誤結果。它們看來僅像個外來的作用，因爲我們已忘了我們過去的行爲，因爲我們的視界太小，以致看不見它們與我們目前環境的密切關聯。那麼藉由對靈魂重生原理的充分了解，從以前到現在的一切到底是自由意志、還是宿命論這尷尬的二難就解決了。**人有意志的自由，就如繫了狗繩的狗之自由般，換言之，在牽繫狗繩的範圍內，狗是完全自由的。業決定了每個人牽繩的長度，在那範圍內，他是自由的。**

★★婚姻是在解決彼此的業緣

審視有關婚姻的報告，特別是那些人們詢問應該與誰結婚的報告，自由意志的問題會更引人注目。報告一再指出，**婚姻的關係在本質上是一種業緣**，換言之，**婚姻中的配偶雙方原是老相識，只是一時忘了，而今又再度碰頭以解決彼此相互的業力情緣**。冥冥牽緣，當我們初遇對方感到似曾相識而說：「好像在那裡見過你？」這不僅僅是一幕逢場作戲的老掉牙開場白，卻也很可能是在陳述事實。

然而很明顯的，在婚姻關係中就如在任何事情中一樣，人有意志的自由和選擇的權力。同樣明顯的是，二人雖有業緣且均強力感到相互吸引，結婚卻未必是適合且必需的。下面二個問答的簡例或能說明這點。

「問：我應該嫁給現在追求我的男孩嗎？

答：確有業緣存於這關係中，但是妳最好不要嫁給他。」

「問：與李君結婚將有利於我們雙方嗎？

答：如努力，有可能。但我們發現，跟別人結婚可能更好，特別是在埃及那時代就跟妳有關係的人，然而這要魂體自己來決定。妳與李君確有些業緣要解決，但若是成爲了夫妻則很難解決它。」

婚姻的適宜與否，即使是在有業緣的情況下，也可以舉下列數點來作解說。首先，個人此生可能有其他比婚姻關係更重要的功課要學習。其次，單方或雙方在心魂上尚沒有足夠能力、沒有準備好來應付問題。此外，期待中的婚姻，對懈怠疏忽的人是一種嚴厲的懲罰，或其懲罰並不適於所犯之罪。最後是，要學的心魂功課，獨學比和人一起學要好。

報告並不常詳明每一個案之婚姻，是適合或不適合的正確原因。即使在認爲婚姻是適合的案例中，是否決定要結婚也全看個人。報告，在遵從最佳輔導的慣例下，極少爲求助者作斷然的決定。

這種基本態度可從下例中清楚可見。兩個年輕人詢問他們是否應結婚。報告告訴他們，過去曾有二次在一起的經歷，一次在波斯、一次在埃及。這解釋了他們彼此何以會強烈相互吸引。至於他們這次的婚姻，報告卻並不明朗，它說：「**如二人能協調好理想與目的，則這會成為一次美好的經驗。**」

在問答時，女孩問：「是否還有別人可與我結爲夫婦，並獲致同樣的幸福或更幸福？」

答案是：「哦，我們或可指出二十五個或三十個這樣的名字，如果妳一定要這樣做的話！婚姻是件妳要成就它的事！如果妳要現在做成它，這裡妳就有個經驗要經歷它。既然妳遲早都必須這麼做，不如趁現在就去做吧！」

在某些案例裡，回答卻是直接了當，如：

「問：我與現在訂婚的人結婚是否適宜？

答：不適合！」

★★選擇的權利與責任

在大部分的案例中，強調的仍是個人有選擇的權利與責任，但在同時，它也常陳明作選擇應依據的準則。有一個男的問：「小娟是適合我的對象嗎？」回答是：「你必須自己作選擇，我們不替你作選擇。你們之間，除了身與心外，是否也有來自靈魂的相互吸引？彼此的靈是否相應？彼此的目的是否相似？你們有沒有共同的理想？如果沒有，你們就要小心！」

下面的個案，是位女性問在四個男人中她應與誰結婚，報告的答案對此點說得甚是清楚。報告回答說：

「這要看妳如何設定妳的理想、目標。這四個人，在過去世中均曾與妳有過關係。某些是有助於妳的，某些是妨害於妳的。告訴妳說應遠離某人，或應與某人在一起會誤導妳，也會誤導別人，這選擇是妳自己該作的。要以服務的人生爲目標，當知，人皆有自主的意志。」

從諸如此類的報告文摘中，我們可推論出婚姻伴侶的選擇原理（Principle of Choice）。我們敢說，大部分的婚姻都是因難以抗拒肉體的吸引而結成的。（譯者註：作者此話，非凱西語，這是有問題的。幾十年前，大部分東方人的婚姻多憑父母之命、媒妁之言。今日固然自由戀愛風氣已開，但說靠肉體吸引就能造就婚姻，恐怕不見得如此。至少，這對較保守的東方人來說還遠不及開放而較衝動的西方人那麼明顯。也許，婚姻的最大奧秘恐怕還是在我們中國人所說的緣（Divine Bond）上。但到底什麼是「緣」？照作者所呈現的凱西報告，似乎也沒有指明。）照凱西報告的觀點，**夫婦的結合，應基於身、心、靈三方面**。成功的婚姻如等長的三腳鼎，如有任何一者被忽略，婚姻就會像個跛子。每個人在這三方面的理想、目標，至少與其配偶的不能相差太遠，不然，在不遠處等著的，就會是危險與災難。輕率地進入婚姻，忽略了選擇的重要因素，這無異於引狼入室。

當一個人對異性開始著迷時，他就要小心了。倘若他能深思熟慮，就能把異性吸引力發展爲成功的婚姻；倘若他無意引燃爆發性的業障狀況，他就必須要小心戒愼。

第十四章　寂寞的人

以靈魂轉生的長期觀點來看婚姻，一個無可避免的老問題就出來了：某些人在某些世的轉生中，爲何沒有步入婚姻？他們看來也還頗有吸引力，人格性情也很正常，但卻沒有結婚的機會。我們疑惑，在凱西的報告中，此是否有業障的原因？

對已婚與未婚的狀態，法國人有個佳妙的諷刺說法：「婚姻像個被圍攻的城堡；在外面的人想要進去，在裡面的人想要出來。」雖是諷刺，卻也有些道理。婚姻雖帶給許多人如此多的苦惱，但令人驚訝的是，人們仍認爲婚姻是必要的，人們仍不顧它會帶來心神不寧的威脅，而一意指望它的幸福。然而，婚姻確有它的眞實困難性——挫折與失敗感。

在這種狀況下，性慾當然是個重要的因素，至少在文明的國家，不婚的挫折就如同對異性的性飢渴。在原始社會，就不至於如此了。但是在現在的西方社會，單身代表一種挫折，甚至還帶有一點輕視的意味。（譯者註：請注意作者寫此話的背景是西元一九四〇年代的美國。）對未婚的女子特別如此。下面幾個凱西檔案的例子都是女人的，因爲對這種事，女人比男人更關切，她們的案情也更明顯。

★★失去所要，才會珍惜其所有

孤單，這詞有些淒涼，有些難以言喻的悲哀。就如「最後一次」或許是情人語言中最悲傷的詞，「我很孤單」或許是人對自己所說的話語中最哀傷的。失戀後的孤單，或從不知愛的孤單，如不賦予心靈上的意義，則是人類所有狀況中，最令人枯燥乏味與沮喪的。

下面所描述的案例，就是一個女人人生中最大的問題——孤單感。她是紐約市的一個社交女秘書，一個挪威裔、風姿綽約、外形吸引人的女人。在她作第一次凱西報告時，她四十七歲，曾結過二次婚。第一任丈夫在婚後不久就死了。她再婚的男人比她大很多歲，但因婚姻很不愉快，所以很快就離婚。她沒有孩子，家人都去世了，沒有任何親人。她作社交秘書雖給她很多機會接觸到外人，但都是些表面上的接觸。她希望再婚，卻始終沒有機會，因而感到很孤單。

在報告的申請書上，她的問題顯露了她的孤獨與困惑：「爲什麼我總是如此孤單？是否有什麼特殊原因使我無法得到伴侶？爲何我無法與人匹配？」報告透露出了她寂寞的原因。二世以前，她在挪威有一次悲慘的失足之恨：自殺，因而種下了今日心理狀況的原因。

那時她是二個小孩的母親，她丈夫因某些原因而遭到鄰里的羞辱。在生了第二個孩子後，她變得沮喪消沈，終在鄰近的峽灣投水自殺。「因此，我們發現這種影響力便顯現在此生的憂鬱症，以及時常無法忍受的孤寂上。」

此一個案中的業報模式相當清楚。在受到了玷辱時，她傷害了自己的生命，因此剝奪了她的丈夫與孩子們所需要的愛，她對家庭的可貴緣生不知感謝，她對家人不負責任，終於為她今生帶來困住自己的境遇。**讓人失其所要的，人才會珍惜其所有的**。

這是個發人深思的情境。它不僅說明了天主教會以自殺為重罪，並嚴予禁止外，也陳述了一個合於眞理的事實：**面對上天所賦予我們的生命，不論是每一行為、每一漠視、每一忽略、每一輕蔑或濫用，最後我們都要對之負責**。

下面一個孤寂的案例，雖是同一基本模式，但內容卻大不相同。這是一位英裔的女人，她在幼稚園作老師，並且一直渴望結婚。她是家中唯一的孩子，在她很小時，雙親即去世。她是由二位年長的阿姨，以嚴肅而保守的方式養育長大的。結果，這使得她與年齡相仿的人在相處上一直有困難。她一生都感到寂寞，與他人疏離，因而成了顯著的內向人。

★★自殺絕不是出路

她有過一次的戀愛，但純屬外在的吸引，當心理的不契合愈來愈明顯時，這段感情就結束了。從那以後，她的生活似乎總是失意而空虛。她喜歡她的工作，在事業上也很成功。她很有效率、能幹、聰明。然而，每隔一段時期，她就會陷入長達數週的情緒低潮，然後逐漸回復正常。在情緒發作時，她常會想到自殺。她是如此積極而吸引人的女人，別人眞是很難想像她會有如此深沉的沮喪。

依照她的報告，她在四世前的波斯時期曾經自殺過，當時正是貝都因（Bedouin）遊牧部落入侵她的國家的時候。那時她是統治者的女兒，貝都因部落侵入時其酋長把她擄爲人質。之後她又被轉給酋長的副手，並與他有了一個孩子。在她生下女兒後，她自殺了。這女兒在這些好戰之徒中，吃足了苦頭，形銷骨立，憔悴不堪，直到被一個巡遊的宗教師領養，才恢復了健康。

報告指出，這母親的自殺，純粹因爲強烈怨恨自己受制於人，以及純爲滿足自己——不是爲了自我防衛，或爲護衛原則，或爲護衛國家。報告並未告知更進一步的細節，但從字裡行間中可以感覺、判斷出，她是個傲慢、蠻橫、有著強烈自我意志的人，她寧可毀滅自己，也不願自我受到屈辱。

她今世所顯現的獨立、自主、自足的性格相當明顯。她在波斯那世所犯下的罪條，很可能正是今世造成她與男人間相處有障礙的關鍵。她缺少了些柔軟，無法消除那些過強的自我，或許就是這樣才把男人給嚇跑了。

另外很奇怪的是，今生她一直渴望要個孩子。如不是因爲年老的阿姨有些難處，不然她早就領養了一個女嬰。還有一件奇怪的後遺症是，她常想到自殺。自從她得到報告，知道造成她這樣處境的原因後，她不再視自殺爲出路，而是知道，**如果現在不去面對這些事，將來總還是要面對的**。她的另一個報告告訴她，在今生，她仍然可以期望結婚，只是時間上較晚就是了。在此期間，她應儘可能幫助周遭的人。當她問到還有多久才可盼到這快樂的結局時，報告說：「當妳證明了妳自己時，它就會來了。」在好幾處地方，報告都清楚指出，這對她是個試煉。在她問及：「爲何過去五年中我完全沒接觸過男人？」報告答：「這是一個試煉期，正是妳此生的基本目標。」

以上二例均係棄絕孩子而自殺，終導致孤寂與沒有丈夫的業報。在檔案中還有個德克薩斯（Texas）州的音樂教師的例子，她也處於相同的境遇中，而她的原因也是因爲在法國宮廷時代時，她曾自殺。

★自我毀滅必遭報應

僅僅依據上述三個案例，當然無法就此歸納自我毀滅的一般業報後果。曼利．霍爾（Manly Hall）著有《靈魂轉生：必要的輪迴》一書，依他的意見，通常自我毀滅的業報是：將來有個人，在求生欲望最強烈的狀況下卻會棄世。在凱西檔案中卻無案例可以證實此一觀點，但這卻是個合理的推論。在凱西檔案中有好幾個其他案例，都是在過去世自殺，但在今生並未顯其業報。這些案例的業報後果，可能在來生才會顯出。

今生的孤寂與無法結婚，可能起因於許多其他的原因。下面的案例就說明了一個完全不同業緣的起因。

在研讀下面個案時，讓人不禁想起王爾德（Oscar Wilde，西元一八五四～一九○○年，愛爾蘭詩人、戲劇作家）的雋語：「生命中只有兩種悲劇：一種是得不到你所要的，另一種是得到你所要的。」這種奇怪而矛盾的基本理由就在於人拙劣的判斷力——印度人稱它做愚昧（avidya）。那仙女讓人能夠有三個願望的故事，常顯示了人許下愚昧的願望後，終致承受其惡果。此類故事象徵著兩項事實：其一，**大部分人並不真正知道他們的人生要什麼**；其二，**人的許多痛苦都起因於他自己所作的愚蠢選擇，而這又因為他拙劣的判斷、狹窄或現實的觀點、錯誤的自私，或短視的自我利益**。

★堅拒愛情的女人

下面是個有關遠在亞特蘭提斯時代所作的一個決定，其後果仍殘存到現代的案例。案主是一位約四十歲的女人，她的身材看來短壯粗重，這是因爲她缺乏運動及錯誤的姿勢所致。她沒有化妝，頭髮從未燙過。她的衣飾也不女性化，她對衣服的選擇，完全基於方便與經濟，而不會顧及美觀。如把她交給美容師、身材教練及造型師手中，她就可以變成一個美麗而成熟的女人。她的面貌端莊，而且她因虔誠的信仰而培養出一種開朗迷人的風姿。

她只受過八年的教育，靠著在工廠工作過活。在某一心理價值測驗中，她於宗教與社會價值上得到最高分。這是可以想見的，因爲她生活中主要的興趣，就是閱讀宗教書籍以及積極參予社會服務的工作。雖然如此，她卻是孤單而寂寞的。她的家人中沒有人能分享她的信仰，她也幾乎沒有戀愛過。

從心理學家的觀點來看，這女人就是所謂的「男性化抗議」，或拒絕接受女人角色的顯例。此種抗議，在她幾乎好戰的女權主義及非女性化的態度上可明顯看出。這在她幾乎以嚴守清規般峻拒任何自我裝飾，以及絕不想吸引男人上也很明顯。此種態度的心理機轉是很有趣的，傳統心理學（係指不涉靈魂轉生的心理學）能解說它，但傳統心理學卻難以完全解決這個問題。我們要問，她既有女性生理的與心理的「遺傳」與「環境」（傳統心理學以人格爲遺傳與環境之產物），又爲何有男性化抗議的傾向呢？在此，她過去世的經歷提供了答案。

在她第一次的過去世中，她是施洗約翰的近親，因此是在滿佈宗教熱潮的氣氛中成長，這是她此生會有虔誠宗教信仰的基礎。在此之前一世，她是個男人，是早期巴勒斯坦時代的木工兼金匠，這似乎導致了她今生的呆板與實事求是。又在此之前，她是亞特蘭提斯一個高階層的女人，一場不愉快的愛情帶給她很大的痛苦與混亂。結果，「該魂體決心永不再愛那些會帶給她失望與痛心的人」，而這生就是她想脫除愛情圈套與冒險之決心的起點。

她此生的寂寞與未婚狀態不是業障報償。這裡我們沒看到如前述自殺案例的作用與反作用，我們所看到的，是慾望的力量讓原則持續運作。她一旦作了這個決定，就對她的同胞以及與他們間的關係採取堅定的態度。她以亞特蘭提斯人慣有的強烈情感，決心永不允許她的感情與別人有牽扯，特別是與異性。這決定，不是出於一種心靈上與愛情上的棄絕，乃是自我的一種強烈意願，因爲她不想在付出感情後被羞辱。在轉世的過渡期間，她沒有碰上要改變態度的理由。因此現在她必須承受其決定所帶來的一切結果，除非她改變其決心與意志。

報告並未指出她此生是否會結婚，但是至少她正朝著對他人表達興趣與感情的方向努力。

因缺乏愛，她才學到愛的價值。因寂寞，她才看到她的罪——拒絕愛。

★陽剛的女人

次一案例是有關一個被懷疑爲同性戀的女人。凱西報告中從未明白說明，但看來有某些同性戀的案例，可能是由於近世在性別上的轉換，以及幾乎無可克服之異性特質的後遺症。

本案中的女人生於英格蘭，她在年幼時即來到美國。在作她的報告時，她正在美國一個大城市中從事其專業。從她的外貌與姿態看來是極其男性化的。她的聲音低沉得像男聲。她穿著像男裝的衣服，有著男性化的表情與姿勢，留著短髮。基於對她這些特性的觀察，以及許多年來她都與一個外表與姿態都極度女性化的女人住在一起，她的朋友因而懷疑她是同性戀者。她跟住在一起的女人是密不可分的伴侶，而且一切看來都有著同性戀的跡象。

她的前兩世與她現在的人格最有關聯。其前第二世她在英格蘭，時當十字軍東征時期，她是成千上萬被丈夫留棄且面臨自謀生路的婦女之一。這種十字軍東征的經驗，在許多人身上都留下了難以抹滅的記憶。有些女人因此棄世獨居，有些則選擇放縱。

本案中的女人反應出了女性中罕見的魄力與將才。顯然她受過許多苦難，也體認到其他處於相似狀況女人的困苦，這終將激起她出來，把女人組織成一個團體，以求獲得保障並相互扶助。「從那以後，該魂體對男人，尤其是熱心於動亂活動的男人，幾乎沒什麼信心。她怨恨、多疑以及愛審問他人的傾向，就是從那一世來的。」

就是在那一世，某些陽剛之氣、有衝勁、積極等的素質在她的心靈中生根。我們猜想，這還只是其初期的狀況，至少在這一趟輪迴中是如此，因爲她在巴勒斯坦的前一世也是個女人，且報告並未提及當時她有陽剛的傾向。在十字軍東征的末期，這些陽剛特質更爲明顯，以致下一世她在英格蘭生爲男人，她（此生雖是男人，作者仍用她來代稱）是與哈得凱索（Hardcastle，百科全書中查不到此人，猜想是移民先驅之一）一起來到美國冒險的人之一，時當約翰・史密斯（John Smith，西元一五八〇～一六三一年，英國探險家及作家）抵美後不久。她的名字是詹姆斯・布漢納納（James Buhamana），她是個強盜，也是個自由思想家，她跑遍了東海岸各地，後來則與其他探險者進入內陸。

此生我們可發現，在女人的肉體（雖然那幾乎像是男人的肉體）中她有著男人的心靈。

如果她確實是個同性戀者（在這一點，我們無法獲得正確的答案），此案例就令人加倍感興趣了。但即使她不是，這情況也在心理學上有高度的重要性與價值，因爲它讓我們碰上了極度重要的二極原理（Principle of Polarity）。

★陰陽兩極原理

凱西報告中未曾用過二極這詞，也沒有陳述這一原理。作者在此提出它，以解說凱西報告中的某些事實，其中你會發現，它與所有的報告資料，以及古埃及的智慧原理，是相互吻合的。

心理學家容格曾以相當的篇幅來討論每個人心靈中均有陰性與陽性，但其中之一一定會較強。就如身體除了己性的性器官外，也含有異性之發育未全的性器官，人的心靈中，也有屬於異性那面而未開發、暫時擱置隱藏的潛能。容格經長年的臨床觀察而得到的此一心理學證據，與凱西報告對人的起源與進化所採取之立場，甚爲吻合。

這立場簡言之是這樣的：所有人類的心魂都有神性且無性別。但是，二極或二性原理，是宇宙的結構體系原理之一。當心魂陷溺於物慾時，人就與二極法則頻頻牽連。起初，人是自含雙性的，即一靈魂中均包含有男女兩性。然後，人會變成兩性人。在亞特蘭提斯中的最初幾世紀，有不少因誤用性能力，而創造出一些奇形怪狀的例子。目前兩性的區分只是我們進化的一個階段，很可能在靈魂的層次上，人是走向自含男女兩性的。（譯者：請讀者注意，此段所述非凱西的意見，乃作者自己的想法或推論。）

兩極的各面，陽性與陰性，均有其典型的特質。至少在我們的文化中，典型的陽性與陰性特質可作如下區分：

陽性——力量、進取性、積極、支配、粗暴。

陰性——順服、消極、溫柔、仁慈。

假設一個靈魂，在同一文化時期中，頻頻地以男性或女性出現，且高度發展其性別特質，則他即有一面倒之危險。這對他自己與其他人來說，都很危險。納粹的理論與行爲，就是一個極佳的範例。納粹的超人理想，不如說它是超陽剛之氣。它強化、吹誇陽極特質的力量、強權、進取、支配、粗暴以及追求自我私利。這些特質有其地位與必要，但如未能以陰性特質的愛與自我犧牲來調和，它就會變成殘暴、縱慾與自我瘋狂。世界上這種惡名昭彰的可怕例證所在多有。

陽性本身就是不完整的，若過度強調必會導致罪惡，因此有必要以陰性美德來補足之。這種補足作用可透過婚姻，將不同的二性結合來達成。結合的每一夥伴，會因對方來修正、調和自我。但是，光是修正仍是不夠完整的。一個明顯陽剛的靈魂，是無法在短短一世中靠他的配偶來調和，就可得到陰柔面的美德，反之亦然。但是不斷的轉生於男人與女人間，就可提供必需而相互糾正的經驗機會。因此，靈魂轉生的原理，可再一次被視爲心理學所必需的新境界，**唯有透過一再的轉生，心靈才有可能變得完整**。只有這種支配與柔順才能融合成完美的平衡，能自我控制，能順服神的旨意。

這種透過性別轉換而達成的心魂修正、感化，從我們剛才談過的那個案例可見一般。這魂體經過二次轉生，頭一次是女人，然後第二次是男人——以培養積極的男性特質。她這樣做，是付出了溫柔、美貌、寬諒、容忍、耐心等的代價。如再生爲男人，可能會進一步惡化其已呈誇大的傾向。但因爲此生她生爲女性，所以能將前生發展不均衡的男人特質，在心靈上作修正。由於她內在與外在的對照，即肉體內心魂的特質，相對於社會對她女性外在肉體的期待，益發顯明了她這種不平衡的發展。這樣她缺乏陰柔的特質就會愈加明顯，而造成她的不自在、不安。這只會導引其心靈中的眞我，尋求修正以獲得平衡。允許自己變成同性戀的陽剛女人與陰柔男人，或許他們是在拒絕學習其肉體要教導他們的平衡功課。

凱西檔案中還有好幾個其他案例，都是與有男性化傾向的女人相關，這種傾向均可追溯於其不久前轉生爲男人的前世。雖然不久的前世爲男人致今生有陽剛特質的女人，並不必然會排除婚姻，但是，似乎在生養孩子上會較爲辛苦。依據報告，很多生孩子有困難，或根本不能生孩子的女人，都是因爲她們前生才轉換了性別。

★★寂寞是修己的良機

不論寂寞的業障是什麼——是自殺、是決心不愛人、或是前生爲異性——我們必須認清，**未婚狀態，像任何其他事一樣，是個內在修養與自我轉變的機會。**憨第德（Candide，是法國作家伏爾泰小說《憨第德》中之主角，爲一天眞少年）在其多彩多姿的探險終結時說：「**還是開墾我們自己的園地吧！」當任何人發現自己陷於寂寞的荒原時，也應同樣運用此一智慧在自己身上。**

若是想要伴侶，就先要把自己變成別人想要的伴侶；若是想要朋友，就必須對別人友善；想要有愛，就必先給人愛。先涵養自己的內在，讓你值得別人要你，那麼寂寞的人很快就會獲得愛與快樂。

第十五章　婚姻的問題

一旦選定了配偶，雙方無異堅定承諾於一個確定的業緣結合，以及一個肯定的心靈交互運作。把有關婚姻的凱西報告作徹底研究後，就可看出婚姻的選擇實與過去世及來世有很重要的關聯。以戲劇來比擬的話，我們或可說明這情況如下。

★婚姻如一齣戲

一個男人和一個女人既決定要結婚，就等於在不知不覺中彼此同意，要與一個在過去世曾有共同經歷的特定對象，再一次在今生的舞台上，共爲主角合演一齣戲。他們因而創造一幕適合表演他們今世生活戲劇的特殊舞台佈景。這舞台佈景實際上包含二或三個接連的場景：其遠景可能是個亞特蘭提斯的實驗室，其中閃爍著強烈的儀器的光芒；然後，其中景是在希臘某一山崖下的茅屋；最後，其近景則是路易十六時的一個優雅客廳。

在豪華、精緻的法國宮廷中，他們二人演出戲劇的情節包括敵對、陰謀、出賣與背叛等，最後的高潮則是無可抗拒的仇恨與謀殺。或許這情節隨著時移世易會漸漸少了暴力，而衝突則會改以更狡猾、陰險的方式出現，如傲慢、自私、諷刺、冷漠。

不管他們戲劇的前例如何，演出新劇的二個主角，不論在任何時候都有權改變劇情。舞台雖然設定好了，但台詞卻還沒有寫好。像義大利即興喜劇（Commedia Dellárte，一種十六世紀義大利喜劇），其舞台與內容大綱事先已由舉辦公司同意，但是演員可一邊演一邊即興創作台詞，並隨其進展而創造情節、劇情，這新劇的演員任何時候都可自由改變演出的劇情，從而彌補先前演出的缺失。

或者，我們不用戲劇來比擬，而將之說成是，每一個人於婚姻伴侶上都有其意願與選擇的自由，就如在任何一件事上一樣。但是，選擇的行爲，就像坐公車一樣，一旦上了公車，你就有義務同意其特定的行駛方向與路線。再者，公車的內部狀況可能難以盡如人意，司機可能有些粗魯而令人不快，空氣可能沉悶，車窗可能都是密閉的，坐在一旁的人可能多嘴煩人。當你決定要坐它時，就難免會發生你未預料到的狀況。然而，在行駛期間，你要採取什麼態度與行爲，則全由你自己決定，不論發生什麼狀況，你都要爲自己的態度與行爲負責。

★美麗熱情的太太偏遇性無能的先生

在凱西檔案中，有好幾個關於婚姻的特別個案可以業障來說明。下面所要討論的稀奇個案，其所伸張的正義，直叫古希臘神話中的復仇女神與悲劇故事都黯然失色。本案的主角是個非常美麗的女人，在二十三歲時嫁給她現在的丈夫。她有著動人的棕色眼眸，美麗的深棕色頭髮鬆柔呈波浪狀環繞著她的臉，加上美好的身材，使她看來像個明星。當她在四十二歲得到凱西靈命報告時，她仍美麗得令人目眩神迷，使得餐館的人都會轉頭盯視她。她那些時髦而富有的朋友，都很好奇地想知道她人生故事的內情。從她嫁給一個出名且很成功的生意人到現在，十八年來，她一直過著極疲乏困難且沮喪的生活。她的丈夫，是個完全的性無能者。或許，對某些不需要性或不以之爲樂的女人而言，這種狀況看來尚不致悲慘。然而對於像這樣一個感情豐富、性慾強烈的女人來說，這確是悲慘的。宣告婚姻無效或離婚本可很輕易地就解決這困難，但是這個女人卻無法這麼做。她愛她的丈夫，她不忍傷他的心。

最初幾年有段時期，在極度渴望下，她曾與其他男人有過多次私通——不是出於對她丈夫的不忠而是純粹出於生理與情緒上的需要。之後，她藉著練習打坐與研究神智學（Theosophy，主張可以藉心靈上的自我發展而洞察神性，或獲致神示），漸漸地克服了那衝動。就這樣過了十八年後，危機終於來了。一個以前追求過她的人，再度來到她的生活中。在寫給凱西的信中她說：

「從我們再度相遇的那一刻起，他的強烈熱情就回來了，而我也回應了他。我正努力要脫身，但是我發現我的健康每況愈下，就如我作神智研究以前……。如果他沒結婚，我會毫不猶豫地與他私通款曲。但爲了一些你可能看得到的理由，我不會離開我丈夫，而且他也修養成一個德行高尚的人。……」

「或許我對這男士的慾望並不是愛，而是因爲我異常的婚姻生活。話雖如此，他仍是個很不錯的人。從童年起他就愛慕我，但我卻不知道。是他的母親告訴我我才知道的。他不讓我知道，直到他能養得起妻子。然而爲時已晚了，因爲我正回家宣布要與丈夫訂婚。這樣的狀況，讓我們三個人都很苦惱。對我而言，這意味著有業障。

我每隔一段時間就會隱密地與他幽會，其中一個理由是，他要精神崩潰了。而另一個理由則是，我以爲這可以消除他的慾望——有幾分心理學上清除潛意識的意味……我與他斷絕了關係，因爲我不願意欺騙他的妻子。我認識他的妻子，也喜歡她，我不想造成她的困擾。社會是反對這種事的，如果她知道了，她也會認爲這是錯的。我不想傷害任何人。雖然，她以取笑他，或連續幾個星期嘮叨找碴的方法，去得到她想得到的每一樣東西，但我相信這男士並不討厭她。她總是在眾人前損他，但她也確實有某些優點。只是，她無法生孩子。……我丈夫知道我向你尋求健康上的協助，但他卻不知道實際狀況。」

這就是那女人對自己人生問題的陳述。這眞是夠精彩的，但她的靈命報告卻揭露出，她的問題與過去世有關，所以才使人對兩個犯錯的靈魂所遭遇的懲罰，感到驚訝、敬畏。

★十字軍東征時期的貞操帶

我們必須回顧到這位女士的兩世以前，她是法國人，時當十字軍東征時期。這位妻子的名字是蘇珊・麥塞留（Suzanne Merceilieu），她當時的丈夫就是她此生的丈夫。麥塞留的先生是個嚮往十字軍東征且喜歡冒險的人。就像許多宗教狂熱的人一樣，他的生活行爲與其宗教信仰的原則和誓約不相吻合。把救主（指天主教、基督教的耶穌）的墳墓從異教徒（指回教徒）的占有中救回來，對他來說是極重要的事，但他卻從來沒有想到要把救主最重要的教誨——愛——實踐在他與妻子的關係中。

於是，在他留下妻子，要去從異教徒手中奪回基督教聖地時，有一件他要在離開時所要確保的事，即是他妻子的貞操。他恐怕她沒有像他一般強烈的宗教熱誠以克制自己，恐怕她不但不能從基督教中得到慰藉，反倒要從其他基督徒男子那兒得到慰藉，於是他小心謹愼地安排以免發生這種慰藉。

早在十二世紀前半，歐洲就有一種奇巧的器械叫貞操帶（Chastity belt 或 Girdle of Chastity），這玩意直到近年還有人在用，在西元一九三二年的紐約與一九三四年的法國，還有二件因強迫使用它而發生的法律案件。它是由金屬和皮革，或金屬和絲絨組成，有個鎖和鑰匙，可以隨著女人的身型來調整安排。如果沒有鑰匙，她就無法進行性行爲。麥塞留先生就是利用了這個裝置，來保證其妻子會對他忠貞不二。

報告於此所做的描述是：「這魂體被伴侶懷疑，被迫帶上它以防止她與人私通。」這裡用被迫，因而使我們相信麥塞留夫人很厭惡這做法。下一句話更透露出了她的怨恨，「……

決心要自由，不管什麼時候，什麼地方，要報復……被逼迫保持貞潔，使得這魂體立下了這負面的決心，這成了魂體今生經驗的一部分，也成了她與自我的交戰點。」

★★公義的報償

現在讓我們來分析一下這裡所涉及的報償公義。用器械的方式來控制妻子的人，此生便以性無能的方式受到報償。再沒有比這更適當合宜的懲罰了。乍看之下，這女人又再度受到性挫折而有些不公平。但是，這只是從表面上看來不公平，因爲罪並不僅僅存於外在行爲，它也存在於意圖、動機、心智狀態與靈魂的態度。這女人受到不正當的抑制，丈夫對她不信賴，並且還以粗魯的方式控制她，她的反應當然是志在復仇和憎恨，就我們所知，她雖然對憎恨與報復沒有公然的行動，但卻確實存有復仇的決心。

我們曾看過一個靈魂所作的決定會如何持續數百年之久的案例。這魂有了充分的機會去報復。這次，她是個極度美麗，令人極度渴求的女人。她發現自己嫁給一個在前生曾害過她的男人，所以她大可以讓他因嫉妒而瘋狂，可以在他朋友面前羞辱他，或以離婚來傷害他。而他還能要求什麼？還能有什麼比這更充分、更得意洋洋、更欣喜若狂的完美報復？這狀況看來幾乎就像是被激怒而充滿仇恨的她實現了她所幻想的、精心籌謀的惡毒復仇記。

話雖如此，但她的心靈也同時在成長。她不能再對任何人冷酷。在她的信中始終顯露出她的敏感性。她大可與回到她身邊的情人私通款曲而不讓她丈夫知道，但她不忍心去傷害情人的太太——她應該很容易就會發現的。她極力自制，雖然在生理和情緒方面她需要宣洩，但她愛她的丈夫，且沒有與他離婚。她寧可保全對他的忠誠、摯愛，而犧牲自己肉體的慾望以及她的美麗與青春。

用報告中隱秘而深富意義的詞語來說，她這是在自我交戰中，與她自我遠古的決心在現世的生活中交戰著。而她已然救贖了那在交戰中的自我，她已通過了她自己在六世紀前爲自己所設定的試鍊。《新約聖經》中記有：「主說，伸冤（此處英文原為Vengeance，係報仇之意，但中文《聖經》譯為伸冤）在我，我必報應。」（《新約．羅馬書》第十二章十九節）。此處《聖經》在說明：**業報法則能被用來懲罰任何犯罪的人，而人自己必不能自行懲罰，也絕不可言報復**。這並不意味社會無權保護自己以抗拒罪犯。把那些觸犯了法律的人定罪，被認爲是種社會行爲，是爲了最大多數人的幸福而做的。社會要遵守大家同意的法律，定罪不是出於懲罰的衝動情緒。至少按照理想，社會對其法律的施行是公義而不帶感情的。此即爲宇宙的業報法則反射在人的社會中。

★另一貞操帶下的悲情

凱西檔案中另有一個案是在十字軍東征時，因丈夫強迫妻子使用貞操帶而導致此生在婚姻上的悲劇。在本案中，業障的反作用有些不同。依照妻子的說法，這丈夫很有耐心、很體諒人、很溫柔。然而，結婚八年後，三十二歲的妻子卻仍對性行爲有極度的恐懼，但使事情更複雜的是，這妻子卻對一名男性友人，一個義大利的歌劇明星，有著幾近盲目的崇拜。

報告解釋其在性行爲上的困難，是因十字軍東征那世，丈夫以貞操帶壓制了她。很明顯的，此生妻子在性關係上怕了他，而丈夫正在收穫他過去行爲的果報。這妻子受害於不正常恐懼而衍生出的一切失調現象，也是一種業障果報。她對東征的丈夫所加之於她的壓抑是憎恨的，而憎恨能摒絕一切緣分。用報告的話來說：「此生的懷疑和恐懼乃是起因於潛藏的憎恨。那時的情況，在今生須以諒解來對應。因爲，**若要別人寬恕你，你就必須寬恕別人**。」

至於迷戀歌劇明星，也是與另一世的轉生經歷有關。在那世中的中南半島上，他曾是她的情人。她問：「我應怎樣處理這情況？」報告回以：「以妳自認爲最理想的選擇來應對。」

★★恐懼與愛

在另一個案例中也出現有恐懼的狀況，但其業障原因卻大異其趣。就個人涉及的苦難而言，這案例的故事可說是極度悲慘的，但從心理分析的觀點來看，本案爲業障、遺傳與環境間的相互關係，提供了甚佳的研究資料。本案女主人公，於西元一九二六年寫信給凱西說：

「我幾乎處於精神錯亂和自殺的前夕，我是地球上最悲慘、可憐的人，也是常服痲醉劑的人。我那生了六個孩子而活受罪的母親，跟我談了太多次有關懷孕的種種，以致我從十八年前結婚起就非常害怕懷孕，弄得我現在得離開心愛的丈夫生活，因爲我無法忍受他接近我。我禱告，我嘗試過心理學、精神分析、基督教科學和基督教合一派等，但通通都沒用。你看我有希望嗎？我想要孩子，我愛我的丈夫，但我害怕房事，現在則更糟，這週我本計劃好準備自殺，但就在此時，我聽說了你的事蹟。」

報告追溯到這女人過去兩世。首先她在法國宮廷時代，曾經是個自負、虛榮、自私、現實、追求享樂的女人。她的生活雖快樂，卻也種下其下一世的悲劇因子：她成爲早期的美國移民，是六個孩子的母親，但卻眼睜睜地看著她的六個孩子被燒死。「該魂體因而在她剩餘的生命中都活在恐懼之中。她對自己及孩子沒受到保護一事遷怒於上天（The Divine），也對上天失去信心。這爲魂體的今生帶來生孩子的恐懼。」很可能因著共同的恐懼情緒，她與其母互相吸引，並於此生成爲母女。她母親一再重申懷孕的恐怖，更加強了在她潛意識中對生孩子的懼怕。

美國殖民時期的悲劇是可以被了解的，因爲我們當知：**唯有經由實質而確定的損失，人才會轉向精神或心靈的事情**。但是在應對一種業障狀況的過程中時，她已不知不覺地製造了另外一個業障。一下子喪失六個孩子就已經夠令人痛苦的了，即使對一個自私的女人而言也很痛苦。但是她並沒有成功通過這試煉。她對自己的境遇可能會出現兩種反應——1.忠心順服；2.怨恨與恐懼——她選擇了後者。在心智上，她可以將這狀況解釋爲：「這悲劇是莫測高深但公正的上帝的旨意。」或「這悲劇是殘酷的上帝的不公正行爲。」或「一個無神的宇宙的無聊遊戲。」而她，選擇了後者的解說。

所以，這女人有一個主要的功課要學，那就是：「愛既完全，就要把懼怕除去。」（《新約聖經・約翰》一書第四章十八節。其全節文句是：**愛裡沒有懼怕；愛完全，就把懼怕除去，因為懼怕裡含著刑罰；懼怕的人在愛裡未得完全。**）她必須脫離自私與唯物的人生觀，她必須學習去好好愛她的配偶，好好愛那些可能選她作爲母親卻尚未誕生的靈魂，好好愛並敬畏天所賦予她的內在創造力，這樣，她就能夠不再懼怕。

但是很不幸的，現代心理學迄未公認愛的力量。對大部分的分析家而言，愛最多只是生命力的表現。自華生（John Broadus Watson，西元一八七八——一九五八，美國行爲派心理學家）傑出的嬰兒掉落與愛撫實驗後，心理學家承認愛是人眞實的情緒之一。但是作爲宇宙中正面積極的力量，作爲天賦源頭的要素以及我們各個部分的主要品質，作爲解決所有人類罪惡的最佳方法，愛仍有待受到大家的認同。或許心理學家是羞於使用這個字，所以我們應該要能了解他們的沉默不語。因爲如果「愛」也像「服務」一樣能夠廣布流傳，那麼愛很快會變成虛情假意的廣告詞，一如「服務」一詞受到玷汙般。

★性冷感

關於性調整與心理分析治療，另有一個案例。案主的先生與太太都是專業人員，且一起執業。在作凱西報告之前，兩人均已接受心理治療長達二年之久。先生是個明顯內向的人，而太太則有過三次的精神崩潰，在最後一次時，她被認定為不會復原。那時太太五十一歲，先生五十四歲。他們唯一的孩子在嬰兒期就死了。

他們二人的婚姻關係非常不融洽。治療他們的分析師聽說了凱西的事蹟後，便寫信申請了他們二人的報告。他沒要靈命報告，卻要了心理與精神的分析。結果，我們沒有他們前生的資料，只有在太太的報告中出現一個重要的細節。

在太太的報告中所問的問題是：「為什麼該魂體對人生比一般人更嚴肅認眞？」報告所給的答案是：「因為她在前世就對人生很嚴肅認眞。」第二個問題是：「該魂體自卑的情結是怎麼來的？」答案是：「來自對男人的恐懼與厭惡。你不能誓言獨身並盡力遵守，然後輕率地轉變態度去滿足那不易滿足的人的慾望。」

對太太無能達到令人滿意的性調整，這裡我們有一個重要的線索。於其前生，她極可能曾是個修女。一個人為了堅守原則而長時期刻意抑制性的本能後，她對性的表達一時會難以自然以對，即使由獨身改變為結婚狀態也是如此，這是可理解的。在跨越一世、二世的時間中常有這種情形，這在心理學上是講得通的。

推理得稍遠一點，我們或可說，所有性冷感的女人，在前生都曾是禁慾獨身之人。女人之所以會產生性冷感，無疑的，有很多原因：有的是器官功能性的，有的不是；有的是業緣導致的，有的不是。然而，某些性反應遲鈍的狀況則可歸因於與本案例類同的原因。

值得注意的是，本案中的心理分析師懷疑，其先生的精神神經病症可用戀母情結（**Oedipus Complex**）來解釋，但報告卻相當肯定的告訴他不是這樣：

問：從心理分析上說，這一魂體的情緒年齡是多大？

答：大約是二個月大。

問：該魂體的心理是否有戀母情結？

答：答案已經很清楚的擺在你眼前了，但你卻只想尋找有形的原因。

問：該魂體在婚姻中得不到幸福的原因何在？

答：他只求自我滿足。

★★自私是基本的罪

原來，自私才是其最基本的問題。事實上，凱西報告裡**所有婚姻不融洽的悲劇案例中，很明顯的，自私都是其遠因同時又是近因**。這是件能夠啓發人的重要事實。

報告用了一個如此簡單、普遍、廣泛被應用的字，眞叫人耳目一新。**「自私是基本的罪」**是報告中一再重覆的語句。這句簡單的話，可省掉大堆心理學術語與詳細說明，而給人一個非常清楚的價值體系，以及非常清楚的治療基本理論。

「愛不是占有！」凱西報告曾以此警句感嘆到，「愛就是愛。」

婚姻，通常始於把愛幻想為占有。婚姻的變幻無常與憂傷，只是要我們學到，愛就是做人的真諦。

第十六章　不忠與離婚

在所有施行一夫一妻制的國家中，不忠，是個相當普遍的婚姻問題。或許對此頻頻發生的問題可以用生物學來作個初步的基本解釋，就如下面出於無名氏的幾句話可以很貼切地概述這種狀況。

男人、男人，
男人要一夫多妻，
女人、女人，
女人要一夫一妻。

造成婚姻的不忠，除了生物學上的因素外，當然也有心理與社會因素。但是如接受靈魂轉生的觀點，自然會讓人想審查一下不忠問題的可能業障起因。凱西檔案中有三個突出的案例都顯示出，業障正是基本的決定因素。

★★配偶不忠起因於業緣

第一個案例是個女人，她有兩個孩子，她的丈夫與另一女人私通已達八年之久，而她近兩年才知道這事。她在報告中問，為什麼她要受這種折磨？報告告訴她：「因為妳在前世時也不忠。」

第二個案例也是個女的，她在法國宮廷時代曾經很不貞。所以這一世她也遭遇到丈夫對她不忠。而她的丈夫不是別人，正是她前世的主要情人。

第三個案例還是一個女人，她的丈夫在結婚第一年就酗酒並一再與人私通，有好幾次他還很過分地把女人帶回家。雖然這樣，這妻子仍對她丈夫忠貞不二，且繼續與他住在一起，結果她竟因此染上性病。報告將這女人的悲慘狀況歸因於她的前一世。在那一世中，她是美國培理艦長（Matthew C. Perry，西元一七九四～一八五八，美國海軍將領，迫使日本開放門戶者）的手下與一日本女孩的私生女。可能因為她的出身，她感到自己是個被排斥的人。成年後，她縱情享樂，很快的，她變成了性病的傳染源。「其影響遠播，甚至波及於她現在這一世。」

總之，這些個案顯示，配偶的不忠常起因於業緣。但是光靠這幾個案例，是不能就此認定所有不忠案例都是業力的關係。約翰對瑪麗不忠，可能是因為瑪麗在羅馬那一世對彼得不忠而活該得到的對待；但在另一方面，約翰與別的女人調情也可能是因瑪麗在此生沒做好。不忠可能僅是現世的反應——即現世報的例子。在對過去世無超視能力下，判斷此一情境是否爲業力所引致的試金石，最好是看看在現世是否有充分引起這件事情的因素。

★可不可以離婚？

依照業報法則，如果一個人在過去世曾不忠，則此人在現世就該得到不忠的對待。唯有這種方式，忠誠與體恤才能成爲其性格的一部分。由於這種教育是必需的，所以報告常勸人不要離婚。如果要透過困難的婚姻來學習心靈上的功課，那麼逃避婚姻就不是辦法。因爲你遲早得學到應對它的心靈力量。

然而，這並不意味，報告對離婚全然採取反對的態度，在許多案例中，報告是贊成離婚的。此一行爲之對錯的標準可由兩方面來評定：對孩子與對彼此的責任義務。明白勸告離婚的案例，都是那些沒有孩子的，或即使有孩子，離婚也對孩子有益的，以及已經學到了婚姻的業緣功課的，或婚姻中的一方所遇到的情況很糟，會拖累另一方的。

★妳應該離開丈夫

一個典型的例子是個在紐澤西州（New Jersey）四十九歲的女人，她沒有孩子，婚姻也不順。她被告知應該培養自己成爲教師的優越能力，而且應該離開她的丈夫。報告是這樣說的：

「是的，結婚成家對這魂體是好的，這對世上任何一個魂體都是合乎自然、順理成章的。但是，這種**關係如果妨礙魂體的人生目的，且日益明顯又無法改善時，那最好是解除這種關係。**」

「在妳心深處妳應知道，妳必須從事到此世人間應成就的事。妳已經開始得晚了，但是妳在教導年輕女孩上仍能成就良多。……」

與此相反的例子，則是一個比丈夫大二十歲的女人。夫妻之間有嚴重的不調和。他飲酒過度，對她與兒子有虐待及不合理的行爲。對這情況，報告給予了業障的解釋，卻未給予離婚的勸告。報告說：

「你們中間已有了失望與齟齬，不要退縮，願妳的態度是出於愛的。不要記掛那些輕蔑、中傷的話。要知道，**妳種什麼，就收什麼**，妳與他的關係也是這樣。在任何狀況下，**妳願他如何待你，妳就要如何待他。**」

我們猜想，這一案例，可能有某些業障的功課仍需要學習，或某些業緣的義務似需履行。

★婚姻是要約束漂浮、逃避的人

若是沒有用超視去獲知過去世的事實與每一案例的價值，就很難確定在什麼狀況下，兩人間的婚姻關係可以正當地停止。贊成天主教認爲婚姻是無法解除的有力論點之一就是：**婚姻是要約束漂浮不定的人類，從太輕而易舉的自我辯白中逃出來**。

雖然凱西報告並未絕對禁絕離婚，但是其設下的自我評估標準極高，且極有道理，其最後效果無疑是降低了離婚率而非增加。

婚姻作爲一種社會制度，在相信靈魂轉生者的眼裡，並沒有許多人所想像的那樣神聖不可侵犯。如果社會不願見到離婚，那很好；若認爲就是離婚也無妨，那也很好。不論哪種制度，都不會阻礙宇宙的定律。**如果人在一世中不履行義務，他將不可避免地在另一世中仍要擔起責任**。人所設立的外在形式，就如爲玩紙牌而設立的規則，幾乎是任意獨斷而不重要的。總而言之，爲任何遊戲設定規則不是那麼要緊，因爲透過形式與慣例，玩的技巧與誠實，才是遊戲內在價值之所在。

★學習接受婚姻的困難

在另一方面，婚姻比許多人所想的都要更嚴肅認眞。每年被成千上萬人所輕忽的婚姻義務，並非僅是無意義的社會慣例，它們在人類共生團體中有其眞實的約束力量，我們每個人都是共生團體中的一個活細胞。**宇宙的平衡律不停地在運作著，無論我們的行為如何自私，都沒有比離婚更嚴酷的考驗了。因此，我們必須以犧牲的精神，來學習接受在婚姻中所遭受到的困難與挫折，我們要覺悟到：小我受到考驗，才能成就大我。**

我們必須了解，我們的婚姻伴侶是因著久遠姻緣的吸引才臨到我們人生中；我們必須了解，這不是湊巧，而是眞我存心在引導我們，並走向了最了無歡樂的情景中；我們必須了解，**在不調和中，是含有無私且能獲得長進的機會的**，則我們自然會視離婚是種剝奪。相反的，認清制度不應使人們陷溺於不健康、有害且扭曲的關係中，我們應該要認清**無私的愛，不應將之投擲於自私而怙惡不悛的人之前**，那麼我們就會視離婚如解除任何其他法律合約一樣正常、合理與合宜。

我們又回到節制、平衡、中庸之道，它們不僅是個人企求靈魂完美要努力追尋的美德，它們也是社會讓個人得以充分表達而努力追尋的境界。

第十七章 父母與孩子

千百年來，家庭一向多爲父親——在某些文明中或許是母親——所主宰、統領。此種統領權，目前仍然存在並超越一切。從物質的觀點來看，孩子可被認爲是父母的產業（Property）。他們因母親的犧牲與努力而被創造出來，又因父親的辛勞與犧牲而能夠生活下去。父母在形體上比孩子更強壯、更成熟、更有力量，因此，他們有權來統治孩子、家庭。

然而，在心靈上，父母未必比孩子更優越。**所有的生命體，都是那龐大心靈共同體中的一員**。從心魂的立場而言，**父母並不擁有孩子，甚至並未創造他們**。父母僅僅是召喚、引出他們來。父母個體內有一種神秘的運作過程，使得他們會與配偶結合，並立刻啓動另一同樣神秘的運作過程，終導致另一新個體的誕生。

這一新個體成爲另一個如我們心魂的居所。短時間內，這個新個體不能言語、不能自立。我們對於他的責任與照顧，都是一個很有價值的經驗，這有助於帶來溫柔與最深的感情。對於孩子，我們本該如此，只是不能變成占有與專制。

★親子關係的本質

紀伯倫（Kahlil Gibran，一八八三～一九三一，敘利亞詩人和畫家，一九一〇年後定居於美國）在他的《先知》（*The Prophet*）一書中將此狀況作了很好的陳述，他說：

你的孩子並不是你的孩子。
他們是渴求生命之生命的子子女女。
他們是經過你而來，卻不是從你而來。
雖然他們與你一起，但他們並不屬於你。
你是那弓，你的孩子如生命之箭從而射出。
願那弓手（指神）中的弓，樂於爲箭彎弓，
神怎樣愛那飛出的箭，神也怎樣愛那穩定的弓。

父母對孩子的態度，既不應有統治的優越感，也不應有羨妒的自卑感；這種超然而平衡的愛，是父母對其孩子唯一合宜的態度，而且唯有承認接受所有的人、所有的靈魂均平等被造這一主要的心靈眞理，我們才有可能這麼做到。用凱西報告中最喜歡的詞語來說，**父母是**

個管道——生命流經此一管道，使靈魂有取得肉體的機會。人因此應抱持著神聖感來進入婚姻關係。這觀點顯然指的是性關係而言，凱西這觀點與認為性關係本身是件神聖的事之印度觀點是不謀而合的。

★★性的創生動力是神授天賦的

很不幸的，傳統基督教神學對性之本質視為罪惡。由於《聖經・創世紀》（*The Book of Genesis*）的象徵意義被誤解，所有人都被認為是亞當與夏娃原罪（The Original Sin）下的後裔（譯註一），雖然婚姻儀式將性關係合法化，但卻認為孩子是懷孕於罪中的。此種對人體天賦功能的扭曲觀念，有其深遠的心理影響，因而引起壓抑、罪惡感，以及最嚴重害人的內在衝突，其替代方法，不是放縱的愛或不受禁制的性慾表達，而是**充分了解性的創生力量乃神授天賦的**。某一報告說：「喜好一個純潔的身體，是地上魂體最神聖的經歷。」

★★懷孕期的身心準備

這觀點在很多報告中均有強調，特別是在女人詢問生孩子的案例中。通常在健康報告中，女人想知道要懷孕與生育應作什麼準備，健康方面的建議給得很多，但大部分都沒有什麼特別，除了一點：在整個懷孕期多作骨療，以維持身體的柔軟性。關於飲食、運動及個人照顧的建議，則與一般醫師所建議的差不多，只是超視能力可看透每一個人的特殊需求。

然而，報告卻特別強調心靈、精神上準備的重要，因為父母的態度會吸引來有同樣想法的魂體投生。

「該魂體應了解，心靈與精神上的準備，在本質上是很有創生能力且如貞潔的身體般是必需的，前者甚至比後者更為重要。」

在某一報告中，一個三十六歲的女人問，她是否有希望生個孩子，凱西說：

「讓妳自己在身體上、心智上與精神上都成為一個好的管道。人們太把懷孕看作是純粹肉體的狀況了。」

「記住哈拿（Hannah，以色列民族舊約時代之先知撒母耳（Samuel）的母親）與瑪利亞（Mary，即耶穌的母親）是如此準備的。有很多有記載的記錄，也有很多沒記載的，總之，都需要一段長時間的準備。」

另一個報告說：

「藉著交媾，人有機會創造管道，使造物主有機會讓人看到祂的作品。那麼，在創造這機會時，小心你的態度及配偶的態度，因為來投生的魂體品質都會看父母的態度而定。」

★★親子關係與業緣

在這些報告中明顯指出，親子關係絕非偶然湊巧形成的。孩子幾乎是與父母之一方在前生就有關係，在少數幾個沒有前生關聯的案例中，則是家庭情景能提供這孩子的心理需求。凱西檔案顯示，某些孩子與雙親之一方有業緣，但與雙親之另一方則無前世關係。在這種狀況下，在孩子與第一次繫緣的雙親一方之間，就會較爲冷淡。下面的案例就顯示出了親子間的各種過去世關係。

感情密切的一對母子，於過去世中就曾是母子；一對關係密切的父子，在前一世中一個是哥哥，一個是弟弟；一對母女，女兒對母親很冷漠，報告說這是因爲她們在前世是嚴重不和的姊妹：「妳們那時爭吵不休，到今天都還沒和好。」一對父女，過去曾是夫妻；一對互有敵意的母女在前世曾互爲對手，競逐同一個職位與同一位男人；一對母子，兒子總要控制母親，溯及前世可發現，當時他們的身分恰好相反，他們是一對父女。

這些案例顯示，於親子相吸引的緣生中有些原則在運作。就如傀儡戲中的拉線，這些原則大半是隱而不顯的。凱西的資料很有啓示性，但並未提供足夠的細節來系統陳述這些原則。

同性固然會相吸，但是爲了各種不同的業緣理由，有深厚敵意的對手以及性情相反的人，也常會被牽引在一起。性情懸殊的案例，可見於一個在五歲時作了靈命報告的男孩身上。他的性格被描繪為自私、不願認錯，以及冷漠。從客觀上以及其專注於純知性上的價值來看，他像是個作研究的科學家。在其前世，他專注於研究蒸汽的力量；而在此之前的轉生，他則是研究化學炸藥；又在此之前，他是從事與機械相關的行業；再前一世的亞特蘭提斯那一世，他則是個電機工程師。

他在這四世中如此專注於純科學，便足以清楚說明他何以會鍥而不捨地執著於「價值」。按照斯普朗格對該詞的定義，很明顯的，這足能名之為理論類型，但是，他已失衡於過度傾向眞理價值，因而犧牲了愛、美、調和等生命價值，但這二者應是同樣重要的。他對別人的態度，是超然、冷漠而無情的。報告又說，他這一生會在電機、蒸汽工程或數學相關方面獲得成功。關於他特性的描述，均被證實為正確。今天他是個成功的電機工程師。他的個性大致仍與前述相同，但是由於他此生的家庭環境，使得他個性的某些部分得以被修正。

如果依照同類相吸的原理，我們或許會期待他今世生於一個科學的環境中——他的父親可能是個工程師，而他的母親可能是個數學教師。然而他卻生於一個不重實際的理想主義家庭中。他父親的價值型態明顯地偏向社會性與宗教性，母親雖內向卻被熱心的丈夫拉入社會服務活動，他的哥哥也是個理想主義者，其人生的主要動力就是去幫助別人。

★★糾正原則

以嚴格的業障定義而言，這人之所以出現在這樣的家庭中，不能被認定爲是因爲業緣的關係。同時，這裡似乎有某些糾正原則在運作——糾正其不健全的、過度側重的性格。看來該魂體也察覺到他自己狹窄的人生觀，從而選擇投生於會擴展其人生觀並獲得更多人性價值的環境。

這人現在必須與那些以幫助別人爲主要人生目的的人接觸。他對現實腳踏實地的態度，常使家中其他人能受到適當的節制。另方面，他們的人生觀也在在提醒他，除了自己的價值外，尚有其他的生存價值。雖然這經歷並未完全改變他人生的基本價值——追求純科學的東西。然而，這已影響到他的人格，使他不再自私，並會關切社會。因此，他此生藉由選擇父母來糾正自己這件事，至少已達成了部分目的。

從凱西資料中可看出，投生的魂體在選擇父母上頗爲自由。有某些證明顯示：進化較低的靈魂，其選擇的範圍也較少。但一般而言，選擇父母是魂體的特權。我們不太了解爲何還未投生的魂體要選擇貧困的環境、墮落的父母、殘缺的身體，或任何其他不利的狀況。表面上，此種選擇在心理的觀點上看來令人難以置信，但是經過深一層的分析後就可以知道，這在心理學上是沒有矛盾的。

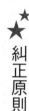

這情況好比一個男人突然醒悟他越來越肥胖，因而他的保險公司會對他做出某些限制、或女人會推拒他、或難以找到合身的衣服等，這均可能突然使他察覺自己太胖而決心減重，所以他便選了一個合適的減肥中心去作治療。六個月後，他的腰圍縮減了，心臟活動更健全了，他達到了他的目的。顯然靈魂能作相同的事。特意接受不愉快的情景不是不可想像的行爲，人們常選擇某些不快意之事，以把它當作達到特定目的的手段。

★早逝的嬰兒

然而，選擇的自由似乎也與嬰兒的死亡率有些關係。依照報告，在一般情況下，魂體在生產時能預見因其所選擇的父母所帶來的生活狀況。由於人有意志的自由，並不能預見所有未來的事。因此，在選擇了父母並投生下來後，靈魂可能發現其父母無法實現在投生前所應諾的。他們了解投生的目的可能因改變了的環境而受挫時，這魂便會撤退。

在此，有個年輕女子的案例。報告說她前生在很年輕時就去世了。那一世她之所以選擇了特定的父母轉生，是因爲受到其母親的吸引。但是，在她生下後不久，她的父親開始酗酒，變成不負責與凶暴之人。失望之餘，這年輕的靈魂便決定不要活了，於是在生了一場幼兒常見的疾病後，她就回到了她原先的來處。

報告明顯指出，諸如此類的撤退是常見的現象。如果你願意這麼相信，那麼嬰兒的死亡就可比之於一個去戲院看戲的人，在看了令人乏味的第一幕後就默默地走了。在某些個案中，或許是如前述例子般與父母的行爲有關，然而在某些個案中則或許僅是投生魂體的判斷錯誤。

有時，嬰幼兒的死亡或可解釋爲：給父母帶來一次必須的憂傷經驗。這孩子以犧牲的精神，短暫的出現，以幫助他們經歷靈魂成長所須的療傷止痛。上一世紀，有一本不出名的小說，就用這種犧牲行爲作爲其主題。在這故事中，一個青年女子，有個以其財富與漂亮孩子爲傲卻現實而驕狂的父親。這女兒雖愛父親，卻無法提升他的價值感。在她死於意外不久後，她又生到相同的父母處，以一個跛子的型態。她之所以故意承擔這種身體與經歷，完全是出於愛她的父親，希望藉由帶給他極度的痛苦來淨化他。當然這只是虛構的小說，但是，這也意味著，一個魂體爲了愛兩個須要經歷憂傷痛苦才能成長的人而寧願做出此類犧牲、服務的事。在凱西的報告中就暗示著，有時這種狀況是有可能會發生的。

★懷孕時，母親的念頭重要

另外有趣的一點——這點在凱西資料中直截了當的說了很多次——懷孕的那一刻並不是靈魂進入之時。報告常勸待產的母親，在懷孕期間小心她們的念頭，因爲她們所想念的事物性質，會決定吸引哪一種魂體前來。下面的摘錄可說明這一觀點：

「問：在未來數月，我應保持什麼態度？

答：這要看妳想要哪一類型的魂體。如果妳希望要有音樂、藝術才能的魂體，那麼就多想想音樂、美、藝術方面的事。如果妳要有機械才能的，就想想機械方面的事吧！不要以爲這不會有影響！這是每一位身爲母親所應該做的。懷孕期所抱持的心態，與會選擇進入此一管道的靈魂特性大有關係。」

★★生育絕不是意外

更有甚者，從凱西檔案看來，靈魂進入身體的時機可以在生產前不久、生產後不久、或在生產的那一刻。靈魂能在嬰兒生下的三十四小時後進入，在某些狀況下，甚至有在最後一分鐘才決定進入的。乍看之下，這好像與相信靈魂轉生者相信沒有靈魂的肉體也能存在的基本觀點相違。然而，這並無必然的矛盾。肉體被通神論者稱爲靈魂之「舟」（或乘或載具）。我們可以用以下的類比來想像：車身已完成了，引擎發動了，馬達運轉了，而駕駛卻還沒進入車內，同樣的，我們可以想像肉體的結構已完成，有機生命程序已在運作，而使其眞正能存活的主人卻尚未進入。

當然，以比擬方式來推理不一定都是正確而具決定性的，但是，我們可以用這種方式來思考，這是因爲在凱西的報告中，我們一再遇到此種奇怪的主張，也因爲我們對生命的隱秘過程沒有足夠的了解，以致無法用科學般精確的方式來解說。有人曾這麼問凱西：「在靈魂進來以前，是什麼使肉體活著？」這答案是隱晦而模糊的：「精神！因爲物質的源頭，就是精神！」

對於這一點以及許多其他點，都需要以超視能力來作進一步的研究。當此類研究有了成果，則從凱西資料於兒童、親子關係、生育上的各種含意中，我們無疑將能擁有優生學、兒童心理以及人種改良的新科學。生育絕不是個意外，童年也不是插曲。在這領域以及許多其他領域中，凱西的報告都令人興奮莫名，因爲它們爲我們指引出了一個新的境界。

* * *

譯註一：

原罪（Original Sin）在基督教《聖經》中原並無此一名詞，乃是基督教之神學根據《聖經》（特別是《新約・羅馬書》第五章十二～二十節）所定名出來，而成為現今基督教最重要的教義之一。照其說法：人類的始祖亞當與夏娃在伊甸園中時，違犯了神的命令，受誘吃了生命樹上的果子而犯罪，因而被逐出伊甸園，並從此受到死亡之報，且其罪性也將遺傳給其所有子子孫孫的人類，使世人生來都帶有罪種，成為罪人。他們從此與神隔絕，直到耶穌前來，為有罪之世人流血，並死在十字架上。耶穌於死後第三天復活，神因此贖免了人的罪，並從此與人和好。所以《新約・羅馬書》第五章第一節說：「我們既因信稱義，得與神相和。」又第十八節寫到：「因（亞當）一次的過犯，眾人都被定罪，照樣，因（耶穌）一次的義行，眾人也就被稱義得生命。」請注意，這些都不是耶穌說的。〈羅馬書〉是使徒保羅寫給羅馬人的書信，而其是否已遭篡改，大有可疑。原罪，是耶穌及保羅後幾百年的神學家所討出來的，其真相到底為何、意義又為何？千餘年來爭論不休，除了神學家，到底有多少基督徒相信原罪之事，深令人懷疑。關於此，作者依據凱西所提之靈魂轉生輪迴原理，於第二十二章中有進一步的討論。

第十八章　家庭的業障糾結

在人眾多的憂傷悲痛中，有一種是將有缺陷的孩子帶到世間來。就物質層面來說，這孩子需要額外的照護與花費；就社會層面來說，它雖未明言，卻構成一種哀傷的記號；就精神層面來說，它禁不住叫人質問神待人的方式，它變成人爲了孩子的生活而焦慮的源頭。

★★有缺陷的孩子

對這類孩子的父母而言，靈魂重生的原則可以讓他們重拾信心與勇氣。首先，依此種原則，任何異常都很可能是因爲業障之故。在凱西檔案中，有幾個案例是非業障所導致的（關於此點將於二十三章中作進一步的探討），但整體而言，產下畸形兒多是顯示在某些過去世的罪孽。其次，父母與受害孩子之間幾乎總有業障的關聯。在那些爲罹患唐式症（Mogolian Idiocy，即先天愚型）、耳聾、水腦症及許多其他悲慘病症的孩子所作的報告中，我們可以一再發現這句話：「這是業障，對父母與孩子都是。」

★★癲癇的女孩

這種類型的業緣，有一個最令人驚訝的案例。一個十二歲猶太裔女孩，自童年早期就患了癲癇，這種病不僅在發作時會讓人窘態畢露，而且對人格也會造成嚴重打擊。依此報告，這家庭的父親、母親與女兒三人，在前世的美國大革命時期，就以完全相同的關係結合在一起。父母為了財務上的利益，將他們的一切押注在英國那邊，而且儘量收集對皇室有利的消息。這女兒聰明、美麗但也魯莽。這種綜合的天賦對父母的企圖極為有利，他們不但沒有約束她，反激勵她以其天賦本能作有利的政治運用。

雖然報告並沒有講出其結局如何，但卻指出了顯現於現世的後果。在我們確切反省、深思熟慮之際，也不得不感嘆到：**天網恢恢，疏而不漏**（原句為 If the mills of the Gods grind slowly, they grind exceedingly small）。這女孩的靈命報告是這樣說的：

「這魂體的雙親應透過他們自己的靈命報告，來比擬他們的過去世經歷，以發現其該學的功課及對她的責任。

每一個靈魂看到這魂體現在所遭受的苦難，都應認清：**每一個靈魂均會回應報償自己，神是不會被愚弄的；人種的是什麼，收的也必是什麼。過去的自我擴張與自我放縱，現在便會自作自受地顯現在其身體上。**

現在要爲該魂體進入物質現象界所負責的人，也正是要爲過去該魂體不能適當自我克制負責的人。事實上，他們就是爲了得到更多的私利才縱容她。結果，他們在此生也面臨到幾乎同樣的經歷。」

總之，這女兒爲了她前世的縱情性慾，而在現世受肉體折磨之業報。她的父母，爲了要對她過去的任性負責而擔起了這世要照顧她的義務，這眞是再適合不過的報應了。

★★眼盲的女兒

第二個案例，是個在紐約生來就眼盲的女孩。這小女孩是個很可愛的孩子，她對光有些感知，但無法區別物體的形狀。她的母親爲她申請了健康報告，但因沒有靈命報告，所以我們無法獲知造成其苦惱的業障原因。然而，從她母親爲自己申請的靈命報告中，我們可以清楚她對這孩子之所以有特別職責、義務的原因。

她母親在過去世曾是位教師。報告說：「這魂體趁機利用某種情勢，爲一個母親帶來混亂。雖然該魂體提高了自己在人們心中的地位，但是**人看外表，神卻看內心**。在現世的苦惱中，妳與丈夫的遭遇正在回報你們自己當初曾經有過的行爲。因爲你們曾經**把私心慾望置於神的法則之上**。」

對這不明的狀況，我們只能猜測，或許其父親也有關聯。從報告中我們能知道的是，一個教師爲了私利，剝削了一個母親，並且攪亂了這母親內心的安寧。很可能這事牽扯了二條不一樣的命運之流。被剝削的女人自己也有些前世的業障要應付，於是在現世便以眼盲的形態來贖罪，而其現世之所以選擇這母親，乃是爲了給她機會以回應她該盡的業障義務。

★★嘲笑、漠視別人的痛苦引來殘障的孩子

第三個例子是有關唐式症的。此案雖未提供什麼細節，但清楚的是，該案中的母親在巴勒斯坦那一世嘲笑過受苦的人，於是便爲現世的自己引來一個有缺陷的孩子。

另一案例是個患有腦積水（**Waterhead**）的早產兒，這母親在生下她幾天後就去世了，年輕失妻的父親於是把嬰兒寄放在一位天主教徒的家裡。在她四歲時，他爲她要了份健康報告。這位天主教徒的來信是這樣的：「她很聰明，了解每一件事，知道大家的名字，話也講得很好。但她不能走路，因爲她的頭太重，所以她必須小心穩住她的頭。」

因爲這小女孩沒有作靈命報告，所以我們不知道她罹病的業障原因，但，這父親卻做了靈命報告，其中他曾詢問與這孩子的前世關係。報告給他的答案是簡短而尖銳的：「在此生之前的那一世，你本可做到卻沒做的事，你最好能在此世做到。」很不幸的，在這報告中沒有足夠的資料能夠確定他的懈怠之罪到底是什麼。我們對他前世所知的僅是，他是個狄爾本堡（**Fort Dearborn**）的商人，他「雖然在心理與物質層面上贏了，卻在靈魂上輸了」。

此案例強烈暗示一個推論，即：**漠視旁人的痛苦，會將天命帶到你家門口**。人或不致如此無情地對他人施以殘酷行爲，但是像但丁之所以會把某些靈魂置於地獄邊境，正是因爲他們固然不會積極做壞事，卻也不會積極做好事。在面對痛苦時，這種態度或許還不足以造成他自己來日的身體殘缺之罪。但是，他必須設法變得敏感些，他必須想辦法**學到對受苦之人給予關懷**。那麼，除了讓他成爲受苦孩子的父母外，還有什麼更好的辦法？看到自己的子女不能自立、無能而感痛，他才有機會了解其他受苦孩子的父母的痛苦，他才得以認識人痛苦的意義。

如果連續給他二次學習積極慈愛的機會後，他仍是無動於衷的，則他的疏忽之罪就可能大到會讓他在下輩子親身遭到痛苦——可能生下來就罹患病痛。像這樣的後果雖沒有在報告中明講，但在這案例及許多他案中都有強烈的暗示。

相互怨妒的姊妹

以上引述的各案，都顯示了業罪如何存於父母與子女間，然而，同一家庭的孩子之間也存在著業罪之緣。在凱西檔案中，就有對姊妹互有敵意的案例能說明此點。

本案中的二個女孩，從童年早期就相互嫉妒、猜疑與憎恨，二人不斷爭吵，且常都只是因爲一些小事。這家庭有五個孩子，但在其他兄弟姊妹中彼此都沒有敵意存在。從佛洛依德的觀點看來，這兩個姊妹的敵意或許會以嬰兒想占有父親而致相嫉來解說。依照凱西的超視，二者之一確實有因異性而引起的強烈嫉妒，但這不是由現世的父親所引起，而是姊妹兩過去世的丈夫所引起的。

爲了將此一複雜的人物關係弄清楚，我們最好依現世的關係給他們三個人取個名字：妹妹叫露露，姊姊叫愛麗絲，露露的丈夫叫湯姆。當露露在她的靈命報告中請求說明前世她與丈夫及姊姊的關係（在那時，她與二人都有麻煩），報告告訴了她下面的故事：

在殖民晚期的維吉尼亞州（**Virginia**），他們三人彼此都熟識。湯姆當時是愛麗絲的丈夫，露露在當地有點像個媽媽天使，曾在湯姆的太太爲了某些未知的原因而離開他時，照顧他直到恢復健康。露露的動機原先純粹是出於對姊妹的善心，但她的善心卻使她與湯姆間產生了情愫，愛麗絲發現後極度地怨忿。這莫名的怨忿與嫉妒很快就演變成憎恨，這些侵蝕的情緒傷及這受苦女人的心靈深處，即便經過了幾個世紀都還存在著。

理性地說，愛麗絲此生沒有必要去憎恨或欺負她的妹妹，但是在她潛意識的深處卻滿懷恨意。而於露露，所有防衛與復仇的機制也被潛意識所警醒。不知不覺中，她們開始重演過去的情緒鬧劇，不由自主地，她們互相嚴陣以待，因爲過去她們有充分的理由去相爭。

★★互有敵意的兄妹

第二個手足互有業緣的案例是二個在英國出生的孩子。在二次大戰時，他們由一位美國女子照顧，她那時正督導自己在某新英格蘭州倡導改革的學校。這兩個孩子被領養時，男孩十歲，女孩五歲。他們的這位監護人熟悉兒童心理，對兒童教育不僅有豐富的學識，且有充足的經驗。對於這對兄妹間的敵意，她感到很是擔心。顯然，哥哥是主要的侵犯者。她在信中這樣寫到：「他非常聰明，但卻如此令人憐憫。」她為兄妹兩人申請了靈命報告。

報告中透露，原來這兩個孩子，前世於蘇格蘭猛烈世仇的鬥爭中分屬對抗的二派。現在仇恨再度持續，像意識之河的潛流，甚至在數百年後，這怨恨仍強到在一個十歲的男孩與一個五歲的女孩之間引起敵意。

★大家庭的共負一軛

這兩個案例，足能說明其涉及的原則，亦能提示一個可能的根源給那些被自己與手足間難以解釋之敵意所折磨的人，以及被其病患有此問題而困擾的精神分析醫師。當然，任何家庭中的成員都會因一時的惱怒，而對其他成員興起自認為有理的敵意。人們常會因平日漫不經心或不經意所造成的不悅、討厭而埋下與對方對立的因子，一旦在緊密的家庭生活中遇到了嚴厲的考驗、關頭，就會演變成無法忍受，甚至脾氣爆發的狀況。

批評靈魂轉生的人，一方面會指出此一事實，另一方面則指出其邏輯推理太過簡化（凱西說過：最簡單的解釋就是最佳的解釋），他們說：「當事情本身就能獲得良好的解釋時，就沒必要以靈魂轉生來解釋家庭中的怨恨。」對於此一批評，大部分主張靈魂轉生的人，若不是對一般所定義的簡約原則失去了信心，多是會贊同的。無疑地，它有助於人去審慎地深思宇宙中的種種，但是，且不管靈魂轉生的理論見解，科學上的新發現的確擴展了人的視野，不但證明了「最簡單的解釋必是正確」這一假設，並指出這或許只顯示出人的頭腦簡單，而非意指宇宙種種的運作是簡單的。雖然我們把這想像得很簡單，但在新事實的光照下，這些可能都只是零碎不全的。

如果整個靈魂重生的原則能被接受，則其中有爭議的細節部分自然就能解決。人與人之間的敵意，既可以用現行的理由來解釋，自然也可用若干世紀前種下的起因來加以解釋。

當然我們要記住，揭露敵意的過去世起因，並不會就此一下子解決問題。**如果受同一怨恨挾制的人們，不願再同負一軛，他們就必須一再於來生中，不斷以細心及耐性去努力，以愛代替恨，以仁慈代替敵意。**

此一告誡，不僅適用於同一家庭的成員間所產生的敵意，也適用於任何與我們發生緣生關係而有的敵意。總之，在家庭中不斷互換角色的經歷，應能顯示：**我們不單是某一家庭的成員，更是整個人類大家庭的一員。我們應當常常體認此一真理實相，去學習、生活。**

第十九章　職業能力的往世根因

永生（Immortality），在基督教神學中，通常被認爲只朝著一個方向——將來——延伸。依照無時間因素的四度空間物理學看來，此一觀點頗不完整。即使不從科學來思索，而只從宗教信仰的觀點來看這件事，心靈必然是不受時間限制的，因此，如果靈魂是不死的，那必然也是無生的。如果靈魂永恆存在於未來，就也必永恆存在於過去。我們以「生」、「活」、「死」來劃分的生物學觀點，則必僅是永恆而非物質的靈魂之一種現象，或可以說是其投射。

★我們是帶著累世的才能而來的

此一觀點，雖遭現代基督教神學所排斥，卻被早期基督教的諾斯替教派（Gnostic Christianity，重視靈知或神秘直覺，盛行於第二世紀）所承認。有好幾個現代詩人都表達了此一想法，其中被引述最多的大概就是華茲華斯（William Wordsworth，一七七〇～一八五〇，英國詩人）的作品——《永生的宣告》（*Intimations Of Immortality*）。華茲華斯感覺到：我們的「生」僅是睡了一覺，而按照古人的智慧，遺忘，是有其充分的理由的。他確信那與我們一起甦醒的靈魂都是來自遙遠之處。這話被成百上千個相信前生的人不斷地引述。當他說：「我們乘著榮光雲彩而來」時，相信靈魂重生之人會希望他說得少些浪漫，多些現實。以終極意義來說，靈魂確實來自於神，並得以分享——雖然我們常會忘了——祂無瑕的聖潔與榮光。而在上帝超感官的領域裡，那可能是有著神性的光輝與美麗的。然而，此事雖看似眞實，但我們並非乘著榮光雲彩而來，**卻是帶著累世的能力與障礙，優點與缺點而來**。

★★美容世家

再沒有比專談職業輔導的靈命報告，更能明白顯示出平衡的精義。在某些報告中我們可以可看到持續原則如何運作，以把人性格上的態度、興趣與品性帶進今世。顯然的，對人的才能的運作原則，將會成爲個人職業發展上的重要因素。

報告中有一個典型的例子，那是一位在紐約很受歡迎的美容專家的過去世經驗。她經營的是個專作美體雕塑及美髮的豪華沙龍，她自己也是個有魅力而優雅的人。她的靈命報告提及了她過去的三世，其中只有二世看來是對她現世的職業有直接影響的。首先，在法國路易十五世時，她對宮廷與統治者均有很大的影響。在那世，她學到了外交、賣弄風情，以及高雅的言行、儀態和穿著打扮。在此之前的羅馬時代，她是貴族中最早信奉基督教的；再更早之前，她則是生在西元前約一萬三千年的埃及，是活躍於神殿的侍奉。在此，她學到經由舞蹈、音樂、美術來塑造自己美麗的身體，同時也學到如何使用美容液、油膏與粉來美化身體。

報告中提到，她在法國宮廷的經驗，也與此相類，換言之，這些均有助於其前途發展及在社交上的活躍。需要解釋一下的是這女人的古埃及神殿經驗。在埃及時期，似有二種主要的神殿。一個叫美麗神殿（The Temple Beautiful），另外一個叫奉獻神殿（The Temple Of Sacrifice）。二殿的描述散見於幾十個報告中，把這些零星的描述兜攏起來，我們就能得到一個相當完整的概念。

★古埃及的美麗神殿

美麗神殿有著大學的性質，但是它不像大部分的大學，它的主要重點不僅僅在於孕育心智，也在擴展整個人格。所有的藝術與科學均應用於達成學生們的靈魂與肉體之美，使他們能成爲影響自己國家或其他國家的力量。它之所以叫做神殿，意味著它是宗教或心靈導向的；它所包含的七個中心或訓練養成焦點，相應於人內部器官的七個中心（即前述之七腺體），這意味著其課程與建築都基於完全神秘的知識上。

美麗神殿的許多功能之一就是在心靈基礎上給予職業輔導（這個輔導主要以促進心靈的發展，提升心魂層次爲主）。現代有很多人對利用藝術或宗教來作職業諮商、性格發展或人格整合感興趣，這都是因爲他們在那個時期曾是這方面的教師或學生。在古埃及智慧學校與博瑞斯・博哥斯樂夫斯基（Boris Bogoslovsky）在他傑出的教育著作——《理想的學校》（*The Ideal School*）中所提出的高超理念之間，都有著許多令人驚異的相似處。

★奉獻神殿

奉獻神殿則屬於醫院性質，是以從亞特蘭提斯學來的電氣技術來執行外科手術，並利用電頻率治療疾病及改善身體上的缺陷。這裡的指導原則是身體美容與種族改進，而「神殿」同樣意味著心靈導向。

★骨科醫生

現在我們來改談一個成功的骨科醫師其過去世的職業，我們發現下面的歷史報告提到他四次的過去世中，有三次都是與骨科相關的職業。由近而遠的去追溯後可得知，其前世是美國早期的醫生，與印第安人很熟，從而讓他對自然醫療與草藥很有興趣。在報告中時常提及，在過去世，常與印第安人往來的人，或那些自己本身就曾是印第安人的，多喜歡大自然與野外生活，並對手工藝品很感興趣，也傾向於自然方式的生活與醫療。在其第二次的前世，他是早期基督教時期一個管理沐浴按摩的人。其第三世則是在波斯從事一項未指明的工作。其第四世則是在約西元前一萬三千年的古埃及，替死人塗香油等以防腐的人，此一經驗可能讓他得以熟悉人體的結構，以及各種草藥、香料與其他藥劑對人體的作用。

電影藝術主管

另外一個案例是個好萊塢電影的藝術與色彩主管，報告描述他過去三世都是從事藝術性的工作。在其過去的四世轉生中，第一次是美國殖民時期的室內裝潢師，第二次是蘇俄的哥薩克（Cossak）陸軍軍官，第三次是中南半島某國王后的室內裝潢師，第四次則是在古埃及的美麗神殿中作室內裝潢師。當讀到他在哥薩克的轉生時，我們可以猜測到，他大部分的活力、警覺靈敏以及對細節的感知力皆是來自此一世的經驗；而他誘人的風采、喜愛華麗的服飾、對工作的衝動與活力則似與他過去世的職業經驗沒有什麼關聯。他的專業性技能，才是導因於過去三世的藝術性生涯。

作曲家

一個紐約的成功作曲家與音樂會經理人，同樣也有多樣但相互關聯的過去世生涯。最初，他在紐約是個學校教師，負責教導學校中的歌唱與音樂班；第二次則是一位在德國製作樂器的木雕師；第三次則是在迦勒底（Chaldea，古代巴比倫南部地區，位於今波斯灣西北）爲尼布甲尼撒二世（King Nebuchadnezzar，古巴比倫國王，在位期間西元前六〇五～五六二，曾摧毀耶路撒冷，並將猶太人囚奴於巴比倫）表演的滑稽劇演員；第四次則是個在古埃及，從事於神殿崇拜之音樂工作的亞特蘭提斯人。此人今生對樂器的形式、音調的完美及塗飾等專業顯然源於木雕師的經驗，他的喜感與機智源於作宮廷小丑的經驗，而他的音樂才能則完全是從他二世爲樂師的經驗而來。

★★銀行家

有時，一個人的嗜好也可溯及前世。例如，有一個案是某銀行的總裁，他從少年起就熱愛所有運動，尤其特別喜歡棒球。當他所屬的浸信會教堂的牧師，強烈反對他在禮拜天玩球時，這總裁就立刻退出了教會。

銀行經營是這人的專業，也是他富裕的原因，但他把閒餘時間都用於經營一個棒球俱樂部上，棒球聯盟一直用它來作爲訓練場地。他的過去世職業經驗頗爲有趣：起初，他是美國早期的移民，從事進出口的工作；其次，在羅馬時代，他負責管理政府競技場的比賽；第三次，他是波斯一個遊牧部落的領袖，設立了幾處物品交換地；第四次，他是古埃及的寶庫監護人。値得注意的是，其中三世與此生的金融專業有直接的關聯。其第二次作爲羅馬競技場的管理人，無疑帶給他許多在管理上的能力，這對他作個銀行總裁很有幫助，而且也是他對戶外競爭性運動有強烈興趣的主因。只是他此生的環境只允許他把這些運動當作嗜好。

★★累世的嗜好

另外一個案例是個海軍的食物檢查員，他的靈命報告解說了這人的嗜好，卻不能解說他採購與檢查食物的專業。這人對石頭與寶石充滿了興趣，他創設了一個寶石交換中心，並與寶石切割商及收集人保持密切聯繫。自海軍退休後，他就將全部時間用在此一興趣上，在凱西報告給予他鼓勵後，他更加如此。他的過去世是這樣的：起初，他在俄亥俄州與印第安人作小件飾物與烈酒的交易；其前一世是波斯的商人，以駱駝商隊旅行，主要從事的是埃及的麻布與波斯的珍珠、中南半島的蛋白石、打火石、青金石，以及黃金市（Cities of Gold，不知它所指爲何）的鑽石和紅寶石等交易；再前一世，他是在聖地（Holy Land，指巴勒斯坦）的西臺人（Hittite，西元前二〇〇〇～一二〇〇，原居住在小亞細亞及敘利亞北部之民族），專門販賣教士衣飾上的寶石。

本案有兩點要特別注意。其一，報告選擇的基本原則是很明顯的，換言之，選擇哪一世哪一生，全視對當事人是否有用而定。本案例中的主人，在作報告時已接近退休年齡，結果，報告根本不提那些導致他從事今生主要海軍工作的前世，反而只提那些對其今生嗜好有影響的部分，因爲在寶石方面，他還有許多有建設性的工作可做。

報告告訴他，且不論他對寶石長久以來就很熟悉，事實上他從未充分了解它們的眞正價值。他把它們視作美麗的東西，値得收藏買賣，甚至把提供它們作爲裝飾教士衣飾之用視作宗教性的象徵，但是，他從未看出它們眞正的重要性。這就是本案第二點要特別注意之處，即寶石的後光（Vibrations）有某些治療與刺激的作用。（譯者註：據譯者研習所知，所有的物質，其實都是在高速中運動的無數極細微原子等所組成。有運動，就會產生振動（Vibration），大群的各式振動，無以名之，於是便稱它做後光。因為它也是一種光，但只有心眼已開之人才能看到它。石頭、寶石、金屬等自然也有其後光，有的對人有益，有的是中性的，有的則對人有害。）

★★寶石、石頭、金屬有治療作用

在凱西檔案中，於一九四四年作本報告之前，就已有很多告訴當事人要戴某些石頭、寶石或金屬，以取其有利的後光之例子。但其所建議的無一與傳統曆書的誕生石（Birthstone，象徵出生月分的寶石，傳說可帶給該月誕生的人幸運）相吻合。迄今還未能發現哪種石頭適合哪種人的正確原則，但好幾次都有說到，每一種石頭、每一種元素，均有其原子的能量，我們的身體在本質上也是原子能。哪種石頭適合哪種人，唯有透過超視能力或某種爲此目的所設計出來的器具才能決定。

然而，這是唯一叫人去研究這題目的案例。雖然十年前，這建議看來令人吃驚，甚至令人感到荒唐，但是當現在對原子的能量迸發了解時，這看來就漸漸可信了。應附帶一提的是，在科學發現原子力量之前的二十年，凱西報告即間接提及石頭的原子能量了。本案中的這人，在報告提示後，即以高度興趣，集中全力朝此方向做研究。

★★古埃及的「生命徽章」

基於過去世經驗，報告在職業諮詢方向，也提出好些很不尋常之事。其中一事乃與報告所謂的「生命徽章」有關，另一事則與電療法（Electro Therapy）有關。兩者均被形容爲亞特蘭提斯和埃及的古代藝術與科學的復甦。

在古埃及美麗神殿中作爲導師的男女教士，能夠以超視感知力或類似今日心理學的各種分析，來針對各人業障問題和業緣天賦決定每個學生一生最適合的工作。學生既作了如此的職業選擇，也就決定了他應修習的訓練課程。這些課程包括有飲食學（Dietectics）、體格（Body-Building）、治療與再生等各方面上的訓練、體能、衣著的藝術、科學、疾病復原、心靈調養、音樂、藝術、演講、手工藝，以及靜坐，包括使用音樂與香味的靜坐。

在最後決定了適合的專業領域後，一個受過這方面訓練的人，就會頒一個「徽章」給這學生。這代表了該魂體過去世的發展模式，並用以提醒他此生的生存目的、意義。此一生命徽章或匾牌通常是一個分成三或四等分的圈圈，每一等分包含有一個景象、圖像或象徵圖，顯示出學生在某一過去世所獲得的動能推力（Urge）、才能、或心靈力量（Strength of Soul，即靈魂的力量，相信應指堅毅、寬容、心平氣和……等內心力量），或者代表某些魂體需要學得的才能或內在力量。這些徽章的意圖是爲了要喚醒、引出每一學生深藏於己的潛在能力，它也是要學生能覺醒、了解他與天地創造動態之間的關聯。報告說，在二十世紀末葉，當古埃及的記錄儲存廳（Hall of Records）被發現而開啓時，某些匾牌就會顯現出來了。

某一青年女子，依照其報告所說，曾在美麗神殿參與三種活動：以音樂提升身體後光，以便靜坐與治療；設計出能美容身體的飲食；和設計出剛才所說的生命徽章。報告又告訴她，此生她可作個成功的營養師或藥師；還進一步告訴她，透過靜坐的練習，她能開發出其潛在的意識，如在古埃及時一樣，可以看出一個靈魂的過去歷史，並能以符號性的圖案畫出他心靈的目標。這女孩將此兩點建議均付諸實施。她成功地選了音樂作她的事業，也透過靜坐，培養了感知生命徽章的能力，但她只有在非商業謀利的情況下才會使用這能力。

關於職業的第三件不尋常的事是：報告常常推薦人們去研究用電療配合化學、水療（Hydrotherapy），或音樂。當然，電療我們已經相當普遍在使用它了。它的意義在：報告對好幾個人都提出此建議，並建議把它當作事業，因爲他們過去在亞特蘭提斯或在埃及皆有此經驗。

看來，在西元前約一萬年，亞特蘭提斯大陸三次地殼劇烈變動中的最後一次，有很多亞特蘭提斯人都逃到了埃及，同時也把高度發展的藝術與科學技能帶了去。雖然因爲某些原因而使得他們無法重建他們有力的文明，但他們一部分的科學與埃及的文化融合了。在所有建議以各種電療爲職業的案例中，都有一個有趣的共同點，報告說，這是一個對現在文明來說還相當新穎但對古代文化而言卻很熟悉的工作。此一科學的知識雖已在歷史中遺失了，但卻仍潛藏在那些轉生於當時並參與這工作的人的潛意識中。

在大部分案例中，凡有人熱衷於飛行、電子、電視、催眠、傳心術、原子能等者，其原因多半是該人在亞特蘭提斯時，他們的職業便是與這些東西相關。總而言之，我們敢說，若任何一個案中針對某一專業領域有強烈的興趣或高度的成功，則其必曾於過去一次或多次在前生中從事於類同的職業，或與該職業有高度密切的關聯。

★★作家

「有高度密切的關聯」是有必要的，因爲有好些例子是在一種職業上很成功，但在前生卻沒有同一職業上的經驗。舉例言之，一個成功的女作家，她的文章多被刊登在美國一些最時髦、最受歡迎的雜誌上。在她過去四世的轉生中，只有一次是與寫作有關，而且還是非專業性的。在這四次中：第一次她是早期美國的女演員、巡迴藝人；第二次是個基督徒，專向其他基督徒報告安提阿（Antioch，土耳其南部城市，係古敘利亞的首都）城的活動；第三次是巴勒斯坦的一位家庭主婦；第四次是美麗神殿中的老師和到戈比地方（Gobi Land，譯者查不出這是何地）的使者。

這女人的寫作風格簡單、直截了當而生動。報告將她這能力歸因於她作爲巡遊藝人時說故事、演出、指導的經歷，她在巴勒斯坦對母子關係有所領悟的經歷，以及在古埃及時擁有直覺能力的經歷。她在安提阿的報告活動到底是什麼性質則不清楚，可能是負責寫些信。她簡扼的敘事能力很可能來自那次的經驗，雖然報告並未提出。

當然報告沒說出她所有的過去世，因此，我們不知道這女人在過去的轉生中是否作過作家。然而，從她已知的四次轉生來判斷，她的各種寫作才能乃源自於過去四種不同的活動，而此生則是她第一次將它們結合成寫作這個職業。

★職業才能、嗜好皆肇因於過去世

很多其他案例也叫人相信，追尋新的職業才能，絕不有礙於成功，只要這興趣在過去世已奠下基礎，而某些相關的能力也已獲得開發。譬如，有個三十一歲男子的案例，他已婚，並決心要學醫。雖然他的父親是個醫生，他原應有很好的機會去學醫，但他未在年輕時去學醫的理由，卻沒在其來信中說清楚。

他迫切想從凱西處得到報告，以獲知他如此晚才決定學醫是否明智，以及是否會成功。報告在這一點上一再給予保證，並指出他之所以會決心成爲一名醫生，導因於他在美國革命時期的那一世。他當時是個勤務傳令兵，因他富於同情心又有安慰人的天賦，所以他的長官就交代給他提高眾人士氣的工作。就在這段期間，他開始嚮往作爲一名醫生。顯然的，他在看到人們肉體受苦後，心中充滿了憐憫，並希望他能有知識與能力去解除他們的痛苦。

因此，該魂體選擇了一個醫生作爲他此生的父親，以方便他進入醫生的行列。他如此晚才學醫的原因一直不清楚，可能他的早婚是個主因。在他與妻子之間，可能有個起因於過去世的強烈業緣使他們相互吸引，在一時猛衝下，他因而忘了其他的目標而衝動結婚。當然也可能是其他的原因，但重要的是，報告對他第一次進入一新行業這事，給予了成功的保證。

總而言之，分析職業才能的過去世肇因後可以發現，一個人的職業才能似乎早在前一世或多世的前生裡，已在同一或有高度相關的領域中有了相當的底子。熱衷於某嗜好，常表示這可能是該人前生的工作。很多看來新興的行業，實際上都是古代亞特蘭提斯與埃及藝術和科學的再現。有些人似乎正要開始嘗試其靈魂歷史中第一次碰觸到的新行業，但只要在過去世時，其興趣已完全地被發掘出來，某些相關的能力已獲得一定程度的培養，則在該領域也是可能獲得成功的。

第二十章　選擇職業的原則

凱西檔案中的職業個案，在深思熟慮的調查者心中引起了很多問題。第一個問題是關於源頭的問題——嘗試要去追溯靈魂由神而出的開端的問題就困擾著大部分相信靈魂轉生的人們。到底是什麼使得一個魂會朝向某一職業發展，而另一魂朝向另一方向發展？如果人的靈魂都從神而生，且是平等而無差別的，那爲什麼一個人會從農業開始發展，另一人則從貿易，第三人從紡織，第四人從音樂，第五人從數學開始發展？是否每個人均有某些不同細小的要素而終導致他們選擇其他不同的活動？如果是的話，那又是什麼個別的要素呢？

雖然凱西檔案對此一問題並未提供明確的答案，但是它們對另外一個問題則給了令人滿意的答案，即：是什麼原因，使一個靈魂從一個職業轉行到另一個職業？凱西檔案中就有許多此類轉變的例子，就其相關資料分析，此一轉變可以下列二個因素之一來解釋——願望或業緣法則。

★因願望而轉換職業

在好幾個前面所引述的案例中，願望，被視爲與業緣有相同強度的力量。看來一個靈魂能經由與一個有才能和優質的人接觸，而開始渴求此種對他來說是新的經驗的才能。依照凱西報告的說法，很多人因親見耶穌教誨眾人、服務患病受苦的人而受到激勵與感動，從而也希望能作同樣的事。此種願望的力量會連續好幾世傳遞下來，且會努力於獲得教導或治病的能力。有時願望之形成，並不是因受高明之士的感召或激勵，而是出於自己在某種情境下，需要某種能力卻沒有的不自在感。且不管它是怎樣被引出的，願望看來是決定靈魂命運的重要因素。它會逐漸積聚動能，在其方法和方向越來越具體後，就會經由選擇適當的父母與適宜的環境，開始邁向其生命的新境界。

在強烈願望的驅使下，要達成從精熟的某種職業能力轉移到另一種，或許需要好幾世的時間，就如從內向轉變到外向的情形一樣。如果此一推論正確，則於那些對自己本行能力感到平庸的人將會是很好的激勵。或許，與他人在同行的傑出表現比較，他們會感到自己的不在行，這是因爲，他們在此一新領域中僅僅才作了一、二次嘗試的緣故。

★由業因而覺醒的隱藏的能力

除了願望，業因看來也是個決定職業轉變的重要因素。跛腳的身體業障，顯然會打斷一位舞者的成功事業，但這業障的出現，恐怕是醞釀了好幾世的期間，才終於等到時機成熟而能實現。阻礙了一種能力的自由表達，必然會帶來另一個機會，從而使某些長期隱藏著的能力覺醒。

在第五章中所敘述的因臀部關節患了結核症而跛腳的女孩，就是一個這樣的例子。在她害病後很久一段時間，她都在想她應做什麼才會對社會有幫助。報告告訴她可以去學豎琴，也告訴她有這方面的天賦，因爲在古埃及時期的那世，她的專長就是彈弦樂器。這女孩聽從了這建議，事實上，她也發現自己在彈奏弦樂器上確有優異的才華，雖然，從前她從沒想過要學它。從那時起，她與其姊妹一起開過好幾次演奏會，雖然沒有很出名，但她至少有了能使她快樂與忙碌的專業。她緊接此世之前一世的轉生，則有其他職業，所以，很明顯的，在這生啓動的身體業障，阻斷了她之前的職業能力使之不能再繼續，從而引發出了她的另一種能力來。

★★職業是讓人心魂成長的工具

另外一個問題是：在目前此一太陽系的天體系統（意味在此一系統的生命週期期限內）下，每一靈魂必須經歷過多少職業，其魂的進化才算完整？要有一個完整的發展，每個魂顯然必須做過許多不同的事情。任何魂，於藝術上已達到完美，卻對機械、醫藥和社會學一無所知，若是這樣就想從太陽系畢業，顯然是不可能的。可以想像的是，掌理這所宇宙學府決策的校董會規定，在所有的領域中都有一些必修學分，然而，要如何爲如此多的學生（世上每個人都是學生）安排各個不同的課程，又是另外一個問題。

不管基本計畫如何，有一點看來至少是顯而易見的，那就是在許多案例中，職業問題與心魂問題之間都有著密切的交錯相涉。換言之，在很多情況下，**職業上的困難，似乎都是因該人在性格上有缺失而需要糾正的緣故**。一個切題的案例是個四十八歲的單身漢，他因爲某些個性上的問題，使他越來越厭惡房地產仲介這工作。他爲了想換工作而要了一份凱西的報告，凱西告訴他，在前世，他曾是個專橫、霸道的教師。他這一粗暴而刻板的性格被帶入了此生，因而形成他在社交上的困難。報告勸他，即使不合己意也要留在目前的職業上，「**因為，總是不容易，你才能學到需要學習的功課**。」

在檔案中有很多類似的例子，其中一個還述及了托爾斯泰（Leo Tolstoy，西元一八二八～一九一〇，俄國文學家與哲學家，曾著有《戰爭與和平》等書）的省思。他說，**人生的境遇很像建築的鷹架。這些外在支架，只供工人進行該建築的工程施工，其本身非最後目的，只是暫時性的。一旦建築完成，就要拆除鷹架。或許，職業亦應作如是觀——它是讓人心魂能藉此成長的一套工具**。

★職業能使人成為神的共同創造者

在另方面，職業，或許並非全是從屬於性格上的優質成長。或許它們本身內在的某些東西，就是心魂所需要充實、精通的。或許，在每一種活動中，人都要學著去了解、去熟悉其內涵，因爲其中都有許多人生的哲理可學。或許，學習、精通諸如醫藥、音樂、農業、藝術等，主要是爲使人最後終能成爲神的共同創造者——一個沉穩自得、聖潔而有威力的心靈，一個了無惡意、容光煥發、充滿愛心而有創造力的表達中心——能使人自己也能創出各式各樣的有形物體、生命與世界。

★職業與占星的影響力

像這樣的遠景，確實能鼓舞人。然而當我們回到現實的日常生活時，我們仍得面臨這非常實際的問題：一個人在不知自己過去世的職業，也沒超視能力看清自己人生的功課下，如何在職業上作出智慧的選擇？有個對此問題特別有興趣的人，向凱西要了一個此一主題的研究性報告。他提出的問題是：「是否能設計一種心理測驗，以對那些不知自己前生的人，就其往世作有系統的探索，從而得到在職業上的輔導？」關於這個問題的答案是：占星圖（astrological chart）對許多案例都很有用，但是，由於現行的占星術沒有慮及往世在地上界的轉生，所以其資料其實相當不可靠。報告說：「因爲對很多人而言，哪種職業比較適當，要看其在地上界轉生時星相所產生的影響力。（譯者註：按西洋占星術，太陽系的各星球及其衛星，對地球及其居民均具有獨特的影響力，此外，其對地球的相對位置也對地球及其居民有不同程度的影響，此對於各星球在人出生時那一刻的相對位置來說，尤其重要。所以，西洋占星術乃是依人的出生月、日之不同，將人歸類為十二種，並賦予象徵的星座及圖號，這就是所謂的個人天宮圖。因人出生當時的星球相對位置及其影響力的不同，從而可分析此人可能具有的性格與命運等等。）在某些情況下，職業是與天宮圖相合的，但有些只有部分相合，有些甚至是相反，這全都要看地球的活動狀況而定。」

此一消息令人倍感興趣，如認眞思考研究，則或可在星象科學中某些未被探發的領域裡找到新的發現。但是在這些新領域被發現、弄清楚之前，我們仍然需要面臨同樣的基本問題——我們沒有超視力能夠去知曉每個人的過去世，因此，就無法把他導向適合其潛能的職業。

★★隱藏帳戶中的才能與天賦

有關職業選擇的困惑，是極普遍的現象。然而，就如身體上的殘障，這種猶疑也有其教育上的意義——它必會讓你對人生與工作的意義，以及個人在群體中的意義深自省思。某些魂體來到地上界時，在其早年就已清楚顯明了其職業方向。而某些人則看來是處於過渡時期，需要重塑其想法，因此他們需要經歷一段時期的疑惑與混亂，這是他們獲得澄清與力量前所必須有的前奏。從可得到的證據顯示，這種在選擇職業上的困惑的解釋，是相當有可能的，即使凱西報告在此處或他處均未明言。

從凱西資料中能夠得到的消息都有其明顯的價值——它能夠啓發心理研究的新方向，與處理職業問題的新態度。有次某人問一個愛爾蘭人，他是否會拉小提琴？「我不知道」那愛爾蘭人居然如此回答，「我從沒試過」。這輕率的回答並不像乍看起來那麼荒唐，它其實是出於天眞的妙語。在研究過凱西報告後顯示，這話同時含有潛在意識中的智慧。因爲，沒有人知道在他心中的秘密寶庫有什麼潛藏著的天賦。

有一件很奇怪的事，在全國各地的銀行中，均有以百萬元作計數單位的儲蓄帳戶被其存款戶所遺忘。每隔一段時間，若這些帳戶都沒有動靜，銀行的行員就會設法就其最後一個地址去追蹤，如還是沒辦法，銀行就不得不將此存款放入一個叫做隱藏帳戶（Dorment ledger）的帳戶中。這聽起來很令人驚訝，特別是在這個人民如此愛錢的國家中，但這卻是千眞萬確的。這種隱藏帳戶的狀況，就像我們人的人生情景。

在凱西檔案中，有著很多有才能或天賦，卻明顯被遺忘於潛在意識的庫藏中的案例。在很多案例中，在報告要當事人注意到自己的才能後，當事人才會努力，使之成爲他可靠的職業能力。這種輕易就能得到的才能，也證實了前生經驗的推理論點。了解此一事實後，我們感到，在我們的潛意識中有一儲備的力量，就如在童年住居的城鎭中，我們還有個儲蓄戶頭般。這想法固然太通泛了些，但卻不失爲一項指引。要對選擇職業有實際的幫助，關於這方面的消息就需要更詳細些。如果我們有像凱西般的超視能力，那就太幸運了，若沒有，則透過暗示、催眠、靜坐等應該也可以開發我們深層的記憶，發現我們前生的能力爲何。

★透過嗜好釋放天賦能力

另一種能發現並釋放我們未知的天賦能力的方法，便是透過嗜好。任何有強烈興趣的部分，都極可能源於往世的某種活動。某人對西班牙事物有著高度興趣，可以證明其曾在西班牙轉生過；某人對中國事物有高度興趣，便證明其曾轉生在中國。上西班牙文課或選讀中國文學可以培養這種興趣，並挑起其在深層潛意識裡的記憶，而對那一世所得到的能力有所覺醒。它也可能把我們引向那些在同一過去世中與我們有緣生關係而在此世轉生的人，而且我們可能會因於共同懷舊的興趣，再度碰在一起。我們人生的路途，主要都是因人而改變的。遇見與我們過去有業緣關係的人，可以因開展全新的活動領域，而徹底改變我們的生命。

★盤點自己的才能

在職業選擇上的困惑，不僅是因缺少才能，也可能是因爲才能太多。看來，某些人雖多次轉生在不同的領域，並在每一領域中經由密集的訓練而獲取了卓越的能力，但結果卻反而讓他們在此世不知所從。很多有天賦的青年人，無論他們多有才能，最後竟爲猶豫不決與漫無目標所苦。

在職業選擇上的第一步，當然就是要盤點自己的才能，不論是多或少，然後在最強的才能中作一選擇，這是心理學家們認爲最適合的答案。他們還據此設計了各種測量表以測量人的才能。凱西報告雖未以數字將此事作精確表達，但卻贊同職業心理學家的這個觀點，而報告也通常會以顯著的方法來點出此人的傑出能力。

★選擇職業的原則

在職業不定的狀況下，或在有必要特別告誡當事者的狀況下，報告對職業選擇的隱藏原理就變得很明確。三個一再提及的原則可說是此一原理的核心。第一個原則是：決定你的理想，你內在生命的目標以及設法達成它。

★決定自己的理想

確定理想，是選擇職業的原則中不可或缺的部分，它與職業上的自我指引有特別的關聯。報告總堅持，一個人應該清楚明白自己的理想。爲了有助於具體的思考，它們建議人們可以拿張紙，畫成三欄，標出身、心、靈三者，並在其下寫出個人於此三方面所期望的最高目標。下面是些報告的典型引句：

「當**分析你自己與你的理想**時，不要只把它們放在腦中，還要把它們寫在紙上。寫『身』，畫一條線；寫『心』，畫一條線；再寫『靈』。從靈那欄開始，在其下寫下什麼是你靈裡的理想，是耶穌、佛陀、心、物質，上帝，或你心目中任何一個代表靈的理想。然後，在心欄下寫出對自己、對家庭、對朋友、鄰居、敵人、事情與狀況等的理想心態。什麼是你在物方面的理想？……用這種方式來分析自己。然後付諸實踐所得到的知識。」

「開端是先決定你的理想。把它們在白紙上寫下來。嘗試自己畫一個圖。你是個好工程師，擅於畫東西。你有試過畫自己嗎？你希望眼中的你，與你希望別人眼中的你有多大的差異？什麼是你心的理想？記住，在物質的世界中，心才是物質的創造者。」

總之，報告認爲我們的理想務必有好幾個，但是眞正健全的人生與眞正的自行引導，唯有透過明確清晰的目標才有可能達成。我們的職業選擇，正應從此一觀念、範圍去開展。

★★才能是為服務他人，名利自然隨之而來

凱西報告中關於職業選擇的第二個原則是：努力服務他人。**我如何能為人類作最佳之服務，這是所有人在作職業選擇時應持守的指導原則**，我們終必學習，視我們自己爲人類群體的細胞，而非好戰國的成員。「**對他人的服務，就是對神的最高服務。**」這是報告常提及的文句。另一句則是「**你們中間誰最偉大，誰必作眾人的僕人。**」

報告認爲這才是最終極的理想目標，所有其他理想都是一時性的，都是可抹去的，但最終必歸趨於此。這可從下列的陳述中清楚看出：

「這裡只有一個理想，那就是把宇宙的創造動能根源（這可有很多名字）作爲你的理想，把你的身、你的心、你的靈，作爲服務那動能根源與同胞的積極力量。」

按此一原理推論下去，則經濟上的安全、名聲與成功，自然就應從屬於服務的目標，它們追隨這目標就如牛車之跟隨牛一樣。一個十三歲的孩子，有好幾種才能可選擇，他問：「我應該選擇哪一個才能，才可以在成年後在財富上獲利最多？」報告的回答是：「忘掉金錢，想想哪條路能使你貢獻出最多的力量，從而讓這世界變得更美好。**永遠不要只為謀利貪財而努力。運用自己的能力去服務、助人，這樣自然會為你帶來金錢上的收穫。**」

另外一個人問：「我要往哪方面努力，才可能獲得大量的金錢？」他得到的回答是：「**放下金錢，誠實與真摯地去做人、過活，**然後讓別人也知道這條正路。**增多財富是上帝的事。**」報告告訴一個進出口商說：「那麼給你的格言是：**服務我的同胞，讓我能幫助那些我所接觸到的人們，而不是讓他們成為我的墊腳石。讓名望與財富成為我正當過活與服務助人所帶來的結果，而不是讓他人作為我獲得名望與財富的墊腳石。**」

這使我想起那偉大的建築師克里斯多佛・雷恩（**Sir Christopher Wren**，西元一六三二～一七二三，英國建築師也是科學家）爵士的故事。據說有一天，他經過他所設計的新倫敦大教堂的工地時，工程正在進行，他好奇於做此工程的工人如何看待他們的工作，於是就問幾個工人同樣的問題：「你在幹什麼呀？」第一個人望了他一眼後說：「我在鋪磚呀。」第二個說：「我在掙幾個便士。」第三個則回答：「我在建築一個了不起的教堂。」從這第三個人的態度中，他看到的不是勞力的工作，也不是金錢報酬，而是一個美好且能帶給人福祉的目標。這正是凱西想引導那些在選擇職業時的人所走向的正途。

★現在在哪裡，就從哪裡開始

凱西職業的第三個原則是：「**有什麼先用什麼，你現在在哪裡就從哪裡開始。**」這勸告看來如此容易，卻又好像是多餘的。然而，就像很多其它明顯的事實，這句話卻是必須重覆強調的，因爲人總會好奇、感興趣於複雜且遙遠的事，因而多會忽略了那些簡單而切身的事。

很多人，一旦有了服務人群的眼光，就易矇蔽於模糊的理想，或急躁的熱忱中。人生意義的新境界，可能會在其發展世俗事業的半途中絆住他們，使他們解脫無門。他們對家庭的責任或經濟上的障礙，會阻止他們獲得所須的訓練，從而無法實現他們新近認清的任務。就是爲了這種人，報告才常須提醒他們：「人只能用他已有的來開始。」千里之行，始於足下，那足下的一步，正必須從他站著的那一點開始。

下面選摘的說明是很有代表性的。一個四十九歲的女人問：「我此生的眞正工作是什麼？」回答是：「鼓舞激勵軟弱、膽小的人，把力量與勇氣帶給那些畏縮、躊躇的人。」她又繼續問到：「我要如何進入這種工作？」「今天妳手邊能找到什麼事情，就做什麼。」報告如是回答。「你看到什麼會臨到我身上？我最好到哪裡去實現我的命運？」她又再問。「妳今天手中有什麼事？」報告重複地說，**「使用妳現有的，從現處開始。讓祂帶領妳的路。把自己放在祂手中。妳是管道。不要告訴祂，妳喜歡在哪裡工作操勞，或服務或被服務，而是要說，主啊，我是你的。你要怎麼用我，就怎麼用我。」**

另一個女人也關注同樣的事。她六十一歲，以前是北歐某國領事的太太，曾長期旅居東方，對藝術與宗教有深入的研究。她問凱西：「請詳細告知我如何能爲人群作最佳的服務。」回她的答案大體上是：**「看每天妳都走在什麼路上。並非計劃完成某些了不起的行為就是做的比較多，誰能每天實現所得到的機緣，誰才是做的最多的。若能妥善運用如此的機緣，就能開出更好的路來。因為我們用以幫助別人的路會擴展開來。」**報告跟另一人說：**「從你現在的所在之處開始！待在你應該待的地方，當你證明了你自己，祂會給你更好的路！」**

★開始於此世，結果於彼世

此一實用經濟學的原則——每個能幹的家庭主婦早就知道，都必須要從已有的東西來做最大的發揮——不僅適用於那些突然發現自己希望服務人群的人，而且也適用於那些渴望擁有了不起成就的人。事實上，報告總不厭其煩地要人：「有什麼，就先用什麼」以及「在哪裡，就從哪裡開始。」這麼做是要抵消人性中的二種傾向：短視、愚昧所造成的癱瘓，以及因觀點太長遠而造成的癱瘓。

很多人都確切知道在藝術上、科學上或政治上要達致什麼成就，但是，由於錯誤及唯物的短視，因而使他們變得洩氣、消極，因此其目標看來也就不可能會達成。因爲人們對生命與努力的持續性太無知，不了解**時間是不重要的**，不明白**開始於此世的因，常會在下一世才結果**。由於錯覺於自己的發展是受到時間上的限制，因而大家或許多會公認，在這一世中，自己是不可能會成爲一名了不起的音樂家的。但是如果本人允許這種想法來癱瘓自己的意志，以致完全放棄音樂，結果便會使自己停滯不前，且爲來世留下空白。然而，如果我們能夠應用長時間的智慧所凝縮而成的簡扼告誡：用現有的，從現處開始。那麼就能消解這個癱瘓，我們的精力也能被釋放而用於適當的地方。

在另方面，很多人對靈魂轉生原理所能帶給人類進步的遠景，在理智上深感振奮，卻不能將此心智上的熱誠，轉化於日常的實際行爲中。許多通神論者與靈智學者（**Anthroposoh-pists**，亦有譯爲人智學者，是奧地利身兼哲學家、科學家、藝術家之斯坦納（**Rudolf Steiner**，西元一八六一～一九二五）所首創，其主張是：有一個精神世界的存在，人不能以感官而應以人人固有之純潔靈智，才可以充分對之認識理解；於一九一二年成立靈智學會，一九一三年在瑞士成立一精神科學學校，倡導鍛鍊悟性，不受物慾吸引，此後，類似學校在歐美興起多達有八、九十所。科目包括有科學、數學、醫療、傷殘、戲劇、藝術、音樂、語言等。其原理聽來有些類似禪的味道）變得太全神專注於研究心魂進化得以運作的宇宙法則，以致忘了這些法則的知識不會無故令他們自己的心魂進化、改進。他們就好像專心研究交通路線地圖，卻從不出發。他們的生命血液中充滿了對研究的專注精神，因此當要付諸實踐，以達陶冶其人格奉獻、服務人群之最終目的時，他們反而會遺忘發呆、心不在焉。當然不是只有通神論者與靈智學者才有這種意志薄弱之罪，即使在哈姆雷特（Hamlet，係莎士比亞名劇之一中的主角，講的是十二世紀末的丹麥王子，要報殺父之仇，雖有多次機會可以下手，但卻一再膽怯遲疑，下不了手）以前，怯於行動已成爲哲學家們易犯之罪。

★★自我改進、完美，是點滴漸集的過程

從凱西職業哲理核心的三個原則中，我們可以發現，報告論及人類命運的宇宙觀雖作了海闊天空的表達，但用的卻是實在、平凡的常識來平衡之。當然，不是了解了靈魂轉生就一定會破壞任何人的心裡平衡。相反的，它還能使人的每一個決定判斷更合理、更正確，因爲它是符合道德倫理與宇宙觀點的。初識靈魂轉生的觀念，以及其驟然擴展的眼界，如無常情常識的平衡，有時確會令人意氣高漲，心神飛揚。凱西職業原則的研習，應能有助於糾正此一缺失，同時這也顯示出：無論一個人對人類命運的概念有多廣闊包容，**自我改進、自我完美都是一天天、一寸寸在進行的緩慢過程**，此實是不爭之事實。

再者，凱西報告常提醒人，**無論一個人遭遇到的境遇如何，它必最適於這人內在心靈成長的需要。即使這境遇看來會阻礙其從事人生真正的職業，也須認清它其實是踏腳石，而非絆腳石**。唯一改變外在境遇之道的是，藉由耐心改變自己對境遇種種的逞強與抗拒。有一個報告是這樣說的：

「要記住：不論你處在什麼境遇中，這都是對開發你的內在所必需的。一個魂體必須在其日常生活中的一句句話語或一件件事情的日積月累中來開發自我。

一塊一塊地鋪上磚塊，建築物就蓋起來了。在一天天的一言一行中，人表達了他的所見所識，因而構築成他的知識之城，開發了他潛在的能力，達成了他的人生目的。**當魂體為邁向服務人生之路來準備自己時，就會出現改變狀況的境遇，使他可以看到下一步，看到下一個機會**。

那麼，手中有什麼，就用什麼來建築吧！一點一滴，一腳一印的。不要匆促草率，不要過於急切，因為，**所有完整的建設其實都是祂的作為**。」

第二十一章　才能的問題

在凱西的資料中，有關於人類的才能，以及才能一世又一世持續發展所隱含的意義是特別重要的。首先，它們讓人感到人有無限擴展的可能，而這，全看個人的努力而定。

★只要努力，人就有無限的可能

我們已經談到隱藏的才能帳戶，可讓人一次次的提取支用，所以，每個人現在所擁有的資源，就是過去在自己的生命銀行努力儲集而來的。顯然這種體系既須往前做，也須往後看。我們怎樣以現在推斷過去，便也可以同樣用現在來指望未來（這與佛教所說的「欲知前世因，今生受者是，欲知來世果，今生做者是」甚為相近）。不論現在付出多少時間、精力、思考與關注於才能之獲取，這些都會在我們的帳簿裡記入未來之貸方（意味以現在的努力作投資以期獲酬於將來）。

在世界的每個角落中均有成千上萬的人在追尋他們的青春美夢，即使明知不可能完全實現。從現實的觀點來看，這徒勞無功眞讓人覺得悲哀，但是，從業緣的持續原則來看，他們的情況似乎也不見得那麼令人哀憐。

一個老人因愛花而努力種花，這或許不會爲他帶來大獎、或使他在園藝界中聞名全國，但是，他卻在此生奠下了植物與園藝知識的基礎，在某一來生中，這可能就會讓他成爲那時代的植物奇才。一個中年婦人莫名的熱衷繪畫，這雖成爲她家人朋友茶餘飯後的笑話，但卻可能爲她的藝術能力立下根基，以致或許來世有一天，能使她爲未來類似西斯汀教堂（Sistine Chapel，羅馬梵諦岡教皇專用之小禮拜堂，飾有米開朗基羅等大畫家之壁畫）的處所作畫。一個教師耐心地教授鋼琴課，一年又一年，默默的埋頭苦幹，雖然她演奏的夢想希望早已枯萎，但如果她知道這是邁向掌聲與名聲的正途，她可能會奮而不懈地繼續如此前進著。節拍器的節拍在她潛意識中建構了精確的節奏感，年年重複於研究速度、手指練習、序曲、小奏鳴曲、創意曲與賦格曲等，把調和音調深深地刻印於她音樂的記憶中。再過一世，或二世，或三世，她或許就能成爲當代的演奏家，以其直覺的創意、即興的演奏能力，以及優異的節奏感震驚世人。

即便邁入老年也要積極有為

總之，依照靈魂轉生的概念，**努力是從不會白費的**。如果業障會公正精細地來懲罰我們邪惡的行爲，那它必也會同樣公正精細地酬答我們有建設性的努力。了解此一重要的事實，能使我們的意識兩極化，從而使絕望消弭於無形。在每一瞬間，我們都在創造自己的未來，決定那將來之界標。將來是正面抑負面，全看我們在此刻是作積極、建設性的努力，抑或消極地屈服於明顯的錯誤上。

這個概念有若干重要的推論。首先，它很清楚地指引出人生的最後階段，即所謂的老年，不必定是退縮、無爲，以及一般所認爲的無用。依照凱西的報告，在西元一萬年前的埃及，一般人的壽命都遠超過一百歲。適當的飲食及正確的觀念，使得老年來得很晚，也不太顯現於外貌上。現代的科學對於這看來似乎有些誇大的報告有著越來越確定的證據。我們的許多實驗室，在食物對健康、耐力與壽命的影響上，已有重大的發現，而且，我們也將發現，老弱衰相大多是由於錯誤的飲食、生活與思想習慣，以及從身心病症醫學中所發現的身、心關係而起，衰老也有相當部分是起自於「沒用了」的心理期待，因爲我們感到生命已到盡頭，感到青春已消蝕殆盡之故。

這種心態是來自於所謂的水平的人生觀（Horizontal View of Life）——或是習慣於把自己與他人在同一時空水平上作比較。然而，靈魂轉生原理下的唯一眞正人生觀，卻是垂直式的。總與那些比我們年輕的人比來比去，不但可憎，而且也無此必要。因爲，**我們所有的人，實際上都只要努力於超越自己就好**。在某種意義上來說，**我們的進步，是與別人無關的，只與自己及上帝有關**。

充分了解此點後就可以知道，在面對那些認爲自己於目前生命周期中，居於與眾不同且地位優勢的人，我們是不需要焦慮的。**競爭僅不過是個唯物化的幻覺。在精神實體上，我們不是跟他人競爭，乃是在跟自己競爭。**

★★「積存財寶在天上」的真正意義

我們雖然不能預見在未來社會中對老年問題會採取什麼確切的解決方式，但是，看來在某一年齡，從積極工作賺取收入的角色上退休下來的這一點，至少會延續到在青春永駐術上有重大進展之時。無論社會會作怎樣的安排，年長的人絕不應視自己已是與樟腦丸及去冬棉被一起放在衣櫥裡一樣。相反的，他應好好把他的時間用於培養新才能、新技藝、或研習以前因家庭責任或工作職責而未能允許他做的事，而且，他應確信這樣做，是在爲自己來世轉生的內在財富奠下基礎。這是耶穌勸誡人不要積財寶在地上，但要積財寶在天上的幾個可能解釋之一（在《聖經新約・馬太福音》六章十九～二十節中記載耶穌說：「不要爲自己積攢財富在地上，地上有蟲子咬，能銹壞、也有賊挖窟窿來偷。只要積攢財富在天上，天上沒有蟲子咬，不能銹壞，也沒有賊挖窟窿來偷。」）這裡的天，是指意識被解放的狀態，而財寶則是指心、靈所具有的才能。

報告表達此種觀點時，有時是明白指陳，有時則是隱喻的。除了前面我們已看過的要那六十歲人深入研究寶石的治療特質的案例外，諸如此類的案例還有許多。報告要一個接近退休年齡的警察研究化學，以便有助於作個偵探。要一個六十三歲的祖母幫助年輕人探索其人生。另外一個也是要六十三歲的祖母擴展她成立多年的花卉生意，並且也要她培養寫作能力——關於這點，她是從未想過的。

★★如何克服老年的恐懼？

報告常直言不諱地說，**我們有義務對生命目的本身有積極的作為**。下面是此案例摘錄：

「在任何事上都要採取中庸之道，任何事都不要過度，那麼你在此生，就有九十八年可活，也就是說，你該活得這麼長。但是你能給別人什麼？除非你有什麼可貢獻給別人的，不然，你又有什麼權利擋了別人的路？**只要你能有所奉獻，只要你能對別人有價值，你就能一直活下去。**」

問：我應如何爲老年作最佳的準備？

答：好好準備現在。老年雖會使你成熟，但你的年齡將跟你的心智、信念一樣年輕。如果你要保持長青，就要討人喜歡，要友善，要愛人。

問：要**如何克服老年的恐懼與寂寞**？

答：**出來為別人做點事，即為那些無能為自己做的人做，使別人快樂，忘卻自己。在幫助別人中，你就能夠驅除恐懼。**

問：有沒有什麼嗜好是你可以建議給我的？

答：幫助別人。在戶外弄花弄草對你也是個不錯的消遣。計劃每天爲那些無法爲自己做事的人做一件好事。對被關在屋內的人，即使只是跟他們談談話，陪陪他們，你也會發現那對自己有莫大的幫助。

一般永生的觀念，對生命延續的問題是模糊且不實際的；**因著靈魂轉生原則，人類的才能與努力，才在心理學上變得極富意義**。

嫉妒是罪惡

才能是自己努力獲得且世世延續下去的，此一眞理的第二個重要推論是：**嫉妒是不必要的**。愛默生說：「在每個人受教的過程中，總有個時候，人會了解到**嫉妒就是愚昧無知**。」他所說的正是一項眞理，唯有知曉靈魂轉生的人，才能充分了解他這句話的意思。既有人已做了，他人也能做，對這一事實無知的人才會嫉妒。所以，對於**別人所擁有的美貌、能力、愛、名聲或財富等**，**只要我們肯做必要的努力**，**那麼我們也能夠得到它們**。

在我們現在文明與心靈認識的層次上，嫉妒常在其他動機不能起作用時開始啓動。然而，**當嫉妒導致敵意、仇恨、輕蔑、毀謗、怨憤以及相關的惡意行為時**，**那就是罪惡了**。多才多藝或許是所有事情中最受人嫉妒的。那些在不只一個領域中能夠向世界證明其價值及卓越成就之人，要比那些只在一個領域中有成就之人，被更多的人所嫉羨。他以多才多藝得到了讚佩。雖然，他得到了口頭上的讚佩，但是，在別人心中，他得到的卻是敵意與怨恨，因爲他剝奪了別人受到讚許的權利。

如果大家都知道，一切的才能也都在我們所有人可得的範圍內，那麼，嫉妒應會減少，名符其實的多才多藝者也會增加。天地的心靈秩序，不像某些經濟制度，並不要求一些人的「有」，必須以他人的「無」來做爲代價。所有的資源，只要人無私而純潔地使用，就可以讓所有人都同樣能獲得。

再者，職業才能的開發，不僅應減少令人疏離的嫉妒感，更該增進令雙方合一的賞識感。我們此生已專注於其它事情而無暇於表達自我的某一面，但現在卻有他人能替代我們表達我們某方面的自我，這不是很値得賞識、欣賞的嗎？譬如說，此生忙於家務的女人，在其心深處渴望作個舞蹈家，有時候看到電影中的芭蕾舞景，或在新聞中看到一個舞者優美舞姿的照片，便會深深怨恨命運迫使她燒飯掃地而不能跳舞。但是，若她能想到，只要幾世紀後，或許更短，她也將能有跳舞的生涯，嫉羨的刺痛就會消解，她應覺得心懷感謝，感謝現在那舞者在自己的過渡期中給了她替代的滿足。「你就是他」（Tat Twam Asi，係印度話，或譯作：你就是那個）是印度的格言，這句話有著深而廣的意義。其意義之一是：**看到人類各式各樣的成就時，我們只不過看到了我們自己內在心靈潛能的外顯化**罷了。（作者在此欲表達的也如同：自己這個小我與他人這個小我，其實都是大家共同大我中的一部分。不管是哪個小我所成就的，只要大我能獲得滿足，那麼我就也能分享其滿足，因為我本與大我為一。如此，人自然不會生起自私心、分別心、嫉妒心、幸災樂禍心。）

職業能力累世成長原則的第三個重要推論是：就如嫉妒，挫折感是不必要的，只要心魂受限於形體的世界，當然就會有挫折感。只要在雛菊（Daisy）的形體內，有一點點雛菊之所以爲雛菊的生命特質，它就是雛菊，而不是大麗花（Dahlia）。百合花或許羨慕玫瑰的嬌艷美色，而玫瑰或許也渴望有百合花的高雅大方。**每一物，雖自身本來就完美，但卻不得不接受其自有形體的限制。**

★★挫折是創造之母

除了在詩情中的想像外，花卉不會因渴望成爲它自己以外的東西而枯萎、死亡。人通常也不會爲此而死，但卻會受苦。而且，當挫折變得劇烈、心神變得敏感時，他會爲此而罹患精神病甚至肉體上的疾病。

挫折，在另方面如嫉羨等，都有其重要的心理功能。如果需要爲發明之母，我們也同樣可以說，挫折是創造之母。因著挫折，所以我們能寫出新歌、能發明新藥、能發現新大陸。

當布爾渥利頓（Edward George Earle Bulwer-Lytton，西元一八〇三～一八七三年，英國小說家）描述他的烏托邦國家是沒有文學時，則在此國度，就不會有人有任何的挫折，也就沒有慾望去寫或去談到人的痛苦或不滿。**就像放在蒸氣上的泵壓，挫折能把人的活力疏導成具體化的創造物**，不然，人的活力將完全無拘亂散。總之，**像宇宙所有存在的現象一樣，挫折有其利弊的兩極面**。在迫使人發展新的優良物品以及創造新的優美形體上，挫折的存在是有益的。但是在導致人失去內心平衡，生命呆滯不暢上，它則是有害的。**職業才能世世連續的這種信念，便能夠制止挫折這有害的一面**。

有這麼一個關於蝸牛的故事：在一個酷寒的正月清晨，牠開始從櫻桃樹冰凍的樹幹慢慢往上爬，此時有個從樹幹裂縫中跑出來的甲蟲撞到了牠的頭，並說：「嘿，兄弟，你不要浪費時間了，上面根本沒有櫻桃。」但是蝸牛仍繼續前進，並說：「當我到的時候，就會有了。」

蝸牛富冷靜、耐心與遠見的自信心，就成了那深深信服於職業才能持續原則之人的內在特質。另外一個擁有正確心態的例子，可於偉大的小提琴家帕格尼尼（Nicoclò Paganini，西元一七八二～一八四〇年，義大利小提琴家及作曲家，曾經沈迷於酒色賭博，也破產過）的故事中見之。據說，他曾在關債務人的監獄中待了二年之久。他不知用了什麼方法，弄到一個老舊的三弦小提琴。不斷地練習這殘缺的樂器，是他唯一可消磨時間的方法。最後他從牢房中被釋放，回復自由後，他多次在公眾場合，以過去從未有過的狂熱與完美來演奏小提琴。

他以從未有過的精湛技巧，深深感動、風靡了聽眾。他前所未聞的技藝——在一次困難的樂集演奏中，他的小提琴斷了一根弦，於是他就用三根琴弦演奏到結束——更是歸功於那二年他在被迫獨居中所下的功夫。

帕格尼尼的牢獄之災，給了他不小的挫折，但他的反應是積極而非消極的。長久以來，人必然會透過強加的業障糾正措施，以及生存環境的影響來認清挫折。但挫折既不應使我們畏縮，亦不應阻礙我們，更無法擊倒我們。我們能在腳鐐活動範圍內學跳舞，甚至在牢獄城牆內學唱歌。**既然挫折是無可避免的，那就讓我們學著以耐心、積極，甚至喜樂的心態去接受它，為仍蟄伏於未來世代中的未來勝利，奠下厚基。**

第二十二章　人格動力

像精彩故事的情節般，人生是因有衝突、爭執，才會令人覺得有趣的。對原始人來說，衝突多半起於與他人或大自然的爭鬥。**當人愈來愈進化時，衝突的產生也愈驅向起於內心**。這種內在的爭鬥，在不同時代，可以被形容爲好與壞、心與物、理智與感情、良心與衝動、或意識與潛意識等之間的對抗。

★★把肉身誤為真己

所有這些描述均有其眞實性，然而，在靈魂重生的觀點中，它們並未充分解釋衝突。依照此一觀點，衝突的主要根源，是心魂犯了把自己認同做物質的錯誤。靈魂其實是藉由物質的表象來達成進化的。（譯者以為，如作者寫成：「**心魂犯了把肉體認同做真己的錯誤**」，則較易了解。靈魂是永生的，但為求進步，須自其居住的更高次元世界降世，藉由父母的血緣，取得由物質所構成的肉身，以學習種種功課，死時，靈魂走了，留下帶不走的物質肉身還之於大地，所以物質肉身不是真正的自己或真我，只是一時借用的。但如今卻**執著於、認同物質肉身為真我，所以才會有種種的衝突**，想來，這或許才是作者所要表達的真正含義。這活於三次元物質界的肉體我，只能靠不可靠的五官來感知以構成其意識、想念，因此可叫做偽我。）**這種謬誤的認同導致自私與疏離的行為，而這又導致業障報償的運作。業報運作會體現於人的不良行為，使人受其挾制，而這正是人心理痛苦煩悶的首要基本根源**。人反抗那難以捉摸而自我設定之心獄挾制，就構成了內在衝突的形態。

★往世帶來的推力

凱西的報告很清楚地指出，還另有一個衝突的根源。我們必須記得業障有二種特性——報應性與持續性。其中業的持續性，能同時將不調和的因素或推力從前世帶來，從而形成人內心世界衝突的另一根源。

在凱西檔案中，推力的意義是：起因於過去世經驗的一種衝動、衝力（Impulse）或慾望。譬如說，一個人從過去某世帶來要表達音樂的推力，從另一世則帶來教書的推力。這兩種衝力在他職業選擇的意識中會互相引起衝突。他應做個音樂家或做個教師？他很可能爲這種不知何所從的內心掙扎，折磨許多年之久，其結局可能會混合兩種推力，或者乾脆都放棄而去做別的，另立人生目標，或只求溫飽就好。

★未完全中和的推力——矛盾

當推力未被完全中和時，就會引起比相互衝突、激盪更困難的掙扎。譬如：某人的傲慢推力乃是來自於他某個前生，對被壓迫民族，擁有獨斷的權能。在其後的轉世中，他變成跛腳而貧窮的孩子，其傲慢便因爲業障而受制，反之，則得以滋生出寬容和同情。然而這中和或消除作用並不完全。結果，本是同一基本的特性，卻在意識中湧出二種相互矛盾的衝力。因此我們可看出其人格中有明顯的矛盾，呈現在傲慢與容忍的交替上。此人也將逐漸察覺他自己的矛盾。如果他能醒覺，則所有的人都將互爲手足，他就會開始努力平息這種其來有自的傲慢。然而，有很多人都沒法察覺他們自己的矛盾。

此種推力的不完全中和狀態，是由廣泛而深入地研究凱西檔案後歸納而得的結果。無數單一零星的線索證實了此一歸納，對好些個案中的當事人，以他們的靈命報告作長期的第一手觀察後，也能確認此一歸納。或許最明顯的單一例子就是下面的個案。

★★從人格的矛盾到人格的整合

在此案當事人的人格中，有兩個基本的人格矛盾。其第一個矛盾是，他有時愛隱居、內向、沉默、冷漠、不喜社交、謹慎、超塵出世；有時卻又和藹親切、外向、豪爽、開朗、活潑、耽於聲色。依照報告，這種怪異的不一致，是由於二種顯著不同的前世經驗所致。有一世他在英格蘭一修道院作修士，這給了他不喜社交的傾向；在此之前的中古時代，他參與了十字軍東征，這帶給了他外揚活潑的傾向。此生這種雙重性情使很多人疏遠他，因爲今天他是熱情洋溢的同伴，但明天卻冷漠保守，他們實在摸不清他，從而無法信賴他。

其第二個人格的矛盾則看來顯然是起因於未完全中和的推力。在這人的某一前生中，他曾是埃及的統治者。他那施惠者的趾高氣揚、孤高而幾近蔑視的優越感，均可溯因於那一世的經歷。但是在之後的一世中，他居於巴勒斯坦並深受耶穌的影響。受了這位偉大導師的人格感召，他養成服務公眾的習慣以及人皆手足的堅定信念。

在此生中，這後一推力顯然占了優勢，所以他選擇了宗教和社會服務方面的領導為工作。他創造新模式，無止無休地努力，為眾人帶來亮光。他以愛心輔導助人，成果極為有效。然而，他不時仍會陷於埃及經驗所帶來的強烈高傲中，因為這種推力，仍未被巴勒斯坦或其它後續轉生的經驗所充分中和。他逐漸察覺這種潛藏的缺失，並努力要超越它，因為他知道這與他的人格理想不吻合。在力爭上游的過程中，他的人格逐漸趨向整合，而非崩解，他偏斜的本性，乃能逐漸朝向自我完美與服務人生的正途邁進。

★★定下人生理想──→調和矛盾

能夠察覺諸如此種的矛盾，決定較需要哪種人格傾向，以及努力克服其相反面是處理、對治根深蒂固的衝突的適當方式。當我們查究這類案例時，可以清楚看到為何報告如此堅持重複勸戒：「先定下你人生的理想」。乍看之下，這話雖有道理，卻也是老生常談；這話雖是正面的，卻也像是陳腔濫調。然而，經由愼思熟慮的分析後，我們發現，這勸告對整合成人問題確實有無比的重要性。

一旦定下了人生理想，我們就如航行有了羅盤，存於潛意識中的矛盾思想，有了調和和超越的利器。這矛盾可視爲光明與黑暗、精神與物質、或善與惡之間的爭戰。但如以其他與較現代化的名詞稱之，這便是已經啓悟醒覺了的意識，與未啓悟、未贖免而仍深藏於潛意識中的想念力量，這二者之間的爭戰。

★超意識人生目標

個人以直覺（非以理性或頭腦）孕育的理想，很可能反映這魂體轉生的基本人生目的——也許可叫做超意識（以有別於以理性頭腦之意識）的人生目標。但是，有時意識（這是指理性的意識）制定的人生目標（雖總有助於進化的最後目的）卻可能只是接近魂體在出生前所選擇的超意識目的。（這裡超意識所定義的人生目標，實際上，也就是人之靈魂眞我於轉生前所定的人生目標，以有別於人來世間後，取得肉身，變成靠五官感知的僞我之表面意識所定的人生目標。前者才是正確且眞正的人生目標，後者則常是肉體僞我之私心所扭曲的錯誤的人生目標。）

超意識所設定的人生目標，是人生至要和統合的原則，只有它才能合理解釋所有外在的事情與人格的表面意圖。如果此一觀點能被充分接受，則傳記的寫作就可以變得更精微深刻，更具意義。傳記作家就可不僅僅記載現世人生之正確紀事，或只描繪表面的種種人格，他的主要工作會是，去發現當事人超意識與此生意識的人生目標。他的次要工作則是，魂體既選擇了人生目標，那就要藉此而追溯其匯聚此生之各種業力。研究前世各生帶來之衝力的相互作用，如何解釋當事人在性格上看似不合理的地方。當然，如果傳記作家沒有超視能力的協助，他就需要以當事人人生的種種資料爲基礎，並以直覺獲得這些要素。他也必須充分了解業障原則，就如本書前所概述般。

前述有關傳記作家與其工作的概述，當然也同樣適用於心理治療師和其他人格分析與輔導有關之人員。不過最爲重要的是，要把相信靈魂轉生者所構思的魂體之超意識人生目標，與心理分析所構思的潛意識人生目標作一區別。爲能使此一區別明白清楚，或許我們可用個假設的個案作例子來說明。

假設有位女性因爲精神崩潰而去看心理醫生。經過分析、治療後，醫生發現，這女人一生中都想要支配、控制別人。在愛之切的藉口下，她對先生與四個孩子頗爲霸道。但是，現在她先生死了，四個長大的孩子不願再受她控制，她視孩子們的獨立自主爲無情的忘恩負義，她感到自己被虐待了，不被需要且寂寞，因而覺得活著沒意思。

分析師找出她嬰兒時或兒童期有某些事，讓她缺乏安全感，以致她長大後總想獲得力量以控制別人。在知道了她一生於潛意識裡都不知不覺地以此爲目標時，醫生建議她不要再費力去想控制她的孩子與他人，而要奉獻自己於慈善公益的活動，讓別人也有自我實現的自由。有生以來，這女人第一次明白了她下意識作爲之眞相，她接受了醫生的分析，遵從了他的建議，克服了一度威脅她的精神病狀。

現在再從相信靈魂轉生者心理學的觀點來看這例子。此種解說的主要差別在，我們認爲這事比嬰兒期有更深遠的起因。我們推論這女子，在某前生中曾擁有過超越別人之上的大權。她若不是居於權威的高位而懷思重建她的權威，就是怨恨屈居低位因而決心爭取能控制他人之地位。不論何者，她確實從前生帶來了專橫的霸氣。這或許是個下意識的推力，也是她下意識的人生目標，但這與靈魂轉生觀點所構思的超意識人生目標不盡相同。

這女子在轉生前預期的總體目標很可能是：做到不將別人視爲自己所有或不將別人視爲自己的走狗，或學習待人如己的功課。她孩子的反叛，在她的小世界中推翻她的霸政，以及她所面臨的精神崩潰等，都是在她預定的人生計畫之內，這樣，她才會學到如何去克服想控制別人的強勁推力。

相信靈魂轉生者的心理分析不同於一般的心理分析部分在於，相信靈魂轉生者認爲，所有的人生經歷，均是永恆眞我（Over-soul）在投生前所作的人生計畫。如果世人能從其種種的人生境遇，學到該學的功課而無抗逆之心，那就絕不會崩潰，而之所以會導致崩潰，乃是要人在自我全然的垮台中，消解掉人格中的頑強執著（即憑一己私意硬要這樣或那樣），那麼一來，其行爲就能與永恆眞我的人生預定計畫合爲一致。

心理分析所想像的潛意識人生目標，通常是自我（Ego）爲了自己想像的不安全感或自己保存（Self-Preservation，即自以爲常受威脅，生怕有所失，而生出的保護自己所已有的一切之想念與行爲）而衍生的自私和唯物（只顧及屬世的，想占有的人、財、物等）爲目的，而**超意識人生目標，則是非唯物的，因爲它只關切能否獲得心靈養分以及學到心靈功課。如果人逐漸知道其轉生的內在目的，則其此生意識的人生目標與超意識的目標就會變得一致，那麼進步就可以快多了，因為人會對其人生的教育性經歷減少很多內在的抗拒。**

★★ 雙重與多重人格

深藏在我們潛意識中又常含矛盾而須力除其弊的推力，在靈魂轉生心理學中是個有重要意義的概念。此一概念有幾個重要的含義，這可更清楚說明今日心理學的好幾個問題。其中之一是：它能爲雙重與多重人格（Dual & Multiple Personality）的出現提供一個可能的答案。

由於斯蒂文森（Robert Louis Stevenson，西元一八五〇～八九四，英國作家）廣爲流傳的傳奇性故事《化身博士》（*Dr. Jekyll and Mr. Hyde*，寫的是一個畫善夜惡的雙重人格人物），因而雙重人格的特性可說早已廣爲人知，少有人知道的是，其實不僅有雙重，甚至還有三重與多重人格的案例。在變態心理學（Abnormal Psychology）的記錄中，這是屢見不鮮的，而且，更有甚者，很多人格的變易，幾乎就如化身博士般，是從一種人格變成另一種完全不同的人格。一流的歐美心理學家對這問題雖深感興趣，但對此卻從未有過肯定的解答。

此類人格的變異，在凱西檔案中並無直接的案例可尋，因此無法肯定凱西是如何解說此種狀況的。然而，鑒於所有其他凱西的資料，有二種可能可以解釋此種人格的變異。其一：被一個或依次被多個無形的魂體（Discarnate Entities）所憑依（譯註一）（Possession）；其二：這是個人前生人格記憶之異常出現。我們之所以提到前者之可能性，乃因在檔案中有好幾個心理變態的案例，凱西都將之歸因於精靈（Spirit）的憑依。不過這些案例均是部分與單一憑依，並沒有證據顯示其有多重憑依。後一可能性——即前生記憶之再現——意味著其前生帶來之推力延伸到了下一世。

★★性格特徵的解釋

往世推力概念的第二個重要含義，與心理學中所謂的「性格特徵」（Specificity of Traits）有關。心理學家發現，人的性格是很明確特定，而非通泛籠統的。譬如說，我們知道，誠實，不是個絕對、通泛的特質，而是集合好些不同特性的德行。誠實，當然是個正當的道德概念，但當它被人用以詮釋人的實際行爲時，它就不是單一概括性的。它有關於金錢方面的誠實，有關於考試方面的誠實，有關於遊戲方面的誠實，有關於談話方面的誠實，有關於個人關係方面的誠實，以及許多分屬個別狀況的誠實，而沒人有單一絕對的誠實。

心理學家對此種特定誠實的反應解釋是：人對特殊情境的反應，是受父母與老師的教導、訓練而成，他因此經歷的滿意或失望，會形成他來日對同樣事情的反應模式。這是個合理的解釋，也使得存於我們內在的不一致性易於被了解。

然而，依據靈魂轉生原理，性格的特徵，不僅是由於人此生在被塑造時期所產生的滿意或失望的經歷，也於許多次過去世的轉生中，累積了教育性的經驗。人很可能在與金錢有關的誠實上學到了很徹底的教訓——或許是經由一次不誠實的行爲被發現並被公布所帶來的羞辱經歷——但卻尚未學到在人際關係上的誠實。人也可能已學到對人尊重的功課，卻仍未學到對動物尊重的功課。

此種人品的多變性是很普遍的，用靈魂轉生的心理說法最能對之加以解說。舉例言之，一個具有誠心、善意的青年人，可能深切關心世界和平以及普遍的社會正義。當有朋友在激辯後，說他的本性基本上是很冷酷的，他就會變得甚爲憤怒。他一點也不相信朋友的指責，進而輕視指責的人。但是，幾個月後，一連串的遭遇使得他了解到，事實上在他的本性中，的確有某些他過去未曾察覺到的冷酷，且每每在決心要反駁別人的意見時就會明白顯出。這種突來的自我認識使他頗爲震驚，他不能了解，他追求理想與對全人類的仁善之心，竟共存著對某些特定人的霸道與冷酷敵意。確實，他開始疑惑，他是否如他敵對的人所稱的，基本上是個冷酷的人？是否他所有的理想都是自我欺騙的偽善？

或者讓我們拿一個總認為自己很慷慨的富有婦女作例子。當她突然發現，她對於物質的東西諸如食物、衣飾、金錢、或其個人所有物等十分的慷慨，但是她對於批評、評論別人行為的論斷卻十分不慷慨時，她在驚訝之餘，不安便油然而生。

★★自我反省有利於成長

諸如此類的發現，在心理成熟的人中是很普遍的，但這也很令他們困擾。因為這些發現動搖了我們的自信，使我們懷疑自己的正直。這種**自我反省之痛，無疑有利於我們的成長**。要知道，我們本性的多變，是因我們靈魂在過去世有過不同的經驗所致。有了這種認識，就可以幫助我們驅除焦慮。如我們接受這種認知，我們就能不動感情地看待這些不一致，並進而冷靜地了解：**我們是有能力去整合的。事實上，人生的痛苦歷練，就是要帶來此種整合的**。在靈魂的各式各樣境遇中，我們終必學得所有的優點。然而，我們不能期待一下子做好每一件事。學校一週上課五天，一年上九個月，不是沒有原因的，同樣，**我們需要許多許多世的人生經歷，才能贖救那內在於己而未被贖救的**。

這些在我們內裡的傾向，依心理學術語來說可稱它做特性（Traits）或驅使力

（Drives），依凱西報告來說則可叫做推力，但這些都不是最重要的，雖然推力這詞或許更能生動地描述所涉及到的推進力量。當徹底了解推力的多變性、其相互的對立性、或其能相互抵銷後，就能大大增進對自我的了解（Self-Understanding）以及對別人的了解。

★★罪欲得贖免，必先改變心、意識

認知過去世推力，還有另一個含義，即所謂的天眞的幻念（Illusion of Innocence）。千百年來，人類對純眞（Innocence）與原罪多有關切。很多哲學家都全神貫注於嬰兒究竟是性善，抑或性惡的。柏拉圖認爲，嬰兒的心充滿了對往世的回憶；洛克（John Locke，西元一八三三～一八八八，英國哲學家）認爲，嬰兒的心像一張白紙，在寫下感官印象後，便能成爲概念；基督教神學家認爲，所有的嬰兒均沾染了亞當和夏娃的原罪，而唯有聖恩（指上帝差遣耶穌來到世上爲世人的罪而死在十字架上）才能使之贖罪。

依靈魂轉生的觀點，所有的人在生時即遺有罪（或說有業、有業緣，或罪業），但這是他們自有的，而非與亞當、夏娃有關的原罪。罪，起因於我們早先的行爲，要贖罪，是無法以浸禮（或叫受洗）或任何其它宗教的儀式來達成的。這些儀式當然有它們象徵的價值與目的，但卻無法替代意識的改變。（罪先由心或意識引起，**要罪得赦免，需先改變心或意識**。接受洗禮或任何儀式，卻不改變其心或意識是沒用的，想來這就是作者在此欲表達的。）

★★人要經嚴懲才不會忘記反省與改過

赫胥黎（Aldous L. Huxley，西元一八九四～一九六三，英國小說家及批評家）講述了彼得・克雷佛（Peter Claver）這位十七世紀西班牙修士聖徒，奉獻其一生服務那些遭到非人待遇的非洲黑人時，是如何勸誡黑奴去思考他們自己的罪的事蹟。這種勸誡看來顯然離題了，然而，就如赫胥黎所說的，「彼得・克雷佛很可能是對的。……對在堅認：**不論處於什麼境遇下，『懈於為善』之罪行，都必須加以改正**；對在相信：**人要經過嚴厲的懲罰，才不會忘記提醒自己的缺失**。於這幾點，他是正確的。」（這與中國孟子的名言：「行有不得，反求諸己」有異曲同工之妙。而中國人所說的**「痛改」，也是要痛了才會改，若不痛，人是很難改的**。）

赫胥黎在這裡碰觸到一個很重要的問題，亦即我們稱之爲純眞的幻相。我們大部分人都認爲自己受到過於嚴厲的懲罰與虐待。我們都相信自己是無辜的好人。少部分可能是由於天生的自以爲是，大部分則是因爲我們一直浴於遺忘之河。由於大自然的仁慈天意，**我們罪惡的過去一直被隱匿而不顯**（如果上天讓我們記得過去的一切，我們將會受不了。）。

★★人的內心隱藏了許多罪過

「我一向對人很好」，我們聽到一位女性在抱怨，「然而看看人家對我如何。人們眞是忘恩負義啊！」是呀——我們可能回答——妳在此生對人很好，因爲妳了解，如果沒有美貌，那麼妳唯一贏得男人青睞的方法就是經由友善的言行。但是，妳也必須了解，這只是妳新長成的美德。看看妳的過去世，妳雖長得漂亮，卻驕奢淫逸，所以妳現在正在收穫那時所種的果。人們現在之所這樣對待妳，並不代表他們是忘恩負義的，它僅是妳過去對待別人的方式反射回妳自己而已。雖然妳這生都在種無花果，但卻一直在收成前生所種的薊草（一種多年生草）。最後，當收成的時節來到時，自然就會帶來妳現在在種的無花果。請接納薊草爲妳當得的收成，並且勇敢地繼續播種無花果吧！

一個敏察人類性格的人，能看到在一個人的內心中，何處是淺灘，何處是人所難以察覺的危險深處。有些人隱藏著憎恨，或著是想控制他人的暴虐慾望，或是寒若冰霜的冷漠。人容易受騙於自己的青春、美麗、財富、聰明、感官的滿足、功成名就，或謙恭有禮，卻茫然無知於可能隱匿其中的罪惡，但是，**當據以自持的外在屏障受到動搖和摧毀後，那些內裡隱匿的東西就會顯揚出來，引出某些狀況，逼使你去尋求補救、改善。**

當痛苦來臨時，人不禁會抱怨，我從來沒做過什麼，我不該遭此待遇。但這種無知僅是幻覺，這樣的邏輯並不合理，就如同那個被控以謀殺父母的法國人，他雖承認了他犯的罪，但卻祈求眾人看在他是個孤兒的分上而寬宥他。那抱怨的人不承認自己犯錯，因爲他眞的不知道自己犯了什麼錯，這就如這法國人以自己成了孤兒爲由而請求旁人赦免他的罪一樣。然而，這確實是他自己的錯才造成了現在的狀況。一定是犯了某些罪或某些缺失，不然不幸怎麼會降臨到我身上？因爲**壞事是不會無故降臨到一個人身上的，除非他內心裡已有某些隱匿的邪惡將之吸引過來**（原文為 Vibratorily Attracted，應是同類相聚之故，雖五官感知不到，但確實存在，就如人不能感知傳染性感冒病菌，但它卻確實存在而能感染人）。

人世的滄桑無常——管它是明顯的外在災難如戰爭、瘟疫或洪水，還是隱微的內在緊張與衝突——是要教育人在性格上做轉換改進。當心理學家承認這種人生滄桑的教育目的，能夠使靈魂在進化的螺旋梯上盤旋而上時，心理學就能夠大步向前了。

同樣的，宗教的實踐者，無論是教士、牧師、拉比（Rabbi，猶太教教師）、婆羅門（印度四階級中之最高者）等，都應該要徹底了解會對人生的內在與外在，造成人之性格改變的各種動力。如絕望中的人渴問他們人生悲劇的意義時，他們就能以很科學的論點，來給出安慰與鼓勵，給出如代數公式般清晰而準確的解說，給出如山頭上落日的壯麗景觀。

* * *

譯註一：

關於憑依，請參考第十二章尾譯者所述之譯註一。至於具有雙重與多重人格之人，作者根據凱西資料推理，係被一個或依次被多個無形魂體所憑依。人確實有可能先後被不同的憑依靈所憑依，而於先後顯現出不同的個性、人格。這先後顯現的不同個性、人格，實即憑依靈的個性及人格。

第二十三章　業由心造

首次聽到靈魂轉生和業障的人們通常會問的一個問題是：「那麼遺傳呢？」基本上，關於遺傳，均被認為與業的事實是矛盾的。然而，這兩者其實並沒有矛盾。關於此點，凱西曾有個很有意思的說法。某人在報告的結尾問：「我從家庭的哪方面得到了最多的遺傳？」回答：**「你是從自己而非家庭那兒得到最多的遺傳，家庭只是你靈魂流過的一條河。」**

★人從自己的心魂處得到最多的遺傳

遺傳法則之所以會扮演次於業緣的角色，能用另一個比喻來解說：假設非洲叢林的土人被帶到紐約來，他有生以來第一次看到戲院向前伸出的遮簷時，他會注意到那小小的白燈如何一個個接續著跳動，如相互追逐般，對他而言，那看來好像是每個燈球都會跳到下一個，然後燈光就會轉過去，一個接一個的。總之，那看起來好像每一個燈會發光是因為前一個燈傳遞給它的。但是，這只是看來如此，實際上，這是因為每個燈精確地於剎那閃滅，以達到要求的順序效果。

這裡的比喻當然不夠精確，但它卻顯示，雖然表面上看來有因果作用，但實際上卻不是這樣的。身體的遺傳的確有在作用著，就如戲院遮簷的燈光在跳傳一樣，但是其他磁性引力的法則也在運作，結果，一個靈魂總會被引向最能吻合其內在需求的家庭團體與轉生機會。

那麼，遺傳以及因此而有的類似生理因果作用的其他型態，實際上是受制於業緣法則的強力吸引的。這樣說來，那些把人類傾向都歸因於遺傳，把所有人類疾病歸罪於生理原因的人，就像是在宴會上的客人向送上食物的僕人致謝般。當然，服務的人的確是僕人，但他們這樣做是因爲主人吩咐他們的緣故。

★決定業的因素在動機

另外與業緣有關而常被提起的是道德的問題。在第四章中所述的盲眼小提琴家，其眼盲的業因，是他在波斯那一世，是個原始部落的一員，而他曾以熱鐵棒弄瞎別人。此時問題就出來了：一個人怎能爲他那時代的習俗在道德上負責？人爲何應爲他履行社會責任而負責？

譬如說，一個法國劊子手被紐約州政府僱用，因此他就在新新監獄（Sing Sing，美國紐約州東南之州立監獄）執掌電刑處死人犯。這個人能夠因爲在法律制度下執行死刑的工作，而要在某一來世遭受業報嗎？若這個問題的答案是不，那麼那位波斯野蠻人對抗爭中的敵族戰士施以盲眼之刑又該怎麼解釋呢？

關於這個問題也是有合理說法的。部分的答案在第十一章中有指出：**不是行為，是動機；**

不是文字，是精義，才是決定業的因素。再者，這之中也極可能有社會罪這回事。那是說，如果社會的習俗眞是罪惡的，那麼這社會的所有人都多少在該罪上有份。如果從終極道德意義上而言，去奴役、殺害或使他人殘廢——且依古人的智慧，此種對他人自由意志的侵犯，絕對是種罪惡——是一個社會習俗，那麼這社會裡的所有人都是有罪的，他們不是順從不抵抗的消極罪，就是起作用的積極罪。如果他們知道這習俗的道德要義，卻仍然不試著去抑制錯誤反而默許之，則其罪狀將會累進得更重大。如果他們積極參與這犯罪，他們的罪狀就會成比例地加重、加大。把戰敗中的敵人施以瞎眼之刑當然很殘酷，如果被指定執行盲刑的人自己就很討厭這種酷刑，而他之所以執行這工作僅是因爲聽命於他的長官而履行其義務，那麼可以想像的是，他將不會受到業報。但是，如果他的內心是贊同執行這項職責的，換言之，在他內心中也有一種類同習俗所具有的殘酷，那麼他就會引致業因。

這問題在〈薄伽梵歌〉裡有極佳的描述。這篇卓越而奧祕的文章，值得推薦給任何有意以業緣概念爲軸心，來形成行爲上新規範的人。它的主要信息是：**沒有執著，就不會創造未來的業。即使愛，也必須成為無我的愛，無執著的愛，無占有的愛，超然的愛，否則它將在未來造出新的業緣**。

如果前案的盲人在古波斯行盲刑時，只爲履行其職責，而不以實行此殘酷的刑罰而感到滿足、得意，那麼他就不會形成業障。因此我們可以推斷：既然實際上**他受到了業報，那麼**

他必然已經在心理上犯了罪，他認同了這個社會習俗，並受到驅使去幹這事。**（人必在心內潛隱著犯罪的傾向或可能性，然後才會有犯罪的行為。）**

★★意外的發生

在第十九章中我們可以看到，凱西報告清楚地陳述了某些與生產相關的案例中，其胎兒的畸形並不是導因於業障。這一點値得我們更仔細地去追查，因爲我們有必要充分了解業的概念。一些相信靈魂重生的人錯誤地認爲：既然起因可能在過去，則所有的起因都在過去，也就是說，現在的不幸或疾病，都是某些過去世之罪的外顯表徵。這是個錯誤的信念。因爲起因可能是在最近的過去，或在遙遠的過去；再者，起因也有很多層次，包括生理上的、情緒上的、精神上的、道德上的。

另外還有一個要考慮的因素——至少依照凱西報告——意外是有可能會發生的，「即使在上帝的創造中」有時也會發生在生產中的傷害，或產後的傷害，這些都純屬意外，因爲這與個人前世的作爲並無內在關聯。

這裡要舉一個十歲的女孩爲例。從嬰兒期起，她就瞎了一隻眼睛，耳朵則是全聾的。她的健康報告說：

「對，這眞是個可憐的狀況。而且這不是因爲業報，卻是個意外，該是護士在她出生時沒有小心作好清潔的工作，以致用在感覺器官上的消毒劑引起了發炎，而傷害了其功能。」

另一個案主則是一位心智失常者，會造成他這樣的原因是因爲生產時使用了鉗子而造成的傷害，報告所給出的說明如下：

「對、對，我們看到了這肉體。這肉體需要很多協助。這是醫生的魯莽，不是魂體自己造成的。有人終將爲此付出很大的代價。這狀況需要長期耐心的用藥治療，但應儘早轉換到一個不同的環境中去。」

那些受到傷害或生病的人，常會詢問他們的狀況是否爲業障所引起的。以下茲舉數例。

在一痔瘡出血的案例中，當事人問：「這狀況是業障嗎？還是因爲我現世做了什麼？」回答是：「這是因爲你吃了太多調味過重的食物。」

一個受耳中噪音所苦的人問了同樣的問題，而他得到的答案是：「它純粹是出於生理因素，並非業障。只要作頸部與頭部運動以去除壓力就可以了。」這裡所提及的三個簡單的動作，還常被推薦用來改善視覺與聽覺。

一個十五歲的男孩在一次意外中喪失了一條腿，他問：「我失去了一條腿是因爲業障嗎？如果不是，那是爲什麼？」回答是：「這是爲了使你更能開展自己而必須的經驗。不是爲了償付什麼，卻是爲了使你能知道自由的眞理。」（《新約聖經》中有一句話：眞理必叫人得以自由。）

另一個右手受傷的人問：「我因意外受傷的右手，是因爲有個超自然的原因，抑或純粹只是意外？」回答：「這純是意外，沒有什麼超自然的原因。」

對於一個患了肌肉萎縮症的男子，報告說：

「這狀況主要是生前所造成的；但這不是父親的罪，亦不是魂體本身的罪，而是爲了使魂體在這世中能學到忍耐與堅毅。所以不要因爲這狀況而悲觀，雖然從外表看來這造成了身體上的禁閉，以致不能活動，只能動頭腦用心，但記住，是心建造了一切。」

從這些案例中可以看出：一些意外就眞是意外，受害人自己並沒有引起因果作用的原由，而且，這種意外是例外而非原則，但這也給了當事人靈魂成長與獲得新能耐的機會。

以上三案所述的事件，會使人立刻想起耶穌回答門徒問起眼盲的人的那一段故事，在《新約．約翰福音》第九章一到三節中寫到：

耶穌過去的時候，看見一個人生來是瞎眼的。

門徒問耶穌說：「拉比，這人生來是瞎眼的，是誰犯了罪，是這人呢？還是他父母？」

耶穌回答說：「也不是這人犯了罪，也不是他父母犯了罪，是要在他身上顯出上帝的作爲來。」

我們可以從這段經文中，觀察到幾個有趣的點。他的門徒問：「這人生來是瞎眼的，是誰犯了罪，是這人呢？還是他父母？」可見，門徒是知道靈魂早先就已存在了的觀念。

耶穌的回答——這有時會被反對者引述作爲反對靈魂轉生的辯詞——並未給出一個完整的解釋，而是有些模稜兩可。

《聖經》是一連串記憶事件的記述，曾經過不斷的翻譯。（關於此點之最佳討論，作者於簡註中建議：讀一九四五年三月出版的《*The American Mercury*》中由Max Nomad所著的〈The Way of the Translator〉一文。）透過如此多手的抄寫，必定會發生意思上的改變。因此，我們今日所看到的《聖經》，並無法代表耶穌基督之完整、正確、原始的教導。心理學上的研究也顯示，人類的見證常是不可靠的。那麼，前述那段經文可能是故意或意外偏離原意，或是遭到篡改的成百上千個例子之一。

然而，如果對那盲人的答案，多少是耶穌所說之正確翻譯，那麼，我們僅能推斷，耶穌所說的與凱西前述的失去一條腿和肌肉萎縮的案例是同一回事。

消極、冷漠是罪

在前一章中我們所看到的案例是，一位男子因業障而成了一名不正常的孩子的父親，然而，他並沒有犯積極的殘酷罪，他僅犯了冷漠的消極罪。我們觀察到，這種間接的業果，可能是數個連續糾正性經驗中頭一個降臨到他身上的，以使他在痛苦出現時，能敏感地感知到，並顯出關切。照這樣解釋看來，我們似乎可以想像，如果他不能經由爲人父而學到這必需的功課，則他自己在來生就可能遭致某些病痛。這種生理的病痛降臨到他時，不是因爲他直接加害別人，而是因爲他需要一個痛苦的教育性經驗，以使他人格的膚淺面變得敏銳。

★★業的目的是在教育與贖免

進一步可以想像的是，耶穌及其門徒所遇到的盲人，和前述那斷腿與肌肉萎縮的二人一樣，都是因爲同類理由而遭此病痛。總之，我們必須認清，**人生的困難不管是否為業障所引起，它都是能夠使心靈獲得成長的契機。業本身不能用宿命來解釋，換言之，業不能被視為一種盲目而毫無轉圜餘地的衝力**。它並非如自動精確的機器般，只要一按鈕就會自動操作。

當然，**業是個精確的法則，但它的目的，是要給靈魂一個機會，讓它可以回歸到合於宇宙中做人的真理上去**。如果靈魂因此能察覺自己的缺失，並主動回歸，則它因回歸而失去多少，其業力作用必也得回多少。

業的目的是要赦免靈魂的罪過。如果人了解了業的真正意圖是在教育與赦免，人也就會知道它的懲罰不是專斷霸道，或不可寬恕的。所以，人不是消極地接受懲罰，而應該積極努力地去學習苦難中所隱含的功課。（譯註一）

在這一點上，物理上的運動法則可以給人啓發。一個物體在運動狀態下，沿著一定的直線前進。此時如加以另一力量於其上並改變其原有的運動方向，則這物體就會沿著另一直線移動，這另一直線是二種不同衝力的綜合結果。能量並未消失，法則亦未受到侵害。一線上的力量僅只被另一線的力量所修改。業也是同樣的情形：由於**引進一個新的力量，也就是正當的想念與行為，業的方向因而被轉變或修改，它原有的力量也因而縮減**。因此，可以看出來，以自由放任的態度去對待業是完全不必要，也是對自己不利的。

★如何對待受到業報的人？

這種狀況，若是發生在自己身上，可說是明顯易知的；但若發生於他人身上，則我們所採取的態度，就得視情況而定了。在第十一章中寫到：指出業障的作用，無可避免地會導致某些人際關係上的窘狀。在好幾個例子中，權威的濫用均導致了今生的窮困受限。如果我們相信大部分悲慘的痛苦乃是起因於過去某種道德上的怠忽，則我們該如何對待受此苦痛的人？對其他人的人際關係，我們應採取什麼樣的態度？難道我們應該以科學的邏輯說：「老兄，你正遭受你活該受的苦，我不能干涉正義的秉公處理」？還是應該發覺在業障的道理下，同情與仁慈都是不適用的？

這些問題是無法隨即或感情用事地給出答案的。我們當知，面對一個邪惡的謀殺犯，如果一位短視而情感用事的人決定在關他六個月後就讓他假釋，那這個謀殺犯是學不到他該學的功課的。一個放縱學生的老師若是每天提早三小時放學，是沒法教完學校的課業的。如果溺愛孩子的母親一再減輕父親給孩子的正當懲罰，這孩子將學不到服從。我們都知道這些，也知道給人災禍與損傷的管束，實際上是代表著老天意欲施教於人。既然如此，我們怎敢干涉天理法則的運作？

譬如說，我們看到那些活在極度貧窮，以及可怕疾病下的人們時，我們會忍不住同情他們。但是如果我們接受了從業障的觀點來看事情，則我們可以另一種眼光來看待這些受苦的人。想像我們能如放映機般倒回放映看我們自己，超越現在的人生舞台來回顧過往，把現在的我們當作另一戲劇中的角色、穿戴不同的衣飾，活於另一個時代。

回想凱西檔案中的案例，我們可以想像，現在這裡有一個患痙攣性痲痺的跛子，當我們試著去移動他時，他的四肢可憐地抽搐著。原來，過去在俄國沙皇時代，他曾是個狂傲的王子，高壯強健、朝氣蓬勃但殘酷無情、墮落敗壞。他享受著無盡的財富，卻對爲他累積財富的貧困農民冷漠以對，並傲慢於自己的孔武有力、肆無忌憚於滿足慾望、無情地嚴刑拷打失寵於他的人，以及不人道地忽視他所擁有的女人。這就是我們所看到的他的前世人生。環顧他的四周，我們看到在王子專制且一時興起之下，被遣送到西伯利亞荒地受苦而形銷骨立之人；我們看到面容憔悴、眼眶深陷的孩子，以及似在哀號著的農奴們活在悲慘的飢餓中。當我們看到這邪惡、醜陋的畫面時——在我們這殘酷的時代，這畫面幾乎能重現於世界上的任何一個國家中——我們會低聲怨訴並且發願：某一天，在某個地方，這個傢伙要爲他的罪惡付出代價！

一旦我們說出了願望，我們立刻就回到了現在，又看到我們以前覺得好可憐的跛腳的傢伙。我們對他仍然會感到同情嗎？回想到過去被他害慘的那些人，我們仍能說：「讓我們來幫你忙吧！」嗎？

★★漠視業報的印度社會

這裡，我們面臨一個重要且關乎心理的、道德的、社會的問題須立刻處理。讀者若是研究社會秩序的，應能知道這問題至少在一個國家──印度──的社會哲學中早已找到了答案。雖然這問題，對新認識靈魂轉生原理的我們，直到現在才顯現出答案來，但在印度，這答案他們早千百年前就知道了。

印度的廣大民眾，對這問題早已決定採取不干涉公義的立場。這大都解說了為何印度對受苦受難的人可以冷漠以對、無動於衷，以及他們何以會對被排斥階級者展現出孤傲。

印度的階級制度，是基於古代的《摩奴（Manu，印度神話所傳現在人類的始祖）法典》。摩奴是個偉大的訂法者與哲學家，如柏拉圖，他認爲社會很自然地要分成某些必須的職業階層。這種教導變成了社會習俗，習俗又具體化定形成社會秩序。傳統與迷信──盛行於幾乎百分之九十是文盲的民族中──共謀促使這成了墨守成規、僵硬刻板的制度。

最低層階級是由那些做低賤奴僕工作的人所組成的，他們是「碰不得」（**Untouchable**）的賤民（或奴隸），因爲他們既然生來就是社會最低層的，他們就必須爲其前世的狂傲與罪惡贖罪。因此一般民眾皆允許業障實現而不對此加以干涉。

印度人承認第一個前提：業緣無可避免地會吸引我們得到人生該有之地位；他們也承認第二個前提：出生於社會某階層是命定（此乃基於宇宙奧祕之眞理，也同爲天主教所遵守）。在這兩前提下，他們前述的結論自是合於邏輯。

然而，雖然合於邏輯，但這種解決方式卻看來頗爲悲哀。照這種看法，就會像萊布尼茨（**Gottfried Wilhelm Leibniz**，一六四六～一七一六，德國哲學家與數學家）的單子（**Monad**，哲學名詞，是構成宇宙萬物的元素），人成了小小的無窗太空艙，在其各自的軌道中追逐著自己的意圖，而對其他單子（人）的情形，則完全漠然不理。

★超然於沉默中

當人沉思這進退維谷的困境時，就難免會想起華特·惠特曼那使人心煩卻精練的詩——〈我坐看世界所有的苦難〉（**I Sit And Look Out Upon All The Sufferings Of The World**）：

我坐看世界所有的憂傷，所有的壓迫和羞愧，

我聽到隱密中痙攣地嗚咽，是年輕人悔恨其所作所為的哀痛，
我看到貧賤的母親被孩子折磨得枯萎、垂死、被遺忘、憔悴、絕望，
我看到被丈夫虐待的妻子，我看到勾引男人背叛的年輕女人，
我注意到想要隱藏的嫉恨和單相思，我看到人間這些景象，
我看到鬥爭、瘟疫、暴政的肆虐，我看到烈士和囚犯，
我察看到在海上的飢荒，水手在抽籤決定誰該被犧牲以保留其他人的生命，
我察看到狂傲的人蔑視、貶抑勞工、窮人、還有黑人等等；
所有這些——所有無止盡的卑劣和劇痛我坐於其上，
看到、聽到，我唯沉默無語。

惠特曼是個相信靈魂轉生的人，從他的傳記中我們可以知道這點，從他的詩裡我們也可以知道這點。於他坐看世界上無止盡痛苦的超然與沉默中，我們能發現可以從每一果中看出其因，從每一因中看到其果的眞正智慧。無爲（Inactivity）常伴隨哲學而來——不是因爲冷漠或怠惰——而是因爲有能力看到因果鏈中所隱含的必然性。面對人類必須的苦痛，此首惠特曼的詩，看來幾乎是則沉默無爲的智慧宣言。

然而我們知道，惠特曼曾在美國南北戰爭的戰場上，作了好幾年的醫護服務，他奇異而

相當孤僻的一生，都是出於孤獨並慷慨地付出自己。這首詩，並未表達他對世界的全部觀點，僅只部分而已。它是種心情，是在山峰遠眺，是音調中基本而持續著的低音，以抗拒那日常生活中更有力的旋律。因爲他的人生，對受苦難的同胞來說並不是那麼消極無爲的，因爲他相當具有愛人的美德。

★★漠視別人受苦——為自己帶來業報

事實上，這是在駁斥那理智上看來很合邏輯的漠然。這確實是基督的要旨，他獻身於醫治和教誨的生涯昭示了世人：**不論人的罪如何，你都應向他伸出援手**。艾德格・凱西的超意識心靈自不能與耶穌相提並論，然而他四十年來努力幫助心靈受困、身體受苦的人，確也顯出了像基督精神般悲天憫人的情懷。

此點也正是眾多凱西報告最顯著的統合重點之一：以明確的話語重申，人生的科學根基就是東方已接受了的業理法則，同時也重申了基督教誨主旨的愛人如己和服侍眾人的勸勉。

不管他人往世的罪孽如何，我們都必須努力去幫助別人。須知，業力法則那看不見的手，自會排拒妨害其運作的任何作為，也須知，漠視別人的痛苦就會為自身帶來業報。

在某種意義上說，外在世界與他人，僅只是個讓我們學習該學會的心靈美德的試驗場。我們自己也同樣是其他人學到他們該學到的美德的試驗場。記住前一事實，我們就不致因爲幫助別人而沾沾自喜；記住後一事實，自然會有助於培養我們的謙卑和尊嚴。我們痛於自己的錯誤，就如別人痛於他們的錯誤；他們從我們的錯誤中學到教訓，就如我們也從他們的錯誤中學到教訓。

而另一重要的事實是：人的意志是自由的，所有的歷史並不是像宿命論那樣，每一項細節都是預定的。**我們努力去幫助一個受苦的人時**——不論他的苦難是生理的、經濟的、社會的或心理的——**這不僅是我們個人以愛來完美自身所需之經驗，而且也是能幫助別人成功改變其心態、意識以及他的人生航路所需之經驗。**

★★人生滄桑無常中，人唯避難於神理天法

總之，要知道**所有的業，都是心造的。錯誤的行為起於錯誤的意識（也可說是想念），想矯正行為，就只有先矯正意識（或想念）**。因此凱西報告說**心造一切**（Mind is the builder），這是很正確的（此與佛家所說的「心造萬法」，或「萬法心造」，幾乎完全相同）。因爲除非人改正其心，特別是人創始動能（Creative Engergy）的概念以及其與人的關係（相信這裡是意指創造動能源頭的上帝或神以及人與此上帝或神的關係），不然人永遠不能贖免其負面的業障。

我們曾引述業報案例報告中一再提及的那句話：你正在應對（或報償）自己（**You are**

meeting yourself）。這是句很吸引人的話，它意指業障像是鏡子的反照，每一重要的經歷都好似奇異地在複製自己前生的遭遇。

業的概念很重要，因為它對基督教與所有其他世界宗教的勸人為善，提供了科學的理論基礎。當保羅・布蘭頓（Paul Brunton）說，西方文明的安全與生存，取決於將業理的概念回復於人類的思想中時，他並沒有誇大其辭，因爲**如果能正確了解業障，人對自己的生命之道就有成熟的入門方法，使人對宗教有虔敬卻不迷信，合於科學而不冷酷。業報概念給人能承當的勇氣，也給人敢於挑戰的勇氣。人能以積極的態度，來接受自己過去行為的後果，因為他知道，每一刻他都有能力啟動新的行為，並因而創造一個新而豐盛的命運。**

當然，終極言之，人是神（上帝）創造的，但反過來也可以說，**人是自己的創造者。業力代表了人設計與創造自己的領域。業力是限制者與紀律維持者，同時也是解放者與朋友。**佛陀了解此項道理，因而寧靜安詳地說，**人生滄桑無常中，我避難於神理天法**（I take my refuge in the Law）。對那些了解神理天法是無限慈悲的人，其感動人、安慰人、提升人的程度就如基督徒的那句話：「主是我的避難所」，因爲神理天法就是主，而主就是神理天法。

* * *

譯註一：

業的目的在於教育與贖免，換言之，業的目的不是一報必還一報的僵硬、死板的懲罰方法，只要能達到教育其人、改變心態、省改過失的目的，不論是用什麼便利可得的方法或媒介都可以。所以，像是因為往世你殺了我，所以這生我要殺了你的觀念是錯誤的。業障的報償不是這麼死板的。

第二十四章 生命之道

許多年來，送信到凱西家裡的郵差，實際上都是在傳遞悲痛懇求的呼救之聲。在凱西的晚年，信件從世界各地湧至：從南美、加拿大、英國；從歐陸戰場（時當第二次世界大戰）；或從遙遠的太平洋、阿拉斯加與澳大利亞。

讀了這些信件後而無動於衷是不可能的。他們概述的問題廣涉人類所有的苦難。抽讀一些，便能了解，要給出這麼多的報告，凱西眞要鞠躬盡瘁了。如果你曉得，每天在面臨如洪水般湧至的苦難哀求下，凱西從不放鬆懈怠，你就知道他是個怎樣的人道主義者了。

有些信來自受有良好教育卻有困惑的人，有些則來自像下面寫信來的女人：

「我想問是否可能爲我作一個有關愛情的報告？我好像越來越困惑。我想要再婚，要一個家，和隨之而來的一切，但我害怕選錯人，或許我不應該想到再婚，恐怕沒人會要我。」

（原文之英文錯字連篇，作者照列，以顯示其人教育程度差，譯者茲不贅譯。）

下列前一引句係一女子所問，後一簡單引句係一大學生所問，它們分別顯示出了兩人不同的成熟度：

「我如何能改變我的丈夫與環境，以便爲我自己創造健康、幸福和吸引人的個性？」

「我要一條可行的人生之道。」

不論是識字抑文盲，是富抑貧，是受過教育抑沒受教育，這些人在他們的來信中，幾乎都一致顯露出迷惘與困惑。無論害羞、內向、寂寞、生病、工作不順，或婚姻不美滿，所有人都關切該如何改善他們的命運。

現在，這些人已無法透過艾德格．凱西的超視來協助他們解決問題（因他已經去世），但是研究同類案例中所作的建議，仍有助於為那些困難找出解決之道。他一再地告訴大家，**造成人類痛苦的最終根源全在自己**。依照報告，這一點是首要之事，遭難受苦的人是必先接受這樣的觀點的。每個問題，**追根究底都是自己引起的，也因此，人必須要先自我解救**。

這看來是個簡單的箴言，但常使人難以接受。我們一向都視自己的一切為理所當然，順從自己的習性，一如所呼吸的空氣。除了極少數的例外，我們總自得其樂於自己的個性中，我們潛意識的本能，是要用我們自己的性情作為衡量一切的標準。

當覺悟來臨時，我們就會發現自己不快樂、不自在，這正是自己內裡有什麼不對勁的明證，這樣我們就能從自滿自得中覺醒了。我們不再怨天尤人，不再焦躁地要重新安排外在事物，我們轉向自己、審視自己錯在那裡，從而發現自己該學的教訓。

不論我們的困難是什麼——是寂寞、合不來的丈夫、智障的孩子、自卑感、受拘限的環境——我們都必須了解，**唯有改變自己，才能超越處境**。我們必須轉換自己的態度，必須改變行爲。不能吹毛求疵、嚴詞責人、報復、驕傲、冷漠、消極；行爲不可自私、不顧他人、孤僻。**外在的困難只能以內在心靈的美德懿行來解決**。

然而，自我的修養和陶冶，最能產生在一個有體系的宇宙概念及其與人的關係內。此一體系的概念，充分貫穿於所有凱西的資料中，而這些成百上千的報告，在此一體系下，均有清晰的脈絡與模式可尋。

這種模式有其宗教意義，因爲它是以創始的存在或神（上帝）爲其起點；它有哲理意義，因爲它於人生、宇宙及人在其中的命運構成一個確切又系統的觀點；它也有心理意義，因爲它爲心靈提供了具體的途徑去應對人生處境中的實際問題。

此一模式的輪廓或可描述如下：

大宇宙中存在著神（上帝）。
每個靈魂均是神的一部分。
人生是有意義、有目的的。
生命是持續的。
所有人類的生命都受制於神理天法——業、靈魂轉生等。
愛完成那神理天法。

人的意志造成他的命運。
人的心有塑造的力量。
所有問題的答案均內在於己。

人，有了以上確認的先決條件後，就須做到下列各點：

首先認清你與大宇宙動能的根源或神的關係。
確定你的人生理想與目的。
努力達成那些理想。
要積極。
要有耐心。
要喜樂。
盡人事而後聽天命。
不要逃避任何問題。
使自己成為行善於人的管道。

★大宇宙中存在著神

心理分析理論認爲，神是人類心智上的幼稚幻想，凱西對此一觀點絕對無法同意，報告從頭到尾都堅持神的存在。報告中提到最多的非神，而是天地或宇宙的**原創力量**（The Creative Force），或**原創動能**（The Creative Energy），使用這樣的詞彙，很合於我們時代的新趨勢。

在我們生活的這個時代，越來越多的自然力量被釋放出來，我們也發現原子的核心有難以想像的能量。在一個科學遠景大爲擴展的今日世界，以宇宙的原創動能這名詞描述一個中心統合的總根源，或許比已被濫用到受到玷汙、褻瀆、庸俗化的傳統字眼（即神這字），更能讓人了解，也更富有意義。

天地萬物都是宇宙創造動能的表現，我們活動、生存於其中。我們共享其動能、神性，而且我們必須學著去實現與它的合一。

在凱西報告中有許多處表達這種概念，下面的例子即是代表。

「**什麼是生命？神表達於物質層次**。在祂裡面，我們活動、我們存在。**生命是那個我們稱之為神的大宇宙力量或動能的物質化表現**。」

「當分析你自己時，要知道這些不可改變的眞理：**有神在，你首先應向祂獻出忠誠。你**

不是與那內在於己的神同工，就是反抗祂。」

「你那內在的生命能，就是神的大能。」

★每個靈魂均是神的一部分

依照報告，我們每個人都是一個靈魂，是使我能存在的神之動能的一部分。我們跟神或創始動能的關係，就如陽光之於太陽，一滴海水之於海洋。我們與自己肉體的關係，就如人與他的房子或衣服的關係。

「靈魂是神之動能的一部分，且與那動能本身一樣永恆。因此，如果要不斷自我表揚，那麼，該魂體可說是在疏離自己，或失落其關係。那些崇敬、頌揚造物主（**The First Cause**）的人記得給他的第一誡命是：『除了我以外，你不可有別的神。』（此即摩西所傳十誡中的第一誡，原載於《舊約聖經．出埃及記》第二十章第三節。）」

「當知你已是一個靈魂，不須再去成爲一個靈魂。」

「『別人可以侍奉他們想要侍奉的，至於我和我家，我們必定侍奉耶和華（猶太民族以耶和華（**Jehovah**）爲神的名字）。』（出自《舊約聖經．約書亞記》二十四章十五節。）不要把這話解說成是指那些你們肉身所居住的房子。你的家，就是你的肉身——即活生生的神的居所。那就是完整的家，照神的旨意做成的。」

★人生是有目的、有意義的

人生，在個人、在天地，都不是一個偶然的境遇。**我們人生的終極目的，是要覺醒內在於己的神理天法，而與神再結合**。我們在一起時，原是與祂為一的，但因為我們無知地執著於物質，以及疏離、驕傲或自私，因而離棄了祂。

「魂體出生在地上界，不是出於偶然。因為地上界是個因果關係的世界，在這裡，因與果是個自然法則。而且每個魂進入這物質世界，都是要認識神理天法，並將之傳與別人，使別人也知人生的目的。」

「最初你與神為伴，卻因選擇以滿足物質慾望而丟棄這同伴。因此，你一再地來到這裡，就為了成就這神理天法，使你的靈魂與祂終結合為一。」

「每個靈魂的天命，是要知道己之為己，同時又能與那原創動能合一。」

★生命是持續的

我們要與神成為一體，作個配得上祂而完美的同伴，想要充分覺知我們的神性自我，是無法快速達成的。意識的完美化是個緩慢的過程，其實現須經歷過長遠的時間。就終極意義言，本沒有時間這回事，但就我們三次元世界而言卻有。就置於我們身上的限制而言，我們必須視生命是持續的。

「天家不是你要去就去得了，天家是你要有所成長才能去的。」

「生命是連綿不斷的！沒有片刻停頓，要嘛進步，要嘛退步。」

「生命是持續不斷的，且由於其意識狀況或其存在時的靈氣質變，因而會改變其形貌。」

「魂體之所以爲今日之魂體，是過去歲月、世世代代的經歷累積造成的結果。因爲生命是連續不斷的，而且不論它顯現於物質層次或意識層次，生命都是同樣、同一的。」

「好好記住：首要的是生命的持續性。從時間上來論，它是無始無終的；從空間上來說，它是其小無內，其大無限的；從動能而言，它可形之於各物，也可無形卻瀰漫隱含於一切之中。」

★所有人類的生命都受制於神理天法

生命的持續性這話，隱含著人生經歷的節奏性交替，這在我們地上界的觀點叫做靈魂轉生。**人類是生活在神理天法體系的運作下的，而這體系是由錯綜複雜且萬無一失的業力法則來管制的。**

「須知，在地上人間，有不可改變的心靈法則。唯有同類，才會相聚。不論你種什麼，你就收什麼。神是不會被愚弄的；因爲你怎樣對待你的鄰居，你也會受到他人同樣的對待。」

「生，亦非生；死，亦非死；因爲從整體或從那大中心來看，一者是另一者之始，而且僅是魂體自大宇宙中心出而又回到該中心這一交替輪迴的經歷。」

「記住，你曾做過的事，現在你正遇到它！（此意係：過去世你做了什麼導致結下了業障→所以此生就會發生什麼事來消解它。）**要記得：即使你只是破壞一點點神的法則，你都將會為之付出代價。**」

「讀一讀《新約聖經》的〈約翰福音〉第十四、十五、十六與十七章。（這四章的主旨是：主是道路眞理生命，愛主的必遵守主道，當效法主的愛，主要引導門徒進入眞理、信主者合而爲一等等。）在你忙於工作時，好好地想想下面這句〈約翰福音〉中的話：『在我父的家裡，有許多住處。』（〈約翰福音〉第十四章第二節。其英文原是：**In my Father's house are many mansions.**請注意，此處的**many mansions**，就是原作者為本書所定的英文書名。**mansion**意為華廈、大樓、住宅、居所。在中文《聖經》中譯為住處。）想想：誰是你的父？住處是什麼意思？在祂的家裡有許多住處嗎？什麼是祂的家？」

「你的肉身，那就是你的殿堂。在那個肉身內有很多住處、居所，也就是很多殿堂。因爲肉身一再地存活於地上界的經歷中，它們有時是華廈、有時是家、有時是陋屋。」

人類生命受制於神理天法這一主題，自然會衍生出另一主題：**不論我們現在的處境如何，這都是我們自己造作的起因所導致的結果，且是我們成長中所必須經歷的。人之所以為今日**

之人，乃因人過去的所作所為而導致。

「要了解你現在處於什麼狀況——無論身、心、靈上的狀況——那是你自己所造成的，而且是為了開拓你的心靈所必須的。」

「永遠不要為自己感到難過，或以為別人虐待你。你種什麼，就收什麼。記住，如果你從未虐待別人，別人也不會虐待你，這是自然法則，因爲種瓜得瓜，種豆得豆。」

「不要讓憂鬱、冷漠啃蝕你，當知不論是什麼，都是爲了開拓你自己。」

「無論你此刻處於什麼狀況，對你都是最好的。不要回頭說若不是這樣會多好，要鼓舞、要振作，**現在在哪裡，就要甘願地待在哪裡。」**

★★愛完成那神理天法

業力法則就如轉生法則，其運作是萬無一失的，直到我們在愛中得以完全。因爲愛完成每一個法則。

「光明的子女（The children of light，此出於《新約聖經・以弗所書》第五章第八節：從前你們是暗昧的，但如今在主裡面是光明的，行事爲人就當像光明的子女），首先要有愛，因爲我雖有預言之能，我雖有方言之能（按基督教，人被聖靈澆灌後的現象之一是，突然會說他國的語言。這狀況實際是：該人其魂的潛在意識被開啓，而說出其過去世所習用的語言），我雖能捨身讓人焚燒，但如沒有神子（Son of Man）的靈、基督意識（Christ Consciousness）、基督精神（The Christ Spirit），則我們仍一無所有、一無所是。」

「然後順從耶穌的範例：『**你要盡心盡性盡力盡意愛主、愛你的神，也要愛鄰居、愛同事，甚至愛敵人，如同愛自己。**』（出於新約〈路加福音〉十章二十七節，略有不同者，愛同事、愛敵人等，是凱西自己加上去的。）這就是律法的全部。」（耶穌在世約三年的傳道中，最重要的教誨就是愛。**一個人要是可以做到耶穌的愛，那麼他自然就能遵行一切的神理天法，這也就是完成了那神理天法，則罪業以及業力法則，甚至輪迴轉生法則，將不會再限制他。**）

★★人的意志造成他的命運

在這個有法則與秩序的大宇宙中，人，有自由的意志，有偉大動能的創造力，有一體三面的愛、智慧與意志。**是人的意志，使人走向犯罪，或走向神之統合意志。是人的意志，使人可以改變他靈魂的走向，而將自己調和於宇宙的大意志中，回歸根源、大我，與神合一。**

「意志，是與那創始動能的大意志相容或相抗的力量，我們可以叫它做大自然、神或相反的什麼——它，不是相容，就是相抗！」

「命運，就是一個靈魂就其與創始動能間的關係，行其意志。」（即人與造物主及他人間的種種，如違反神理天法、愛恨情仇等，相互協調作成決定以求去除罪業──就變成人此生來地上界的人生命運。）

「要知道，**沒有一種推力或影響力，大過於自我意志之決心要做的力量**，無論是在生理上、心理上或精神上。」

「當知，無論占星、命理、符號圖像所象徵的推力，都沒有魂體的意志力量大。」（這是指：人出生時，太陽系各星球相對位置及其影響力對人某部分性格、命運所產生的影響力量，以及命相限定人的命運的力量，以及符咒圖像對人命運的力量。總之，凱西要告訴人：**人可以經由意志，創造自己的命運**。）

「在每一自我裡均有創造動能，如能與外在的天命配合，就可爲自己的生命作選擇。一旦作了選擇，你就會有遠見，看見其目的、意義。每一個魂都被賦予了與生俱來作選擇的權力與能力（別忘了，造物主在造萬物時，是以祂自己的形象造人──在萬物中唯人有自由的意志──所以人爲萬物之靈）──且無論在任何環境、遭遇、經歷下，都是如此。」（這話的精義，似與心理學家馬斯洛（Maslow）所說的自我實現（Self-Actualization）相近。）

★人的心有塑造的力量

在宇宙法則的架構內，人有自由意志。只有在人違犯了法則後，人才會受到懲罰。他的

意志是他命運的推動力，而他的心（Mind）則是指令、塑造的媒介。這是爲什麼任何自我發現與自我改進計畫中的第一步，便是決定個人的理想。

再者，**心造一切**。我們每個人的心，是大宇宙心（Universal Mind）裡的個別部分。在所有生命存在的各層次中，是心決定了物質形成的模式。

「每一魂體，經由心的種種活動，而在時空中留下記錄。」

「**肉體與精神的一切都是由心所塑造的。因此，自我塑造自我，也塑造了生命的各種形態。**」

「**想念可以成為實體的東西，心就如同一根柱子或樹一樣的具體。**」（想念是能量，能量不滅，大量的能量凝聚就能形成物質，所以想念凝聚也能形成實體。反之，若將物質分解，就能產生能量。物質與能量是一體的二面，這也就是佛道中所說的色（有形色的物質）心（無形的能量）不二，以及一般所說的心物合一。）

★所有問題的答案都內在於己

「答案內在於己」這句話，在凱西的報告中一再出現，這顯然有多重意義。首先，**每一困難的原由，都可以在自己內在中找到答案**，因爲依業力法則，所有發生於我們身上的事，都是自我造成且該得的。**外在的處境，僅是內藏於己的東西如鏡子般的反照**，在發生於我們身上的事情上，我們會遭遇到內在的自我，因此，**深刻的自我分析，可以帶給我們線索，以預知會有什麼事情降臨到我們身上。**

其次，在潛意識中，存有從我們個體化（Individuation，意即從造物主或神的大我中分出我這個小我）以來，一切所發生於我們身上的事情的記憶。因此，在我們內裡有個知識的儲藏庫（或可稱此靈魂中潛隱的意識爲潛在意識，以有別於這個肉身清醒時所具有的此生一切經驗之記憶的表面意識），在靜默的過程（The proecss of meditation，在佛教或印度教中，此或可稱之爲坐禪或打坐，在基督教或天主教中此或可稱爲沉思、冥想）中，可以經由外在感官的靜止，將全神貫注於內在的心神上，而直接獲得此寶庫中的知識。

再其次，**我們內在的深處，有神性的光輝，靠了它，我們能與那天地的創造大能合而為一。倘若我們轉向這內裡神性自我放射之光之能時，那麼每一個問題就都能獲得答案。**

「好好研究你自己，因為在自我中，人可以找到所有問題的答案。人的靈魂，是那個偉大的整體靈魂的一部分，因此答案全在自我之中。」

「當知，**所有的力量，所有的醫治，所有的幫助，都必須來自內在的自己。**」

★★認清與人之根源的神的關係

依照凱西報告，這些是人和大宇宙關係的基本眞理。這些主張，絕非與人生日常及普遍心理調整問題漠不相關，而是很自然地把人帶上一條很實用的生活之道上。

首先，在將這些概念付諸行為的努力前，人必須認清他與天地創造動能的關係就像條溪流那樣，人不可能高過他的源頭；不管人有沒有察覺到，他總是在有關其生命源起與角色的各種假設上來行事、作為。如果他的假設是錯誤的——如流於死板、唯物、無神論的——那麼他的人生就難免錯誤、扭曲。

頂著廣被誤解的神的形象（**Image of God**，此原出於《舊約聖經．創世紀》第一章二十六節：「神說，我們要照著我們的形象，按著我們的樣式造人，使他們管理海裡的魚，……」，二十七節：「神就照著自己的形象造人，乃是照著祂的形象造男造女。」）人成為這個原有大宇宙（即神）所反映出來的小宇宙。人的源頭這一概念以及人與這源頭的關係，影響到他整個生命的最內在與外在。確實，人如何看待其自身與同胞的動能導向以及時間的使用，都是從他有關天地間的地位與關係的假設或概念衍生出來的。

「現象化於物質層次的世界，是每個靈魂與生俱來的權利，讓人知道他與大宇宙原創動能的關係。」

問：請告訴我如何能給我父親最多的幫助。

答：幫助任何人的最佳方式，就是讓你的生命成為你所認為的神之反映。這會使你有個服務的人生，或用生命榮耀父神於地上界如同在天上。（榮耀父神是基督徒常說的話。）

「記住：**一切都是一體的，如果你要了解鄰居、朋友、仇敵，只要仔細看看自己就好。**因爲你對鄰居、朋友、仇敵的所作所爲，即反映出你所認爲的造物主。」

「抓住這些眞理，知道**你的生命就是神的彰顯，你的健康也是對你自己內在神性力量的信念與希望的表達。**」

★定下理想、目標

在努力去弄清自己的靈魂與天地原動力以及與所有其他生命的關係後，人應該訂下他在身體、心理、靈魂三方面的理想目標，並且努力去達成。付諸實行是很重要的，僅只嘴上說說和頭腦知曉是沒用的。行爲，才是誠意的準繩，才是成長的評量標準與方法。「知而不行是罪」是凱西報告中一再出現的主題。

「**要知道什麼是你的理想，而且要付諸行動！即使做錯了也比不做好。**記住，人得到了一種才能卻藏而不用時，他就會被詰問，而這才能就會被取走。」

「一個魂體只擁有法則的知識是不夠的——不管它是業障法則、心靈法則、刑事法則、社會法則或各式各樣的法則。重要的是，魂體要**如何實踐所擁有的知識！**難道知識是用來避開因果或用來迫使他人合於自我的意念？還是用來幫助別人去了解眞理的法則？」

「**要如何面對命運或業障，這些都要看靈魂就其所已覺知的要做什麼。**」

「當知，你有多少權利，別人也有多少權利，即使別人在某些方面可能沒你這麼有學問。但是，**記住，知識是罪，除非你使用知識來榮耀神**。」（《聖經》中有多處論及知識會使人自高自大。）

「知識，不可像罩袍般套上，而必須把它當成求內在成長的工具。」

★要能忍耐

如果你能充分掌握這些生存的基本原理精義，你就能忍耐任何處境。忍耐，不是消極的，而是積極的。它是警惕、戒備中的對待，是積極而非消極的美德。它是一個知道受限於時間與空間幻覺的靈魂的心態。當人的意識不再被時間和空間所禁錮，就會完全具備有忍耐心。

「耐心不是消極或負面的，它是有建設性的，是積極而活躍的力量。如果他人打你的臉，祂（此處指耶穌）哪裡說過要退縮？絕不，而是要轉過另一邊的臉給他打！（這是指耶穌的登山寶訓中論愛仇敵之一：『有人打你的右邊，連左邊也要轉過來由他打。』見〈馬太福音〉五章三十九節。）要積極地耐得住，要積極地維護與同胞的關係。」

「現在就開始在你的心田上撒下心靈的種子，首先要撒種的就是忍耐。**在忍耐中，你才能掌控住你的靈魂**。耐得住，你才能覺察到肉體只是個殿堂，是個外表，心與靈才是你經常的居所。」

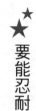

★要喜樂，是個誡命

喜樂，也是知道自己的角色與認識法則之人的特徵。**要喜樂是個與要行善不可分的誡命！**

「記住，祂是愛之神，因爲祂就是愛；祂是喜樂之神，因爲祂就是喜樂！」

「那些與創始大能親密同行的人，應該充滿了內在的喜樂、歡愉、平安與調和。因爲生命就是神的彰顯，而且人如何過活，就是人願他的造物主像如何。」

「如果你不能笑，你就不能喜樂。基督的生活原則就是要喜樂！記住，他歡笑，甚至在他走向髑髏地（**Calvary**，即耶穌受難所在之山丘，位於耶路撒冷古城外）時他也在笑。而這正是他激怒他的敵人之處。

「培養能看出荒謬的能力，而且保留能笑的能力。因爲，記得嗎？甚至在走向客西馬尼（**Gethsemane**，耶路撒冷附近的花園，耶穌被門徒猶大出賣而被捕之地）時，耶穌仍露出了笑。」（此段事蹟記載於《新約・馬太福音》二十六章二十六～五十節，惟其中並無耶穌在被出賣而被捕前，還露出笑容之記載。想是凱西超視所得之實際眞相。）

★要改善，要盡分

除了積極活躍、耐心、喜樂，還**應有一種不執著的超然**。人不應太急於要結果，像初出道的園丁，不斷將小蘿蔔拉出看看有否長大。只要給植物澆水，在適當時間後，神就會讓它長大的。行善，不是爲了要得到報酬，而是因爲這是美而適當、調和而合於天理的事。

「不要可憐自己或譴責自己。好好地活，盡力於每一件所做的事，祂自會帶來最好的給我們。」

尤其，你必須認清**所謂的問題，實際上是機會**。逃避艱困的處境是沒道理的，靈魂的力量遲早要進化增強，既然如此，何不趁現在有機會就進化加強呢？

「須知，每一個靈魂最終都會面對他自己。沒有一個問題能逃得掉，所以，現在就面對它！」

★★最大的誡命＝愛

所有精心的規制都能被緊縮與簡化，前述的基本原則和行爲忠告也不例外。**將它們濃縮後，就成了很簡單的兩句古代的誡令：你要盡心盡性盡意愛主、愛你的神，以及愛人如己。**（此話多次出現於《新約聖經．馬太福音》二十二章四十節也說：「這兩條誡命是律法和先知一切道理的總綱。」）

這兩條誡命看起來都是神學上的老生常談，但實際上照凱西的觀點，它是大宇宙中影響人最大之法則的簡扼速記稿。因爲，若承認有個大宇宙創始動能存在，而且承認我們人生的

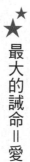

目的是朝向潛藏於我們內心深處的完美神性進化，那麼，將這知識化爲簡要精粹的智慧就是：愛它偉大的創造動能，愛它百般的美麗和深廣的慈悲，努力與它合而爲一，且在人生的各方面明顯表達出來。

如果進一步承認業力、報應法則，會在我們傷害到其他生命的福祉和自由意志時，懲罰我們，那麼，此一知識凝聚成的智慧就是：**愛護別人的幸福，如同愛護自己的幸福**。

因此，你可以看到，靈魂藉著不斷的輪迴轉生，以及業力法則的運作而進化，這一自古就流傳下來的教導和智慧，是與耶穌的主要教導一致相合的。

在西方世界，很多人不能接受東方宗教的觀點，但此一觀點已被凱西報告所確認。然而，雖然他們在沒有比凱西資料更令人信服的科學證據前，無法接受它，但是他們也發現，這是一項難以否認的事實：**靈魂輪迴轉生的觀點是精確、合理且清晰易懂的；而且在心理學上是可信的，在道德上是合理的，在科學上看來是真實可靠的。對於能接受的人，靈魂轉生能讓你活得有意義，是你人生行旅中的北極星指標，使你在這無法控制的混亂世界中不致迷失。**

第二十五章　結　論

從美國俄亥俄州狄通市的一個旅館房間，艾德格·凱西於催眠超視中宣稱靈魂轉生是個事實起，走筆至此，我們已走了一條頗爲漫長的路。在那次旅館發生的事件，以及隨後發生的一連串事情中，雖看來像是個微不足道的地基，但在此上卻蓋建了一棟心理學與哲學的大樓，而其輪廓則在本書已有描繪。然而，如果審視科學的歷史，你會看到偉大與革命性的發現，常是出自於一個看似不可能的小地方。一隻抽動的青蛙腿和一片發霉的麵包，看來不像是發現電流的電池和特效藥盤尼西林的起點，然而，它們卻正是這二項發明的起因。在義大利教會裡，一個搖擺的燈，讓伽利略發明了天文搖擺鐘；滿溢的浴缸，給了阿基米德思考出流體力學上重要法則的線索。

歷史提供我們無數類似的例子。眞理能在鄙陋的地方被揭露，因此我們也不要太驚訝於一個未受教育、說話不合文法的人，於躺在沙發上失去意識時，居然能爲人類生命的革命性理論，提出重要的推理證據。

大批文件已證實了健康催眠報告之資料無可置疑的正確性了。現在我們總結一下靈命催眠報告資料之證據，約可包含如下七項重要的事實：

其一、在成千上萬的案例中，對遠在千百英里之外完全陌生的人，其性格分析和處境之描述都是正確的。

其二、職業能力和其他特性的預測，不僅在成人而且在新生兒的往後歲月中，均證明其是正確的。

其三、當事人的心理特徵，均能以往世轉生的經歷來給出合理的解釋。

其四、在長達二十二年的時期中，前後的資料都能互相吻合一致，換言之，無論在基本原理和細節上，還是在不同時間所作的報告上，都是相互吻合一致的。

其五、罕僻的歷史細節，經過歷史記載的查證，均獲得了證實。往世不知名人物的名字，都可以在報告上說能夠發現的地方被找到。

其六、報告對收到且遵行它的人的人生，均甚有助益及轉化陶冶的影響力，這在心理上、職業上或健康上都是如此。

其七、報告中所隱含或可藉以推理的哲理或心理原則，與現今已知之心靈事實是相連貫一致而沒有矛盾的，而且對於心靈現象中未能解釋的方面也能給予新的解釋。再者，它與許多世紀以來，在印度中所流傳的古代哲理教義也是一致的。

總之，這七項強力的推論、理由都支持了凱西的靈命報告及其所確認的靈魂轉生的原理。雖然推論的證據不必然是具有決定性的，但它卻是正確的。就像即使證明這地球是圓的，那也只是推論的證明，沒人曾實際看到整個地球的圓周形狀（此書約成於一九五〇年，太空人搭乘太空梭繞轉地球，是其後許多年的事）。而原子的存在，也只是推論而得，實際上並沒人看過。然而，靠著我們的推論，人類成功地作了環球航行，發明了威力驚人的原子彈。當然，我們也可以用凱西報告提供的推論證據爲基礎，就靈魂轉生來作嚴謹的科學調查。

相信靈魂轉生的人只能希望，那些尋求生存之謎答案的人，能把靈魂轉生的原理長記在心，與它共存共活，並透過它來看這簡單但重大的宇宙法則，以便衡量他們自己和其他人的生命現象。在嘗試了一段時期後，如許多廣告所說的，若他們不能完全滿意，可以在不花一文錢下，退回到其所不相信的立場。

「試一次，你就會相信。」這廣告是很誘惑人的，但是，誰都知道，沒有一種信仰能滿足所有人，無論它的哲理基礎多健全、多科學，而且有些人是永遠不會接受靈魂轉生這種觀念的，除非科學正式宣稱靈魂轉生是眞實。因此我們希望，心理與物理科學領域的科學家們，能把他們的注意力轉到凱西報告給予推論證據的那些論點假設上。

他們可以考慮用好幾種方法。如能找到適宜的技術，應可以科學方法來作靈魂轉生的實驗證明。適宜的技術是個重要的條件。爲了探發新層次的眞相，所以必須使用新的探發技術。

催眠，無疑是立刻可用且最有效的技術。對許多人可進行催眠試驗，以決定是否可喚起其往世的記憶。若以如此方式所喚起的記憶，能以歷史的記載，或當世人心靈生活或遭遇之實況來作客觀的查證，那麼，這些資料將能構成支持這一理論的正確推論證據。

第二種可能性是，請受有超視能力訓練的人，來配合實驗室的試驗與臨床應用。一旦超視被鑒定為可信的人類心靈能力，大家就不能不承認，它是獲取知識新技術的一個強有力的工具。有敏銳知覺能力的人，可與心理調查和治療人員一起配合工作，依照其往世的起因所建議的治療，來構成其臨床記錄本身的重要證明。

這樣得到的證明與凱西報告提供的證明，應無所差異，只有在一個要點上除外。凱西報告在應用於收到報告之人上都具有驚人的效果，無數的書面文件都證實了它們的正確性與有效性。但是它們沒有訓練有素的調查人員監督其實行，也沒有有系統的追蹤，在給予報告當時也沒有相關的心理或精神分析。如果一個與凱西有同等或類似超視能力的人，能與受到認可的心理專業人員同工合作，則其案例資料就有凱西資料所有的證明能力，而沒有其缺失。

如果靈魂轉生確實是人賴以進化而邁向完美的生命法則——若這的確是有關人的簡單真理，是人生存與痛苦的解答——那麼，所有人類現有的神學與心理學，看來都會像遊樂園哈哈鏡館中各種扭曲、古怪的鏡相了。就如人在鏡中的樣子都變成稀奇古怪地被扭曲般，簡單的真理也被現今的宗教、心理學等所扭曲、迷濛而難識其真相了。

這事當然值得那些對人生認眞的人去查一查，以澄清人生之迷惑，以使人活得生意盎然，以提升、陶冶生命。如果人的靈魂眞的乘載過很多次肉身之舟，現在就是我們必須認識、知曉那眞理的時刻。因爲有了這樣的認知，隨之而來的就是崇高感與新的勇氣。接著，則是對宇宙光彩奪目而美妙的新視野，對所有人類生命更微妙而深切的新領悟，對所有且多樣的人生之困惑、悲劇和憂傷有了新的、強化了的彈性與復原力。

跋

陳家猷

艾德格‧凱西於一九〇〇年起，以自我催眠後所具之靈視能力，爲世人醫病及解決種種人生疑難。在他盡心盡力地服務四十餘年後，便耗精竭力而鞠躬盡瘁了。凱西此生之所以會來到世間，固然是爲他自己在過去世的罪孽贖罪，但其實他還負有另一個重要的人生使命：藉由這種服務，在西方世界，特別是在美國，傳播一項一直被人們所忽略的大宇宙重要眞理——靈魂轉生輪迴以及其一連串的天理法則，從而教導人生在世最重要的事：

人活著是爲了什麼？
生命的意義爲何、人生的目的在那裡？
人生的生老病死是怎麼回事？
如何爲自己營造正當、健康、幸福的人生？

★凱西足可比擬於小先知

以治病、教導人生眞諦來解救眾生之苦，這原是大先知或人天導師如摩西、佛陀、耶穌的使命。凱西的所作所爲雖不能與這些大先知相比，但也幾乎是近於小先知了。很可惜的是，凱西的可貴教導在死後並未能廣爲流傳於世，更談不上發揚光大。他的主要教導——靈魂之輪迴轉生及其隨之而來的人生眞諦等，贏得了多少世人尤其是美國人的認同與了解？絕大部分的心理學家、精神治療醫生及宗教界一直都反對凱西的說法，認爲他的說法不夠科學，無法證實，或違反千百年來基督教的傳統教導。

★★本書之書名

當然，凱西除了以其自我催眠後的超視能力爲人治病、解難、預言外，並沒有行使什麼奇蹟來使人充分信服並接受他的東西。他自己也沒有著書傳世。倒是有不少人寫有他的傳記，其後人數十年來整理了他所遺留下數萬份的健康與靈命報告案例，出了不少專題的書。關於凱西的一切，大概就是以本書作者所著的這本書算是最簡扼、權威、最具代表性了，在一九五〇、六〇年的美國，這本書還滿暢銷，可是到了現在，卻少有人注意到了。我想這與本書的定名 MANY MANSIONS 相當有關。這書名其實定得很高雅也深富《聖經》隱祕典故的意義，可是絕大部分的人，若只看書名根本不知道這是什麼書，包括熟悉《聖經》的基督徒在內也是如此。因爲《聖經》中該節原文之眞意很隱晦，若是凱西不說，就沒人能知其眞意。（請看本書第二十四章之第三二一頁。）這指的其實是靈魂殿堂的肉身。要把這原名直譯爲中文甚難，將它譯爲靈魂之舟或靈魂的殿堂，不如乾脆擷取本書要旨而定名爲《靈魂轉生的奧祕》。

★★魏斯醫生

這使我想起曾經在台灣極爲暢銷的三本書，也就是美國精神治療師布萊恩·魏斯（Brian L. Weiss）所寫的：《前世今生》、《生命輪迴》及《返璞歸眞》。這三本書的中譯書名與英文原書名頗有差異，編者匠心獨運，取這甚爲吸引人的書名，相信與它們能夠暢銷也是頗有關係的。

看來，魏斯醫生與凱西有著甚爲相似的人生使命，也就是傳揚生命輪迴這一重要的眞理，而其前生亦是古代巴比倫——亞述時代（距今約三、四千年）——居高位大權的神職人員。他因忘了理想而沉溺於物慾情慾，所以造下了罪惡；其後他轉生於中古黑暗時代之歐洲，因傳揚生命輪迴，不容於當時天主教而受酷刑致命；這一生他成爲醫生，以催眠方法爲病人作心理或精神治療。其與凱西不同者在於，魏斯本人受有正式的醫學教育，受催眠的是在現場的病人，方式則是由每一位病人自己進入潛意識領域，講出與己病有關的隱情，包括前世的因素。除魏斯外，近年也有不少其他的心理醫生用此方法行醫。也許時代不同，就要使用不同的治病方法，來繼續教導大眾重要的生命輪迴眞理，但依這方法所得到的指導，其權威性就差了些，尤其當醫生或病人本身心中已有了先見的意識、想法、觀念時，這就會影響、誤導從催眠所得到的消息，進而錯誤地指導了醫生與病人。譬如，東方的病人或醫生如早已誤信人會轉生成動物或反之，就有可能在催眠中得到這人某一前生是某某動物轉生這種違反天理、人理之事。

★治病要治心

有人說，凱西以超視能力爲人治病就好，何必涉入什麼神、宇宙、宗教、天理大法、考古歷史、轉生輪迴、業障報應、心理心靈、爲人處事、婚姻親子、才能事業……等等幾乎關乎人生一切的問題，以致引起許多爭議，甚至使醫生、神學家、宗教界、心理學界、教育界等都感受到威脅。（我懷疑在今天的西方國家，還能否讓一個從未受過醫學教育、沒有醫生資格，甚至沒有高中、大學學歷的人如凱西者，用如此非傳統、不科學的方法公開爲人治病？）關於這些，我可有話要爲凱西說了。

首先，除了醫治人肉體上的病痛外，只要有能力，爲何不能也同時醫治人心靈上的疾病？佛陀與耶穌不就是如此？絕大部分在肉體上的病痛，尤其是慢性病，其根源都是因爲心靈先生病了。這就像一個醫生從水平面用各種已知的醫術去治療病人，但卻往往是治標不治本，雖能治得了一時卻難以長久治癒，但是一旦他提升自己至立體面，就會立刻發現肉體上的病根在心靈，因而便能對症下藥、標本兼治，藥到病除。但是病人的心靈之病若不徹底地根除，則該病就一定會有復發之時。當凱西以自我催眠，使其靈魂出竅後，就等於將自己從平面提升到立體面的層次、觀點。如此，他便能看出，原來該病體之病表的背後牽連、涉及了該人的心靈、個性、習性、此生與往世因緣、許多有緣生關係的他人及他人的業因、歷史、宗教、婚姻、才能、宇宙大法……等。要能治好該人的病，就必須超越物質的層次，以查明病根的來龍去脈，則我們會發現，所有事情都是相互關聯、牽扯的。這就是凱西從爲人治病開始，到後來不得不涉及心靈、業緣、神理天法、生命的意義、人生的目的等因素。他在高層次立足點上時，才不管人間把知識、行業如此硬生生地獨斷片面、剝離地分成：醫學、心理、宗教、政治、軍事、經濟、戲劇……等，而是將之作一整體、統合的處理。

★東西文化的差異

這使我想到東、西方的文化差異。近二、三百年以白種人爲主的西方國家興起，並主導了全世界的局勢。他們擅長分析、演繹、精細、微觀，所以發展了科學，探發物質的奧祕；相對於西方的是以黃種人的中國、印度文化爲主的東方，他們擅長於整體、統合、歸納，所以發展了人倫、修身齊家、天人合一、我心即宇宙、輪迴轉生、生命意義、人生目的……等重視人及心靈各方面的問題。西醫分科細膩，腸胃科的不管耳鼻喉科，雖有專深精進的優點，但也常有頭痛醫頭，腳痛醫腳之流弊，而中醫則常是總體全科，因經脈氣血等本是全身相通，所以像是頭痛可能是因胃的毛病所致，因而要調胃才能治頭痛，但它卻常令人感到不是那麼精確。現在中國大陸體認到這差異，所以在學醫時須中西醫併學，則將來必能爲醫學開創一個新的境界。醫學如此，其他方面也是如此，綜合東西方的文化，取彼此之長，去彼此之短，將是世界未來的趨勢。尤其是東方，因爲自感落後，所以會更努力吸取西方的東西，特別是其物質科學，在經過充分消化後，可以融合東方本有之重視整體、統合、人本、心靈等長處，則必能大步趕上西方，甚至超前、帶領這世界進入黃金時代。（西方的白種人雖於現在主導世界，有優越感，但他們對東方文化之學習心，遠不若東方人之想學西方，而這將會使他們到後來反而落後東方。）

★★盡人之性而後能盡物之性

我愛中國道統中《中庸》裡的一段話：

「唯天下至誠，爲能盡其性；能盡其性，則能盡人之性；能盡人之性，則能盡物之性，能盡物之性，則可以贊天地之化育；可以贊天地之化育，則可以與天地參矣。」（《中庸》第二十二章）

我想，「盡」字可解釋做「發揮至極致」。要以科學盡物之性（從元素到太空船到植物、動物均各有其特性）以造福眾生，就必須先盡人之性，人之性是什麼？就是人的心靈內涵。要把人的心靈內涵充分發揮到極致，就必須體認創造人的大宇宙生命總根源的造物主或神，祂以其生命能與神心、神性賦予人，並以自己的形象造人，使人有無窮潛能而爲萬物之靈首。此所以凱西一再強調人與神或大宇宙創造動能的關係。要做好這一點，往往需要有至誠如神之聖賢或人天導師如摩西、佛陀、耶穌者降世教導人，才能盡人之性，而後方能發揮物之性於極致，進而能化育萬物、與天地參，使天地人合一、與神同行。凱西那屬於天的所行、所教，也是近乎如此的。

★★凱西的那一套並不科學？

在這世間，若有人展現出太真、太善、太美的東西時，必定會遭致許多人的抗拒、爭議、圍攻，凱西自然也不例外，特別是來自醫學界、心理學界、科學界、宗教界的批評。他們最常說的是：「凱西的這一套不科學！」天曉得，我們現代的科學自牛頓奠基以來才二、三百年而已，而他的某些物理定理還已被愛因斯坦給推翻了；被稱爲心理科學大師的佛洛伊德，他有多少學說已被後人給修正、捨棄；生物科學家達爾文的物種進化論至今影響人至深，但是多少年來，從未有猿猴變成人的實際案例證據，連青蛙進化成高一等的動物的證據都沒有，青蛙始終還是青蛙，猿猴還是猿猴，人永遠是人。而更矛盾尷尬的是，多少西方人，一面相信達爾文的人是由猿進化變成的這種科學觀點，另方面卻又相信基督教中人是由神以自己的形象所創造出來的觀點。科學家、醫學家至今尚不能對現今造成人類高死亡率的癌症找出其根因，可是他們幾乎每個月都有某某東西會致癌的所謂科學發現，而引起大眾的害怕、騷動！人們，尤其是科學家，活在如此不合科學的世界裡，卻武斷地說沒有靈魂、沒有輪迴轉生、甚至沒有神。許多科學家也未免太自大了，而人們實在也太相信所謂的科學家了。

★★中醫、中藥不科學？

在科學眞正發展才二、三百年的今天，事、物之科學不科學實在不及實際、實用、務實來得重要。幾千年來，中國人依靠中醫治病，不論怎麼用藥，始終都是以那幾百種草藥爲主，加上針灸、拔罐、推拿……等傳統醫術，若依現代科學的眼光去評析它們，還眞是不科學呢！但它們實不實用？能實際治好、減輕病痛就好，這才是重要的。這些長年來無數實際經驗累積下來的實用知識、智慧，許多時候比現代科學化的產物還管用、還高明。同樣的，在今日有太多事物都是「知其然，而不知其所以然」的，科學家實在不可也不宜以不科學的說法來排拒、否定目前科學尚不能驗證的東西。

★★自我保護──→嫉妒、抗拒

凱西的所作所為，不被有影響力的科學家、醫學家、心理學家、宗教家們等所接納，除了不科學的藉口外，其實還有一個重要的因素──他們嫉妒凱西。凱西的高明、超越使他們感到不如、甚至受到威脅，而之所以如此，乃是因人執著於自我保護。人間不尋常的事須由不尋常的人以不尋常的方式來做時，必然會遭受到為自我保護之既有勢力者、守傳統舊習者的抗拒。當初，佛陀傳道時，備受印度當時各種宗教的排斥，而耶穌更因此被當時守傳統舊習者釘死在十字架上。少數既得勢力者出於嫉妒的敵對，加上大多數人出於保持現狀之惰性，富於遠見、有憂患意識的改革者、創新者，其宿命、命運自是不言可喻。

★★人，不進則退

大宇宙中有一項重要的法則──生生不息、諸行無常。小至原子中的電子以高速繞轉原子核，大至天體星球的不停運轉，所有的生命時時處處都在盡其性、盡其力而永不止息地運行，以共同邁向大宇宙的大調和至善境地。這對於宇宙萬物之靈的人來說豈不更要自強不息？所以，有云：「天行健，君子以自強不息。」所以，有云：「人生，如逆水行舟，不進則退。」是的，人，在這自強不息的宇宙中，要不是力爭上游以不斷進步、提升自己，就是會退步、墮落，根本沒有所謂的保持現狀這回事！

★每至末世，大導師就會來到人間

就是爲了人類永恆靈魂的不斷進化、不墮落，人才會不斷地轉生輪迴、輪迴轉生。而在地上界，每隔一段時間，當人的惰性瀰漫，私慾囂張，社會呈現末法時代的混亂現象時，上天就會差遣先知、導師來到人間。此所以在距今約三千年前，摩西來到古埃及；約二千五百年前，佛陀來到印度；約二千年前耶穌來到巴勒斯坦便可窺知。這些大先知、人天導師，都沒有習讀經典，也沒有科學訓練，他們都是靠著提升心境，而開悟、徹悟，然後至善至眞的神理、天法、人道便源源不絕地從其心中流出，因而他們能夠教導人們生命眞相、人生眞諦、去罪除業、光大心魂、做人正道、如何正確過生活、如何自力自救，以及如何獲得眞正人生幸福、成功、健康之道等等。

★教導變成宗教

大導師可能因時因地因人制宜而有不同的教誨、方法，但其精義的主旨必然是普遍、永恆、實際且實用的生命或生活之道，他們絕無將其教導、方法用特殊的形式、框條來將之變成僵硬、有排拒意味、使人易生差別心的「宗教」。前述三位大導師之來以及他們的教誨都是眞實而可貴的，但是，奉他們之名而設立的「宗教」，都不是他們的主旨原意，那都是他們的後人出於私心、愚昧以及利用人之惰性、貪求方便法門之作！我們怎麼能想像，耶穌竟霸道的說：「不信我的，就入地獄！」佛陀竟叫人們燒香拜佛以求保護、如意？連人間正常的老師都不會因學生懇求、送禮而多給分數，何況菩薩、諸佛或任何神明，還會收受人崇拜、貢獻的賄賂，才賜福予人、滿足人的慾願？這樣還會是眞的菩薩、諸佛、天神嗎？

★★真理蒙塵

一旦人天導師的教導變成了宗教，人們的注意力、精力、時間將會從永恆、普遍、實際且實用的生活之道，轉成形式、儀軌、不務實際、與生活脫離的抽象的事物上，甚至會添上點神秘色彩以蠱惑人心。爲了滿足人的自我保護及我欲二大執著之根，宗教或其門派，竟互相排斥，對立抗爭，各自逞能以擴充勢力，以致反將大導師原先意欲救人心魂，教人向正的生命眞諦、人生目的給忘掉了、蒙蔽了、扭曲了、失眞了。久而久之，人們的心靈、思想一定會陷於混亂，社會也多會出現紛爭，這時若科學文明只能增加人的物慾、情慾而不能提升人的精神、心靈，則人必將更趨墮落，世界必將更動盪不安，終而驅使人類又進入危機四伏的末法時代！我們今日的世界不正是這樣的光景嗎？

★★見凱西思人天導師來

我想，艾德格・凱西這魂會來到世間，絕不是偶然。他能夠洞燭機先，於二十世紀初葉起便在世界的霸權美國，以高次元的超能異法，醫治人之身、心、靈的疑難雜症，教導人已被蒙塵、扭曲的大宇宙的重要神理法則，包括靈魂轉生輪迴、罪業之因果報償、自力救贖……等等。然而以三次元的肉體的感官為工具所建立的科學，是很難窺得大宇宙的眞相的。須知，大宇宙最高的神理天法的揭露發現，不是靠科學，也不是靠人的長年苦心研究，更不是靠大量知識、學問的堆積，乃是靠著心境高超的大導師來到人間對人們的教導。他們的心靈是與宇宙、神合一的，他們透過了開悟，得到天啓，並能夠直透洞觀一切，一如過去摩西、佛陀、耶穌諸人類導師之所能所爲。凱西，雖也有悲天憫人之心、天賦異稟之能，但在他這四十餘年救人傳道，辛勞盡瘁的期間，其能耐、影響力仍然有限，因爲他畢竟還只是個小先知、小導師。（然而，即使只是個小先知、小導師，但他犧牲一己，無私奉獻服務的德性，已足爲我們眾生的典範，而其合於宇宙眞理的教導，也很值得有緣人省思、學習與奉行。）

比之過去三位人天導師到來的末法世代，今天，世界已漸漸成爲一家，人口數也遠遠超過往昔，而人心更迷亂、人性也更墮落，人類的問題、困難、危機也更加複雜、深化、難解。科技的進步雖增進人對物質的滿足，但卻更激化人類慾望的擴張，使今世之末法現象更形顯著，再這樣下去該如何是好？二千年前，耶穌來之前，神差遣施洗的約翰先來作前驅。今天，我們看到凱西到來，不禁也讓人念及人天導師在哪裡？他來了沒有？畢竟，已有二、三千年之久，沒有人天導師來人間了！我在花了些時間、精神譯這本書之餘，禁不住馨香禱祝、虔敬祈求，希望這位眾生期待已久的全人類導師，能在今日末法的黑暗世代，早來、快來！

國家圖書館出版品預行編目資料

靈魂轉生的奧秘 / 吉娜・舍明那拉作 ；陳家猷譯.
-- 修訂初版. -- 新北市：世茂, 2011.11
面； 公分. --（新時代）
譯自：Many mansions
ISBN 978-986-6097-30-0（平裝）

1. 輪迴 2. 靈魂

216.9 100015702

新時代 A13

靈魂轉生的奧秘（改訂版）

作　　者／吉娜・舍明那拉
譯　　者／陳家猷
主　　編／簡玉芬
責任編輯／楊玉鳳
封面設計／比比司設計工作室
出 版 者／世茂出版有限公司
負 責 人／簡泰雄
地　　址／（231）新北市新店區民生路 19 號 5 樓
電　　話／（02）2218-3277
傳　　真／（02）2218-3239（訂書專線）
（02）2218-7539
劃撥帳號／19911841
戶　　名／世茂出版有限公司　單次郵購總金額未滿 500 元（含），請加 50 元掛號費
酷 書 網／www.coolbooks.com.tw
排版製版／辰皓國際出版製作有限公司
印　　刷／世和印製企業有限公司
修訂初版一刷／2011 年 11 月
四刷／2016 年 5 月

定　　價／300 元

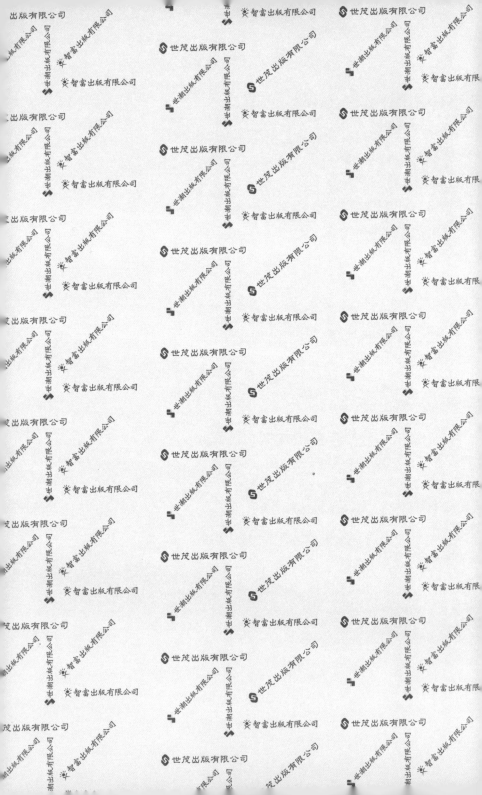